生活·讀書·新知 三联书店

子安宣邦作品集

江户思想史讲义

〔日〕子安宣邦 著
丁国旗 译

Simplified Chinese Copyright © 2017 by SDX Joint Publishing Company.
All Rights Reserved.

本作品简体中文版权由生活·读书·新知三联书店所有。
未经许可，不得翻印。

图书在版编目（CIP）数据

江户思想史讲义／（日）子安宣邦著；丁国旗译.—北京：生活·读书·新知三联书店，2017.7
（子安宣邦作品集）
ISBN 978-7-108-05841-6

Ⅰ.①江… Ⅱ.①子… ②丁… Ⅲ.①思想史-研究-日本-江户时代 Ⅳ.① B313.3

中国版本图书馆 CIP 数据核字（2016）第 263423 号

EDO SHISOSHI KOGI
by Nobukuni Koyasu
© 1998 by Nobukuni Koyasu
First published 1998 by Iwanami Shoten, Publishers, Tokyo.
This simplified Chinese edition published 2017
by SDX Joint Publishing Co., Ltd., Beijing
by arrangement with the proprietor c/o Iwanami Shoten, Publishers, Tokyo

责任编辑	叶 彤
装帧设计	康 健
责任校对	安进平
责任印制	徐 方

出版发行　生活·讀書·新知 三联书店
　　　　　（北京市东城区美术馆东街 22 号 100010）
网　　址　www.sdxjpc.com
图　　字　01-2011-7528
经　　销　新华书店
印　　刷　北京市松源印刷有限公司
版　　次　2017 年 7 月北京第 1 版
　　　　　2017 年 7 月北京第 1 次印刷
开　　本　880 毫米 × 1230 毫米　1/32　印张 10
字　　数　230 千字
印　　数　0,001-6,000 册
定　　价　49.00 元

（印装查询：01064002715；邮购查询：01084010542）

阅读日本书系编辑委员会名单

委员长 谢寿光 社会科学文献出版社社长

委　员 常绍民 生活·读书·新知三联书店副总编辑
　　　　 张凤珠 北京大学出版社副总编辑
　　　　 谢　刚 新星出版社社长
　　　　 章少红 世界知识出版社总编辑
　　　　 金鑫荣 南京大学出版社社长兼总编辑
　　　　 刘佩英 上海交通大学出版社总编辑

事务局组成人员
　　　　 杨　群 社会科学文献出版社
　　　　 胡　亮 社会科学文献出版社
　　　　 梁艳玲 社会科学文献出版社
　　　　 祝得彬 社会科学文献出版社
　　　　 梁力匀 社会科学文献出版社

阅读日本书系选书委员会名单

姓名	单位	专业
高原 明生（委员长）	东京大学 教授	中国政治、日本关系
苅部 直（委员）	东京大学 教授	政治思想史
小西 砂千夫（委员）	关西学院大学 教授	财政学
上田 信（委员）	立教大学 教授	环境史
田南 立也（委员）	日本财团 常务理事	国际交流、情报信息
王 中忱（委员）	清华大学 教授	日本文化、思潮
白 智立（委员）	北京大学 政府管理学院 副教授	行政学
周 以量（委员）	首都师范大学 副教授	比较文化论
于 铁军（委员）	北京大学 国际关系学院 副教授	国际政治、外交
田 雁（委员）	南京大学 中日文化研究中心研究员	日本文化

目 录

中文版序 1

原版序 7

中江藤树 15

第一章 "孝"的说教与《孝子传》之间 17
  一 孝子藤树 17
  二 《孝子传》中的人物·藤树 21
  三 母亲孝养者·藤树 22
  四 《孝子传》和《立志传》 26
  五 作为逸脱的藤树学 27
  六 "如老妪之愚" 30
  七 诵经威仪 32
  八 "民，人也" 35

山崎暗斋及其学派 ·· 41

第二章 "敬说"与"心法"言语——日本式"内部"形成的言说 ··· 43
  一 语"敬"之言说 ·· 43
  二 "道统"之言说 ·· 45
  三 "意义"解释的言说 ·· 48
  四 "心法"的言语·"主宰之心"的言语 ························ 50
  五 "心法"的言语·"敬"的形而上学 ·························· 53
  六 "日本朱子学"的成立 ·· 55
  七 口语"讲义"与汉文话语 ···································· 57
  八 "中国夷狄论"论争 ·· 62

伊藤仁斋（其一） ·· 67
第三章 两部《字义》·儒学的重构与解构
      ——《语孟字义》讲义（上） ······························ 69
  一 两部《字义》·· 69
  二 "诚"字的诠释 ·· 70
  三 "诚"即"真实无妄" ·· 74
  四 "诚"即"真实无伪" ·· 76
  五 仁斋"字义"学的策略 ······································ 78
  六 "道犹路也" ·· 80
  七 "命名"行为·仁斋 ·· 83
  八 "命名"行为·徂徕 ·· 85
  九 "天地之间，一元气而已" ·································· 88

伊藤仁斋（其二）

第四章 "知天命"之义——《语孟字义》讲义（下） ………… 95
- 一 五十岁·知命 ………… 95
- 二 "天命"与性理学言语 ………… 96
- 三 投向"天命"与人生的视线 ………… 99
- 四 孔子言及的"事例" ………… 101
- 五 "命"字在语法上的歧义 ………… 104
- 六 仰视之"天" ………… 108

三宅尚斋

第五章 "鬼神"与"理"——"祭祀来格"与朱子学派的言说 ………… 113
- 一 朱子与其后继者之言说的偏离 ………… 113
- 二 朱子言说之真诀的评判者 ………… 115
- 三 廖子晦如何撞击大钟 ………… 118
- 四 "以我为主"之非 ………… 121
- 五 "根于理而日生者" ………… 124
- 六 "祭祀来格说"——朱子再解释的言说 ………… 129
- 七 崎门中宗教言说的形成 ………… 132

荻生徂徕

第六章 先王之道 礼乐耳 ………… 137
- 一 徂徕"礼乐论"言说的射程 ………… 137
  - 1 徂徕讲"礼乐" ………… 137
  - 2 明治启蒙与徂徕的复活 ………… 139

3　徂徕与霍布斯 …………………………………… 141
　　4　"礼乐刑政"的倡导者——徂徕 ………………… 144
　　5　德川文学之罪人？ ……………………………… 146
　　6　"妖怪之真相——枯芒草" ……………………… 148
　二　徂徕"礼乐论"之视点的构成 ……………………… 151
　　1　"制作论"的立场 ………………………………… 151
　　2　"自然"与"作为" ………………………………… 153
　　3　"先王""外部"视点 ……………………………… 155
　　4　"礼乐论"・"外部"之言说 ……………………… 158
　　5　徂徕之说，皆本于功利 ………………………… 160

中井履轩 ……………………………………………………… 163

第七章　近世儒者知识人的存在及其思想位相 ………… 165
一　履轩・"游民"身份 ………………………………… 165
二　履轩・"暂住者" …………………………………… 168
三　"儒者，乃一艺者也" ……………………………… 172
四　《集注》与《逢原》之间 …………………………… 176
五　如何解读《论语》 ………………………………… 179
六　"知"与儒学的再生产 ……………………………… 183
七　"华胥国王"履轩 …………………………………… 187

贺茂真渊 ……………………………………………………… 191

第八章　万叶世界之表象——文化同一性形成的言说　193
一　万叶之秀歌 ………………………………………… 193

二 和歌革新的言论 ……………………………………… 196
三 县居大人之教诲语录 …………………………………… 198
四 对《万叶》的关注 ……………………………………… 201
五 万叶世界的表象（一） ………………………………… 203
六 万叶世界的表象（二） ………………………………… 207
七 万叶世界的表象（三） ………………………………… 212
八 "民族"的歌集 ………………………………………… 215

本居宣长（其一） ………………………………………… 219
第九章 和歌的俗流化与美的自律——"物哀"论的成立 …… 221
一 玩歌之接受与美学的勃兴 ……………………………… 221
  1 "不若玩赏词花言语" ……………………………… 221
  2 当世歌坛状况 ………………………………………… 224
  3 歌会·文化社交体 …………………………………… 228
  4 和歌的无用性与美学的兴起 ………………………… 230
  5 当世之歌论 …………………………………………… 232
二 "物哀"论之成立 ……………………………………… 234
  1 接受者（读者）之物语理解 ………………………… 234
  2 "感兴之心"的自律 ………………………………… 239
  3 "物哀"歌论的重构 ………………………………… 241
  4 "人本主义"的文学理论 …………………………… 244
  5 "神之御国"的人情论 ……………………………… 247

本居宣长（其二）……………………………………………… 251
第十章　一国始源之叙述 ……………………………………… 253
　一　作为死角的"朝鲜问题" ………………………………… 253
　二　《冲口发》提出的命题 …………………………………… 254
　三　针对"狂人之言"的驳论 ………………………………… 257
　四　国家起源神话的再叙述 …………………………………… 259
　五　忘却造就的"国民" ……………………………………… 260
【补注】…………………………………………………………… 262

注释 ………………………………………………………………… 263

后　记 ……………………………………………………………… 289
岩波现代文库版后记 ……………………………………………… 291

书名索引 …………………………………………………………… 295
人名索引 …………………………………………………………… 300

译后记 ……………………………………………………………… 305

中文版序

『方法论转换』之意义
——致《江户思想史讲义》中文版的读者诸君

我在思想史研究中的"方法论转换"完成于20世纪80年代。对于将日本思想史作为专业的日本的年轻研究者和学生来说，丸山真男的《日本政治思想史研究》，在战后很长一段时期内，都是他们的研究对象，甚或可以说是他们想要超越的目标。该书是战后重新出发的日本思想史学界最初的重大成果，也是第一本有着清晰方法论意识的思想史著作。在这本书中，丸山通过对荻生徂徕（1666—1728）的政治思想的分析，揭示了在前近代的即封建的江户社会中的"近代性思维"的萌芽成长过程。该书对徂徕进行的明晰的分析，以及对"近代性思维样式"的成立过程的探究，给我们提供了一个从理念史的角度观照思想史的成功案例，我们也都因之而成了丸山的忠实信徒。不夸张地说，20世纪50年代立志于思想史研究的学子，都是受到了丸山的感召。

构成《日本政治思想史研究》的诸章节，曾在1940—1944年的日本《国家学会杂志》上刊出。当时写下这些论文的青年丸山亲历亲见的，乃是他自己也被作为普通士兵受到征召的天皇制独裁主义国家日本。由此，不难想见丸山在对"前近代"日本的"近代性思维样式"成立过程的研究中所寄寓的强烈批判与抵抗意识。所以，当1952年该书出版之时，我们并非单纯将其认作近代主义的思想史。我们认为，这是针对"前近代的"天皇制国家的独裁主义所做的思想批判。并且，就其结构来看，也是独步一时的、具有自己的鲜明方法论特征的日本思想史。当时，我们这些青年学生，是将丸山的这本书，作为他对天皇制国家原理的政治学批判加以研读的。

1960年，以原甲级战犯岸信介为首的日本政府，镇压了战后最大规模的市民和学生组成的示威运动，强行缔结了日美《新安保条约》。在此之后，日本与美军一道，构筑了美国在远东的军事据点，免除了国际军事负担，迈向了单纯经济大国化的道路。20世纪70年代，日本在经济上取得了巨大的飞跃，实现了所谓的高度经济增长。但是，正是在20世纪70年代这一时期，丸山的近代主义政治思想，逐渐失去了对现实的批判意义，而我自己也正是在这个时期，对于丸山的近代主义的"前近代"日本批判，开始抱有不同的见解。我认为，1945年日本的战败，乃是在天皇制的独裁主义下所形成的"近代日本"本身的败北。日本是一步步滑向所谓的"近代国家"的，而非形成了"前近代国家"。那么，我的近代批判，其指向便是"近代日本"这样的近代国家的形成轨迹，而并非指向"前近代性思维样式"的。我的这一见解，乃是在看到丸山所提出的将西欧市民社会作为理想型的近代主义的批判在20世纪60年代的日本急速失去其现实性后方才形成的。当时，日本在后期资本主义的现代世界中，正在成长为先进大国的一员。

以1968年巴黎的"五月革命"为开端的、席卷整个世界的学生运动的浪潮，亦波及了日本。学生质疑大学这样一个现代的管理机构，存在学问、教育的矛盾问题，由此展开了对大学的颠覆性斗争。东京大学的丸山研究室被学生暴力破坏。但学生主导的这次暴力破坏,并不意味着丸山思想的解体,反而告诉我们,要破除丸山思想是多么困难。第一次针对丸山的较为系统的批判性论述,收录在《现代思想》的"丸山真男特集号"(青土社,1997年1月)中,不过,这已经是丸山离世(1996年8月15日)后的第二年的事情了。我也在这个特集中写下了一篇批判丸山的论文,题为《近代主义的错误与陷阱》。但是就我自身而言,从20世纪80年代起,就开始尝试从方法论的角度对丸山思想史做出批判和超越。我在这个时期,通过对丸山的批判,在"思想史"这一思想作业中,完成了"方法论的转换"。而将这种"方法论的转换"以著作的形式呈现给世人,乃是《作为"事件"的徂徕学》(青土社,1990)一书。

在这本书中,我试图逆转以近代视角赋予荻生徂徕以意义的思想史视线的方向。我不是从近代出发去看徂徕,而是从徂徕出发去看近代。从近代出发去看徂徕,就意味着他被作为一个赋予了近代意义的思想实体来看待。与此相对,从徂徕出发看近代,则意味着考察在近世江户这个言说空间中,徂徕究竟提出了哪些新的言说,我们可以经由这些新的言说及这些言说的表达方式把握徂徕。离开了这些言说,徂徕的意义便无从谈起。在18世纪初叶的言说思想空间里,徂徕是因为"先王之道,安天下之道也","礼乐刑政,非别有道者也"(《辨道》)这样一些"先王之道"的言说而为人所知的。我将徂徕的这些新的言说的出现,称作"事件"。一个思想言说的"事件性",指的是由于这个言说的出现,引发了某些预料不到的"意义",或是在后世创造出了"意义的实体"。徂徕的"先王之道"的言说,经过19世纪后期的水户学,最终形成了近代日本的天皇制国家的理念。从徂徕来看近代,就是将日本特异的近代国家形成的过程呈现出来。在《作为"事件"的徂徕学》一书中,所谓思想史的"方法论的转换",不仅意味着对丸山恣意构筑的、近代主义的徂徕像的解构,更是将日本这一近代国家之理念构成的秘密公之于众。我对于近代国家日本的解构性的批判作业,就从"方法论的转换"开始入手了。

在《作为"事件"的徂徕学》之后,我将在批判丸山时使用的"方法论的转换"这一方法,作为思想史的方法,或曰现代的思想批判方法,不断地加以磨炼。一方面,我设定了"作为方法的江户"这样的思想史的新的方法论视角,对日本近世思想史(江户思想史)做了重新解读;另一方面,1978年,作为现代思想方法论的转换(语言论的转换)的巨大成果,出现了爱德华·萨义德的《东方学》,受其触发,我也深感有必要把自己的思想史的"方法论的转换(语言论的转换)",打造成能够经受现代批判思想作业的思想方法论。前述第一方面的思想史作业,其成果就体现为这本《江户思想史讲义》(1998),而后一种批判思想作业,其成果则有:《近代知识考古学》(1996;后改题为《日本近代思想批判》再刊,2003)、《"亚细亚"是如何被论述的》(2003)、《国家与祭祀》(2004;中文版由生活·读书·新知三联书店出版,2007)以及亦将出版中文版本的《何谓"近代的超克"》(2008)等。作为系列批判性思想实践的后者,直到2015年的今天也还在继续着(上述《日本近代思想批判》与《"亚细亚"是如何被论述的》二书中的主要论文,由赵京华先生辑录为《东亚论·日本现代思想批判》,出版了中文版)。

《江户思想史讲义》一书,乃是采用转换后的思想史的方法,对日本近世也就是江户时代的诸思想进行全面重新解读的尝试,是集大成的作业。这一作业的成果,曾以论文的形式于1991—1997年在《思想》

（岩波书店）杂志上发表。这是我将"方法论的转换"运用于江户的诸思想，采用多种思想史的视角与记述而完成的作品。对我而言，该书是投注了巨大精力、绝对不复再做的、具有纪念碑意义的心血之作。现在，《江户思想史讲义》要以中文版刊行，我本人深知该书翻译之不易。丁国旗先生战胜了连作者也十分清楚的困难，成功完成了《江户思想史讲义》中文版的翻译工作。在此，我对丁先生所付出的巨大努力及其劳作，表示由衷的敬意和感谢！

中文版《江户思想史讲义》的读者诸君，若能将我以"方法论的转向"为指导思想开展的思想史作业，引以为"他山之石"，则幸莫大焉。

子安宣邦

2015 年 10 月 23 日

原版序
作为方法的江户

一

"作为方法的亚细亚",是中国文学研究者竹内好在"思想史方法"系列讲座中的一个讲题。①众所周知,这一后来被用作竹内论集名称的提法,传递了他认识世界的独特立场。竹内所谓"作为方法的亚细亚",是被重新包装后的西欧近代在方法论上赋予亚细亚的启示:"西洋既已被东洋重新包装,那么反过来说,西洋亦应发生来自东洋的变革。在文化回流或价值回流的情况下,倘要进一步提升源自西洋的普遍价值,就需要变革西洋……然而在实现上述回流时,回流者却必须要具备内部独有的东西。它或许不是实体的存在,却可以是方法的存在。"如果把与

---

① 竹内的"作为方法的亚细亚",是国际基督教大学思想史方法系列讲座中之一讲。后来,竹内好、丸山真男和大塚久雄等人的系列讲演记录被集结成『思想史の方法と対象——日本と西欧』(武田清子编,创文社,1961)一书;而"作为方法的亚细亚",不但是竹内好评论集的题名,亦成为他遗作集的书名。

近代欧洲帝国之世界统治相颉颃的另一个帝国日本,视为在盟主的名义下假想而成的"实体的亚细亚",那么,所谓"作为方法的亚细亚",则构成了确保从西欧外部对西欧近代及其世界史展开过程进行批判的立场和主张。进言之,"作为方法的亚细亚",是立足于中国变革可能性立场上的竹内,通过整部现代史所留给我们的珍贵遗产,亦即"历史批判的立场"。

"作为方法的江户",是受竹内"作为方法的亚细亚"之重要启示后形成的、旨在进行历史批判的方法论立场。这是一个在追踪西方近代的同时,重新解读形成于与之对抗的日本近代史之中并重新把握该历史的批判的立场。虽谓"江户",其所指却并非对抗意义上的实体江户或德川日本的主张。"作为实体的江户",不过是与转向西欧式近代的近代日本相颉颃的另一个近代,也就是对德川日本进行再构成之后的叙事。但是,"作为方法的江户"所要表达的,却是构成于日本近代史外部的"对历史的批判立场"。

二

江户的历史像或江户的思想像,俨然已被完成。然而,那些被完成的所谓"像",应该是近代日本自我形塑时"知"的作业结果。于是,被后人唤醒的历史人物如佐藤信渊,恐怕就成了过于露骨的标志性提示。可是,无论我们以任何知名的江户人物为标志,其露骨性也不过表现为程度上的差异而已。而本书并未讨论佐藤信渊的理由,乃缘于实证文献史家森铣三的一个拆穿,即无论是以富国为目标的先行经济学者和农学者的信渊,还是经略国家的卓越构想者信渊,当我们在他所生活的江户末期去探寻其实像时，看到的却不过是作为"欺瞒家"的信渊而已。[1] 所谓开物学者信渊或国家经略者信渊，充其量也不过是明治日本唤醒于德川后期、将明治自身投影于其中而塑造的人物罢了。在这样的信渊像上，印刻着向新的农学和农政学迈进的近代日本的知的战略，特别是国家内外经营时帝国日本的经略痕迹。就是说，所谓佐藤信渊，不过是近代日本的邀请者而已。顺着"欺瞒家"信渊被生造出来的虚假的家学系谱，近代的经济史家还将承袭了五代佐藤家学的信渊思想体系化，《佐藤信渊家学全集》三卷[2] 于是乎问世。

然而，此处重提信渊，与其说要有意重新揭穿他的"欺瞒家"本相，毋宁说想通过这种再提，将构建起如此信渊像的近代日本或曰帝国日本的经营——政治经营和学术经营行为，昭示于天下。这意味着，现在重提信渊，是"作为方法的江户"这一研究立场的需要，即重提作为方法的信渊，是为了解体近代构建的信渊像，并由此揭示出近代自我形塑的痕迹。但是，当我们尝试这样做的时候，自然会重新遇到如何向时

---

[1] 森铣三对自我矛盾的信渊的自传式记述做了彻底的清理，并将一个虚像的佐藤信渊展露于世（『佐藤信淵』，收于『森銑三著作集』第九卷，中央公论社，1942）。这是一件伟大的工作，它以文献实证为武器，对在日本法西斯兴盛期猎得虚名的信渊像进行了批判。亦请参照我本人在重新解读平田笃胤时对佐藤信渊的再解读著作『平田篤胤』（日本の名著24、中央公论社，1972）之『解説』。

[2] 信渊的著作自明治初年起，由织田完之诸人次第刊出，明治三十九年（1906）出版了『佐藤信淵家学大要』（织田、玉利喜造编）。后来，有泷本诚一编辑的更加体系化的『佐藤信淵家学全集』三卷，出版于大正十四年至昭和二年（1925—1927）。羽仁五郎对佐藤家的五代家学说进行了彻底的批判，指出"在学问方面并无价值"（『佐藤信淵に関する基礎の研究』，岩波书店，1929）。

代去追问"欺瞒家"信渊的言行意义这一课题。"欺瞒家",是实证的文献史家解体虚像信渊并还原实像信渊后所提出的概念。我们无疑可以从"欺瞒家"这一消极的称呼中,看到涌现出来的,并被附着以近代色彩的人物逸脱于近世末期时的跳梁身影,但"欺瞒家"却非信渊一人。和信渊近似且不时与之共处同一知识团体的平田笃胤,其实在生前就已经被送上了"大欺瞒家"的绰号。这意味着,"作为方法的江户"立场,要求我们对活跃于近代意义下的"欺瞒家"予以新的观察。

三

《江户思想史讲义》是我在完成《作为"事件"的徂徕学》一书后尝试重新解读江户思想的集大成著作。其间,围绕本居宣长《古事记传》而展开的再解读工作,已被结集于《本居宣长》(1992)和《何谓宣长问题》(1995)两本书中。此处"作为方法的江户",可谓我试图确立的方法论立场;而这一立场,是通过《作为"事件"的徂徕学》以后的再解读工作,事后建构的。

正如信渊问题所显示的那样,"作为方法的江户"为我们提出了复合式思想史作业的要求。复合性意味着,江户观察目标的设定,凸显了构成既定江户像的近代新诠色彩并使之成为可能;而此番对近代的再诠释,将以对江户的新诠释为课题,并在此提示下展现出思想史作业的复合特征。而且,从这一立场出发所展开的思想史作业,与那种只想通过对象文本的内在解读来服务于再建构目的,并人为赋予对象以意义的思想史不同。如果说它还内含有对以往思想史方法的批判意蕴,那么,这项工作便非复合式手法而不能完成。

以"江户"为方法重新解读近代日本，需努力给出两条图示性线索。其一，除前面提到的信渊案例外，此处将对荻生徂徕试行简略的讨论。现时段重提徂徕[①]，与其说是为了在大家熟知的徂徕像上继续涂画浓墨重彩，不如说是为了让其既有形象解体。而所谓解体，就是要把构成徂徕像的近代日本的各类学说，全部视为近代国家日本自我形塑之"政治性"言说，并连同其本质一道，揭诸天下。从这个意义上讲，以"江户"为立场的思考和行动，应该被视为思想史领域对近代"知"的解构作业。当我们去解构作为近代自我形塑的徂徕像时，恐怕还同时会遇到18世纪日本学界对徂徕的正反两方面评价。正因如此，以"江户"为立场的思想史，就只能在承载了复合性课题的过程中进行了。

另一条工作线索，是近代"知"的考古学。例如，我曾试图探究这样一个问题，即近代日本的"国语"这一所谓"日本言语同一性"的理念，是如何在本居宣长那里得到确立的。[②]宣长从《古事记》中读出"大和语"（やまとことば）的确是可能的，《古事记传》的注释学工作也的确完成了这种读解。但是，所谓"大和语"，却未必是宣长倾注新

---

① 围绕现时段重提徂徕的意义问题，我已在「徂徕を語るとは何を語ることか」（『思想』1994年5月）中有所述及。此处关于重提徂徕问题时的再诠释，可参照本书第六章「荻生徂徕・先王の道は礼楽のみ」（荻生徂徕・先王之道 礼乐耳）。

② 关于从宣长的国学言说中探究日本自我同一性理念的确立问题，我已在『本居宣长』（岩波新书，1992）和『「宣長問題」とは何か』（青土社，1995）中阐发过中心意旨。在本书终章之「本居宣長・一国の始源の語り」（本居宣长・一国始源之叙述）中，笔者还将宣长所谓国家同一性之始源确立一语，设为该章之主题。

目光于《古事记》文本后所创造出来的日本言语的同一性。果真如此，则宣长的言语同一性理念，就将连同构成《古事记》文本新见解的宣长的言语和注释立场一起受到质疑，即《古事记》文本应该被看成怎样的著作以及宣长的"大和语"读出了如何可能等。而进一步的问题是，若着眼于原本面向古代的宣长目光，则宣长"大和语"理念的确立中，大概有某种被隐去的成分和被剔除的要素。这里，"作为方法的江户"立场，是想通过对宣长的再提起，明确揭示出"大和语"这一日本言语的同一性理念并不是来自遥远的始源和自明的存在这一事实，也试图由此揭露近代日本在追捧宣长特异立场的同时，是以怎样脆弱的言说构成了所谓"日本言语同一性"的理念的。而对所谓支持近代"国语"理念确立工作的历史久远的宣长国学及其学说构成的探索，便构成了"知的考古学"视阈。

四

《江户思想史讲义》中的各篇论文，承担着"作为方法的江户"视角下之复合式思想史课题及其分别凸显某一侧面的工作任务。然而，如前所述，既然"作为方法的江户"是对我事后新诠工作的集约，因此，收录于此的诸论文便不可能事先就具备如此的方法论立场。在出版《作为"事件"的徂徕学》之后，最早从1991年的文章算起直到最近，我收录于此的每篇论文，都分别对意义确立的场域——言说领域的观点及言说分析这一思想史方法进行了自觉的择取，并尝试去完成"江户思想"的再解读工作。这里，既有与近代再解读相交错的江户再解读，也有对近代概念之构成的追问，或对学问和思想史方法进行追问的江户再解读，以及对始于江户的向量视角构成意义上的江户再解读，等等。如此多样的江户再解读，于是乎集约成了"作为方法的江户"立场。

正因为承担了"江户思想"这一复合性课题并将其作为我从事思想史实践的田野，因此，我才将这些工作的结果唤作"江户思想史讲义"，并把这一成果的结集也命名为《江户思想史讲义》。

中江藤树

中江藤树被称作"近江圣人"。作为学人,才华盖世的儒者在江户时代并不罕见,但作为圣人,并且其德行一直被称颂至近代者,却唯有藤树一人而已。那么,藤树是因何而获此殊荣的呢?对这一问题,历史上诸如伟大的"道德教师藤树"或"孝子藤树"等彰显言辞,似乎已给出了答案。然而,这与其说是答案,不如说是人为构建的藤树像甚至圣人像而已,但在如此巨像的阴影笼罩下,似乎已很难见到藤树。在近江僻壤一心积累阴德的藤树形象,正如《藤树先生行状》所记,"如老妪之愚"。可这一记录所能传递的藤树形象,与其说是历史所彰显的"近江圣人",不如说是村野之"圣"更符合实际。

藤树庆长十三年(1608)出生于近江小川村。九岁时,成为祖父的"养子"。由于祖父供职于米子城主加藤氏处,因此,随着加藤氏被转封于伊予国大洲,藤树也于十岁时跟祖父移居于此。祖父死后,他仍以大洲藩士的身份递续家业。可是,在二十七岁那一年,藤树毅然脱离大洲藩,回到了近江小川村。之前,他曾以尽孝于独居的老母为由,向藩里提出过返回近江的申请,因未能获准,藤树遂以"脱藩"的形式回到家乡。在"藤树传说"中,"脱藩"行为几乎构成了藤树传记里的最大事件。研究者们曾对藤树脱离大洲藩的真实原因有过各种各样的推测。但无论其理由如何,藤树脱离武士社会并返乡务农的表面原因,终究是孝养家母。他也希望自己能成为生活在近江僻壤的村夫中的一分子。可历史,却再度用正统的眼光,将脱离近世正统治社会并逃往异端生存方式的村野教师,镌刻为硕大的圣人像。藤树于庆安元年(1648)死去,享年四十一岁。《年谱》记载说:"秋八月二十有五日,朝卯时,先生卒于藤树之下。"

第一章
「孝」的说教与《孝子传》之间

> 朋友问云：闻江西学者（指中江藤树）读感应篇，又勤于诵经之威仪，世人有笑之者，诚耶否耶？答云：诚也。……二事虽不可全，励志处在诵经，而历数凡习祸恶者，却在感应篇，是以暂用也。
> ——熊泽蕃山《集义和书》

> 近江圣人欤？日本圣人欤？东洋圣人欤？抑宇内圣人欤？圣之所以为圣，古今东西，盖一其揆。已为近江圣人，所以为宇内之圣人。
> ——杉浦重刚《祭藤树先生文》

一 孝子藤树

中江藤树，对于在战前度过少年时代的日本人来说，其最鲜明的印象恐怕是"孝子藤树"或"近江圣人"；并且，这一"孝子藤树"形象留在人们心里的，或多或少都是伴有故事情节的详细描述。比较典型的场景是：在寒冬的早晨，少年藤树为井边汲水的母亲献上疗治皲手的药物。通过附有插图的少年故事画本或小学教室里悬挂的故事画轴，"孝子藤树"的形象，就这样被清晰地刻进了少年们的心灵深处。

我们心中的"孝子藤树"印象，无疑是从近代日本创作的故事里得到的。最初构成"孝子藤树"故事要素的传记事项，特别是构成《孝子传》之原型的人物像——藤树，其实早在江户时期就已经流传。但是，那些原型式的插话和传记上的事项，却在崭新的近代话语框架中被综合性地再形塑，这就使最初的近代式故事中的"孝子藤树"像或"近江圣人"像得以确立。而且，也确实存在着在近代框架中给藤树像以精湛再形塑的故事创作者，即村井弦斋①。少年文学作品《近江圣人》，就是由村井弦斋创作的故事。由这一故事所推出的精湛的藤树像，成为与近代日本少年的心灵世界相密结的显赫存在，以至于故事作者村井弦斋反而被遗忘了。

"孝子藤树"像或"近江圣人"像，使近代第一期藤树像或曰原型藤树像的确立成为可能。而近代日本藤树像的作业，显然比某一故事中的藤树像更加精细。有的作业虽经实证式研究领域的修正，但重新形塑的藤树像却并未逸出近代日本国家的框架。②可以说，我们所熟知的江户时代的众多人物像，都是在近代国家的形成过程中或近代学术的确立过程中，于彰显性的工作中和再发现的目光下被重新确立的。不了解这一点，思想史研究即便用新的学术话语对近代创造出来的群像有所修正，也只能是对近代意义的再生产而已。在此，我所要做的工作是，通过检证构建藤树像的历史过程，即通过讨论对藤树像之集约构建部分和所剩余的空间，来重新解读藤树。但是，这并不意味着我想剥去历史的覆盖而提炼出一个藤树的"实像"。与其这样，不如说我的工作只是想通过藤树的文本，去观察已被历史吸干意义后还有所剩余的藤树"残像"。

暂且回到少年文学作品《近江圣人》。这部由村井弦斋所创作的故事，在近代日本少年心中已刻下了鲜明的藤树像，即所谓"孝子藤树"像。其后，该书以"近江圣人"为书名，而献给中江藤树的称号，便是被少年们所认可的"孝子藤树"。这也是近世儒者中唯有藤树得以"圣人"闻名的不容置疑的原因。理应彰显的"孝"的实践者,即"孝子藤树"身上,已然具备了以"孝"的教化为核心的全部德行。毫无疑问,在重新旌表藤树的行动方面,近代的藤树检证工作,也仍将"孝子藤树"作为实证研究对象,并在藤树像上精心地浓抹了这一色彩。可需要指出的是,随着以上藤树像的强固确立,人们反而淡忘了他有关"孝"的说教。"孝子藤树"的故事一经被创造出来,便在人群中广为流传,并通过多种版本,或增加其内容,或精炼其梗概。而且,它还作为小学的教材,在规定的授课时间内被讲授。不过,该故事的作者则不是被忘却,就是被隐匿,取而代之的,便是历史上与藤树等量齐观的"孝子藤树"像——这一铭刻于人心的存在。而驻留在我们心中者,也正是这个"孝子藤树"的形象。

　　作为"少年文学"丛书中的一册,村井弦斋的《近江圣人》于明治二十五年(1892)由博文馆出版。③"少年文学",是岩谷小波于明治二十四年(1891)以其《小金丸》为滥觞,出版发行的系列书籍,在明治文学史上,被视为近代儿童文学的开端。在这套"少年丛书"中,除了岩谷小波的第一部著作外,还收有幸田露伴的《日莲上人》和《二宫尊德》、三宅青轩的《赖山阳》、尾崎红叶的《二人向助》以及村井弦斋的《近江圣人》等书。丛书中,还收有岩谷小波的《暑中休暇》和《当世少年气质》等。从中不难看出,丛书不仅仅局限于传记式读物,其试图创建的全新少年文学已然呼之欲出。不过,村井弦斋的少年文学作品《近江圣人》,其实还拥有更早期的喜爱者,这在和辻哲郎的《自叙传之尝试》中有所记录。和辻出生于明治二十二年(1889),据称,他自幼喜读《近江圣人》,且视若珍宝,爱不释手。读和辻的《自叙传之尝试》

时，我每每会为他幼少时代的清晰记忆感到震惊。和辻回忆说，早在入小学之前，他就接触了《近江圣人》一书，而且每次阅读时，他都怀揣一份感动，还说不知已读过多少遍。他对记忆的叙述，真实地传递了其早熟的读书体验。实际上，刊行于明治二十五年十月的《近江圣人》，第二年就已经流传于哺育过和辻幼少时代的播磨姬路郊外的农村仁丰野一带。他在回忆文字中这样写道："我在入小学之前，这本书就已经读过多遍，而且如实地讲，每次都深受感动。上小学以后，我几乎把它视若珍宝，从来就没让它离开过身边。"④

那么，和辻喜读的《近江圣人》，究竟是有着怎样情节的故事呢？为了恢复我们的记忆，不妨把故事的内容依照和辻勾勒的要领，重新介绍给大家。在这个故事中，少年藤树以藤太郎的名字登场。

（该作品说的是）十二岁的孝子藤太郎，因母亲患皲手之疾而忧心如焚。当他从天主教信徒那里讨来妙药后，便长途跋涉，奔往近江。快至乡里时已是深夜，加之风雪凛冽，几乎冻死在路上。翌日天明时，他终于回到了母亲家里。没想到，他的突然返乡之举，却遭到了母亲的严厉呵斥，并责令他立即返回伊予——以上即为作品的主要部分。藤树成人以后的故事，即作为"近江圣人"的故事，只是在末尾处略有涉及，而且被用于描述蕃山入门的传说。池田侯能亲往小川村拜访藤树，据说是通过蕃山的关系。不过，这些描述，通常已被视为添加成分。

正如和辻所介绍的那样，保留在我们心目中清晰的"孝子藤树"故事，也正是来自村井弦斋的《近江圣人》。梓行翌年即被该书深深吸引的少年和辻，已把"孝子藤树"的形象铭刻在近代日本少年的心灵深处。

二 《孝子传》中的人物·藤树

给近代日本提供了"孝子藤树"像的村井弦斋及其《近江圣人》,虽然部分事迹来自藤树传记,但对于少年藤树故事梗概的提取,却不失为全新的创作。反过来讲,"孝子藤树"像固然有近代重塑的成分,但其所依据的原型——《孝子传》之藤树像,则早在近世就已经存在。所以,称藤树像形成于近世相当早的时候或者塑造于藤树刚逝去时后人所编的年谱,似乎更合适。

中江藤树最早被作为《孝子传》人物旌表于世,始于藤井懒斋(1618—1709)的《本朝孝子传》一书。藤井懒斋为京都人士,生活在贞享、元禄时期,即纲吉将军亲政之初。他曾从儒家的立场出发撰写了不少训导类作品。以《本朝孝子传》为核心,他编著了《本朝谏诤录》和《大和为善录》等道德、训导方面的事例集,并且还依照儒者的观点,著有日本古典精华本《徒然草摘义》。对"忠孝"道德的强调,是幕府教化的主干,特别是纲吉,作为《孝经》热烈的信奉者,他曾不断致力于"孝道"的推进和"孝子"的彰显工作。⑤ 于是乎,由训导书作者藤井懒斋编著的《本朝孝子传》,在集成了古今上下"孝子"事例的同时,也被提供给了纲吉及其时代。藤树也正是通过懒斋之手,很早便作为《孝子传》之人物而被形象化。《本朝孝子传》一般先是推出作为范例的人物事迹,然后再附以"赞"和"论"。在"今世"部中所推出的第四例人物,即为藤树:

中江氏,姓藤,讳原,字唯命,号与右卫门。江州高岛郡小川人也。自幼读书,颇所发明。其学宗王伯安。凡本朝诸州之王学,唯命倡之。有母,事之孝。尝仕加藤某侯于予州大洲城,欲迎母以就养,母曰:吾闻妇人不越疆,愿守之也。唯命不逆,即请还职以归田里。主吝其才,不敢许。唯命勃然曰:我虽不孝,岂一日为禄所縻以忍定省之旷!乃为一书,具述其母不可索居意。留之,潜遁,遂归隐小川,以取母悦。时年二十又八,宽永某年月。⑥

《本朝孝子传》中记录之中江藤树事迹,大体如上。这里所描述的"孝子藤树",并不是为救母痛而跋山涉水的少年藤树,而是欲尽孝于近江老母而向大洲藩提请致仕的藤树,并且是敢于脱藩归里的藤树。《本朝孝子传》正是根据藤树传记的记载,为我们提供了"孝子藤树"的形象。在此基础上,懒斋还附以"赞"文:"淡海吹起,陆王儒风。岂翅善身,诲人有忠。为母颤禄,旋乡色愉。于嗟笃孝,性乎学乎。"藤井懒斋将藤树列为《孝子传》中的人物的最重要原因,在于藤树为孝养独居故乡的老母而不惜脱离武士社会。在《孝子传》式藤树像的塑造者中,只有他从"陆王儒风"和"孝"之说教的角度,诠释了"孝子藤树"的事迹。这意味着,作为"孝说"体现者和实践者的藤树像,乃形成于缀合藤树诸多事迹的基础上。倘若一蹴而成,那么,藤树所宣称的说教,恐怕就悉数化为现人神像了。

三 母亲孝养者·藤树

藤树以孝养老母为由而脱离大洲藩的事迹,早在其门人所辑之《藤树先生年谱》中即有所记载,但其来源也不排除为时人范围广泛的口耳相传。《藤树先生全集》所收"冈田氏本年谱"中,有"宽永十一年

甲戌,先生二十七岁"一条。据《全集》之"解题"称,"冈田氏本年谱",乃"先生在世时成于门人之手者":

> 冬十月致仕归江州。此前每每谓家老佃氏曰:母老,在故乡,欲迎来此地而不肯。愿能奏君以致仕。佃氏曰:诺。我必能告君。然经年而未果,盖其意惜先生之多才,且又疑其志欲他仕而得厚禄也。先生于是作疏捧诸佃氏,立誓天之辞以显无志他仕。然犹不许。……于是乃不得已而潜归江阳。……
>
> 冬十一月在京。先生恐逃去邀君之恶,防于江阳,遂寓居京都故友家,待命百日余。见无所咎尤,乃归江阳。出百钱之银沽酒,卖与农家,以盈余之利而养其母。……

与此同时,"年谱"还引述了藤树写给佃氏的誓词,里面对藤树为孝养多年病居乡里的老母才一心返乡的致仕理由,娓娓道出:

> 如君所知,一以仆染疾数年,已不克奉公如常。二以老母茕居故里十余载,仆外已再无能奉养之者。……家族四人多于仆幼少时死别,今唯余老母一人耳,且母之与子,皆形单影只。私计,家母之余年,不过八九岁耳,是以告暇致仕,愿乞终养……

"年谱"所记述的藤树致仕理由,大体就是这些。后世研究者,围绕藤树致仕归里的真意,曾有过各种各样的推测。⑦藤树虽称"母一人,子一人",且本需人照顾的老母却孤独笼居于小川村,但村子里其实还有亲戚,也有出嫁的妹妹。如此,则"孝养母亲"的返乡理由,不过是表面的原因。唯因此高桥俊乘在编辑《全集》时才说："藤树致仕返乡一事，应该有更复杂和更大的理由。"⑧ 高桥举出的"更大的理由"，"第一是对朱子学的怀疑，第二是对武家生活的怀疑"。但是，从这里所列举的"更大的理由"可知，这些怀疑是对重新构建的藤树生涯和学问之形成过程所做出的推断。不过，其致仕理由在"朱子学"里倒是一个饶有兴味的说法。为理解高桥所提出的这一理由，似乎需要对他笔下的藤树在学问上的苦恼、开辟、展开及其最终成熟之藤树学形成故事，进行观察。并且由此可以获知，关于研究对象的所谓内在动机推测，与研究者是怎样对研究对象的生命历程及其学问形成过程进行再构成的行为，有着密不可分的关联。

但是，历史却是以"孝养老母"为主要理由将藤树致仕返乡的事迹植入《孝子传》中的。来自研究者的关于其返乡动机的任何推测，都无法颠覆这一事实。而且，藤树健在时他周围的"年谱"记录者，已经在其返乡事迹的基础上开始构建"师藤树"的偶像。只是，以尽孝于孤居家乡的老母为由便逸脱武士社会且返归乡里的藤树的行为，对当时而言实非普通之举，甚至可以说，那几乎就是一个异乎寻常的行动。虽说超出寻常水准的异常"孝"行总要伴随着《孝子传》中的人物，但并不是仅凭这一点就可以获得被《孝子传》形塑的殊荣。藤树事迹的传播行动，只有被纳入《孝子传》这一训导故事的框架中，"孝子藤树"像才能首次得到凸显。

如何超越艰辛生活等外在困难和社会制约，对双亲尽以献身般的孝养，应该是构成《孝子传》的基本叙事框架。这意味着，当时欲实现对双亲的孝养行为，除了要克服外在的困难和制约外，还要设法克服伦理意义上的内在纠葛。如此而完成对"孝"的绝对选择，也就构成了《孝子传》叙事的另一个重要构造。即使是藤树的事例，也只有被嵌入如此故事框架后才能形成所谓"孝子藤树"像。藤树为了直接尽孝于老母膝下而脱离武士社会的行动表明，他对可以预知的艰辛生活全无畏葸，选择的是值得敬畏的伦理价值；并且在这种选择中，还增添了这样一层意义：经历了与规定武士社会君臣关系纠结之苦的藤树，最终仍勇敢地选择了作为天然伦理的亲子关系。但是，近世传记的记述者们，却无法描述以牺牲君臣之义为代价而保全父子之亲的案例，而只能去表现既无损君臣之义，又能保全对慈母之孝的行为。它解释了"年谱"记述者笔下的"孝子藤树"像何以会迅速形成，⑨以及以此为原型的《孝子传》中之"中江藤树"何以要通过近世的回溯才得以盛传的原因。

于是，《近世畸人传》（宽政二年刊）在集中推出了"孝子藤树"传说中其他诸家后，畸人"中江藤树"开始登场。因袭这一做法，《先哲丛谈》（文化十三年刊）则提供了更加精炼的"先哲藤树"像。在江户后期的这部《先哲丛谈》中，大概可以看到在整个近世不断出现的藤树传说洗练化和被完成后的叙述。兹引《先哲丛谈》中"先哲藤树"之一节如下：

藤树在大洲，慕母之独居乡，梦寐无已时。尝乞归省，欲即伴来。然母不欲逾波涛如他乡，则无复如之何，乃独返大洲。遂陈情，乞归终养。不允，于是，鬻家什得数十金，以偿债。又以其余易谷积之家，意在还是岁俸给也。而仰天心誓，不事二姓，而后出亡。藤井懒斋本朝孝子传，录此事。作赞曰：淡海吹起，陆王儒风。岂翅善身，诲人有忠。为母颤禄，旋乡色愉。于嗟笃孝，性乎学乎。⑩

四 《孝子传》和《立志传》

不难发现，始于"年谱"的近世"孝子藤树"传说及其展开，与《近江圣人》所见之近代"孝子藤树"故事，已呈现出明显不同的面貌。如前所示，近世的"孝子藤树"像，形成于为孝养老母而致仕大洲藩并遁归乡里这一传记事迹。因不忍老母乡下独居之苦而毅然脱离武士社会、归农尽孝的藤树的特异行动，构成了《孝子传》得以形成的最重要素材。藤树的事迹，也正是被纳入《孝子传》的故事框架之后，才被形塑成"孝子藤树"像的。与此不同的是，近代少年文学作品《近江圣人》及其《孝子像》，却展开并形成于具有明显文学情节的故事当中。这意味着，《近江圣人》其实是通过鲜明的文学设定而次第展开的再形象化作业。

《近江圣人》作者给少年藤太郎设定的背景，是没落阶层的苦难状况。父亲在世时足以役使众多仆佣的富裕家境，父亡后竟为之大变。面对生活零落的境遇，母亲决意将儿子藤太郎托付给四国的叔父。对此，叔父作答道："为了把和郎培养成有出息的男子汉，请您放心地让他迁往遥远的四国吧！"家境零落的象征性事例，表现为母亲因不适汲水劳作而患上的皲手之疾。老人家忍受皲裂之苦的信笺，让少年藤太郎生发了无限的念母之情。当他从即将被镇压的基督教徒手中讨得疗皲药物后，便立即单身踏上了回故乡之路。充满无数危险和苦难的艰辛旅程，为人们展现了克服重重险阻的孝子藤太郎的形象，这几成足以引发众人感动的电视剧场景。故事的最后情节，便是人们熟知的藤太郎与老母在严冬井边的相遇和洒泪揖别。

村井弦斋显然已把孝子少年藤太郎的背景，纳入《立志传》的故事框架中。在这个框架里，人们看到了一介少年是如何在家境衰落的境遇中，勇于克服艰辛和立志立身的。不宁唯是，少年的立身，还离不开母子间的果决意志。唯此，才有母亲责令好容易回到自己身边的儿子立返大洲的情节。可这与近世《孝子传》中母亲喜迎藤树返乡的故事情节完全相反。这表明，《近江圣人》的故事框架，与其说是《孝子传》的，不如说是《立志传》的，即孝子少年藤太郎的形象，是按照《立志传》的故事框架塑造而成的；而少年藤太郎跋涉于大洲和近江的苦难经历本身，才使孝子少年的形象得以具象化。"孝"之实践者，在这里被截取为顽强克服苦难的《立志传》中的少年形象，唯此，藤树才通过文学手段被明治二十年代重新形塑成"孝"的实践者形象。自明治二十年代和辻哲郎以来，近代日本的众多少年，之所以对《近江圣人》报以同感并成为该书的热心读者，即根源于上述被文学形象化了的少年像。

与当初年轻人对《近江圣人》以外诸版本所寄予的共鸣有所不同，经过近代新包装后的"孝子藤树"，则是国家在教育考量的前提下施加给少年们的新形象。

五 作为逸脱的藤树学

有一个可填补藤树研究空白的传闻。该传闻之所以珍贵，一则因为它发生于藤树生前，二则因为它出自师事藤树的高足之手，故可信性颇高。径言之，该传闻出典于熊泽蕃山（1619—1691）的《集义和书》，并且在本稿开始时已经略作引用。兹将全文再引如下：

朋友问云：闻江西学者（指中江藤树）读感应篇，又勤于诵经之威仪，世人有笑之者，诚耶否耶？答云：诚也。譬若习细工者多有损，而善习乘者数落马也。中江氏其初也，以无传授圣贤心法之师故，尝修心以多方。心法之修炼也有绪，宜乎先取而用之。二事虽不可全，励志处在诵经，而历数凡习祸恶者，却在感应篇，是以暂用也。纸捻可以为过，亦可以为善。皆细工之初，事未必善而志善，是以无所悔。其于人伦也不然，志殊盛而流于异端者，我不用也。⑪

《集义和书》中的这一话题，再现了由中江藤树所推进的心法之学在供职于备前冈山藩池田光政处的熊泽蕃山周边的流传情形。话题的展开方式，表现出了对藤树之学的异端式的怀疑和不解。"尝闻彼学者煞有介事，每朝既读《太上感应篇》，又诵《孝经》以勤'诵经之威仪'"云者，表现出了对藤树学流传所致的异端宗派氛围的嘲笑和非难情绪。当有人问及此事的真假时，蕃山的回答"诚也"，肯定了有过风评的事实。他体谅学者在学问草创期试行错误时的不得已辛劳，认为"皆细工之初，事未必善而志善，是以无所悔"。不过，蕃山并没有否定将既诵读《感应篇》又勤于"诵经之威仪"的行动本身"疑为异端"的说法。他自身不过选择了"不用"的态度而已。

藤树研究者每每喜以藤树"学舍座右戒"中"每日清晨拜诵孝经，可以养平旦之气"⑫之铭戒和《集义和书》里"每日清晨焚香拜天，持诵孝经及感应篇"⑬等藤树事迹引为旁证。可是，仅凭这些无法穷尽藤树学问的记述，似乎不足以揭示出发生于藤树学周遭的重要事态。也就是说，藤树之学及其学舍氛围，在藤树生命的最后时刻，已呈现出被认为是带有异端式逸脱之风的事态。这意味着，至少有一半体现了正统乃至正常儒学之风的学说在藤树学中已经存在。只是在我看来，虽曰正统,却未必就是林家朱子学之学风;而所谓异端,也未必是指江西陆王之儒风。我只想说,展开于藤树及其周边,非难所谓学风逸脱等异端行为的所谓正统儒家学风和正常知识形式,不过是不断形成于武士社会及其周遭环境的文化氛围而已。这里,何为正统,何为异端,应该是对尝试逸脱的藤树学走向有所确定后才能展开的议论。

但是,视儒教本旨为宗教性,并在此意义上给藤树接受《孝经》的方式以高度评价的加地伸行,在引用蕃山的《集义和书》时指出:"拒绝儒教的日本儒学,并不止于与藤树对立的林家。令人惊异的是,在藤树的学脉中,竟也出现了这类观点,熊泽蕃山即持有是论。"⑭按照加地氏的说法,被"疑为异端者流"的藤树之学,才是立足于儒教原本立场的学说;而将其斥为"异端"的蕃山学所能体现的,反而是失却儒教固有宗教性的"日本儒学"的立场。把儒教的本质提炼为宗教性并赋予藤树以新评价的加地氏言说,对于理解日本近世儒教与藤树学的特质而言,殊为可贵。但是,如果将近世初期儒家言说之间已开始出现的彼此差异状况,单纯理解为从"儒教"到"儒学"这一本质丧失的变化问题,那么,也就等于丧失了对学说的自我超脱和对差异观点的观察视角。需要追问的,并不是谁保持或者丢弃了儒教的本旨。藤树形成于苦斗和摸索中的儒家言说,即便被视为疑似道家者并带有宗教性,但如何在时代的学术空间里去追问这种自我逸脱的学说意义,似乎才是更重要的。人们把逸脱之学贬为异端和伪造,也无非是想通过这一设定,制作并凸显出自家之学和知识体系上的正统性。

藤树儒家学说的宗教性,也就是其《孝经》解释上的浓重的宗教色彩,被藤树研究者频频指出。我则倾向于将藤树这种带有疑似道家宗教性的儒家言说,视为"逸脱"论。这样,不但从中可以看到确立于自我逸脱前提下的藤树学及其言说世界，而且通过这种逸脱，还使准确捕捉藤树的言说对象首次成为可能。但是，面对怎样的方向，又如何去逸脱，则需要我们对逸脱式学风，给出一个准确的判断。

六　"如老妪之愚"

通过"年谱"来表现藤树行止的《藤树先生行状》，在述及坚信"福善祸淫"之报应妙理，并不断致力于"阴骘"即积攒阴德的藤树形象时，曾这样写道：

> 厚信福善祸淫之妙理。故起居常敬畏满腔子，如无闲气者。……尝示学者曰：昔人多志于道而无其德，只不辨放心之祟故也。如风止而见波，撞钟而犹响。此不止为病魔昏昧烦热之祟，亦为放肆亏辱之过，其危兆实自此始云。……身自为阴骘。或与诸生及乡民之富者共计，悯严寒比（顷）步（东）涉者，悬沟渠以桥。悉信善恶之应报，庸人视之，如老妪之愚。⑮

每朝拜诵蕃山《集义和书》所云之《感应篇》和《孝经》的藤树，亦如"行状"中所描述的那样，是一位深信福善祸淫报应之理、热心对人说教并致力于积攒阴功的人物。"行状"甚至把这位信仰善恶报应、一心积善的藤树形象，形容为几"如老妪之愚"。这些话所形容的藤树形象，和历史上所刻画并流传下来的圣人像并不一样。我以为，这是在状摹"逸脱"之学推移与达成时的藤树本人的实况。这句话比起解说藤树学推移论之百千言语来，更为切实，也是对当事人历经苦斗方才到达

（目的地的过程）以及到达后形象的精彩描述。

《书经·洪范》所谓"唯天阴骘下民"云者，说的是老天在冥冥之中安顿下民。报应思想一经与阴骘概念相结合，则人当顺天意行动，倘积得阴德，天将降福于他；若反为恶事，亦必遭凶祸这一劝善惩恶说教的阴骘思想，于是乎成立。⑯然而，在被认为是藤树的作品中，在"阴骘"的标题下，有一篇由四段文字组成的文章。战前藤树研究第一人加藤盛一，在将"阴骘"题名为"春风"的同时，复取藤树为女性所著《鉴草》中"当视为羽翼"之意，将两文收诸他自行校订编纂的岩波文库《鉴草》附录中。⑰在"阴骘"第一段"辨惑立志"的开头，藤树将阴骘之教归约为："人之所愿者品类虽多，其究也约为五事，曰功名、富、贵、寿考、子孙也。此五者，皆出于天地本然之大德，而造化于人间者，实上天之政事也。故予夺之权在天，而得失之机则系于人之一心。是以唯自反慎独之功新而不违仁者，则天与之而人得之。"藤树通过将劝善惩恶之教纳入福善祸淫报应论框架的言说，明示了什么才是阴骘说教得以确立的不可或缺的前提，那就是他所浓缩的"功名、富、贵、寿考、子孙"这五件事。这些愿望，堪谓人类世界中每个人对于幸福的希望和追求。而所谓阴骘说教，是指试图用积得阴功的方式，将"人的愿望"的达成赋以报应的逻辑。阴骘之教的最要紧处，也正在于它是立足于"人类愿望"之上的说教。努力于自我阴骘，再将阴骘之教传授于人的言说，说到底，无一不是立足于"人类愿望"之上的说教。

《集义和书》将每天诵读《太上感应篇》的藤树塑造成了"疑为异端之流"的形象。藤树日日诵读的《太上感应篇》，是成书于南宋时期的道教经典。这部据说天神能够对人的善恶行为示以应验，旨在以报应论来说明劝善止恶道理的《感应篇》，到了明代，已成为不断再版的《文昌帝君阴骘文》等所谓"善书"的开篇。[18]藤树的阴骘论言说，也受到了"善书"的影响。但是，"太上曰：祸福无门，唯人自招。善恶之报，如影随形。是以，天地有司过之神，依人所犯轻重，以夺人算"这一《感应篇》的开篇之语，却与劝人"诸善奉行"的下列文字，结合在一起：

其尝行恶事者，倘后自悔改，诸恶不为，诸善奉行，久之则必获吉庆。所谓转祸为福也。故吉人语善，视善，行善，一日有三善。三年而天必降之以福。凶人语恶，视恶，行恶，一日有三恶。三年而天必降之以祸。安可不勉行哉！[19]

通过用劝善报应论言辞缀合而成的《感应篇》，人们已不难描绘出日日讽诵这部经典的藤树形象。假如在藤树身上读出的是逸脱，那么，这种逸脱似乎就成了对与"人类愿望"有着深切关联的学术和说教的逸脱。实际上，他试图摆脱并弃置于一旁的，是那种与"人类愿望"相隔绝的学术和知识。这也正是那些对藤树之学蹙额皱眉、持有异端歧见者自命正统的学问和知识。这意味着，我们仍有必要对"行状"中"如老妪之愚"的藤树形象，做出进一步追踪。

七 诵经威仪

所谓"诵经威仪"，是曾给藤树的《孝经》接受方法以重大影响、被收于明江元祚所编《孝经大全》中的"全孝心法"等文章。文章载于藤树著作《孝经启蒙》之"旧本"版中。[20]关于"诵经威仪",《全集》的编者做过如下说明:"按,启蒙之旧本,载有此文(诵经威仪)及孔传序,而新本未有是载。盖先生尊信孝经,训于学者,令每晨拜诵且遵守此法。事见于学舍坐右戒与集义和书。旧本所载者,职由是也。"果如前述,编者在言及藤树每朝以"诵经威仪"之行法拜读《孝经》这一事实时,也曾以"学舍坐右戒"和"集义和书"佐证之。藤树以此行法每朝拜诵《孝经》之所谓"诵经威仪",到底是怎样一种情形呢?为了勾画出藤树"诵经"的实况,兹引录全文如下:

每日清晨,盥栉盛服。上香向北礼拜毕,面北默坐闭目存想。从自身见今年岁,逆想孩提爱亲时光景何如。又逆想下胎一声啼叫时光景何如。又逆想在母胎中母呼亦呼、母吸亦吸时光景何如。到此情识俱忘,只有绵绵一气。忽然自生欢喜,然后将身想作个行孝的曾子侍立在孔子之侧。无限恭敬,无限爱乐。然后开目举手,称赞曰:曾子行孝,孔圣说经。经于何在,在于吾身。手圆足方,耳聪目明,人人俱足,物物完成。离身无孝,离孝无身。立身行道,光于四海,通于神明。至德要道,地义天经。我今持诵,不得循声。愿明实义,广育群英。上尊主德,下庇斯民。庶几夙夜,无忝所生。[21]

读之会发现,《孝经》果真已被置于异样的经典受习氛围中。所谓异样,是指如此方法与学术上的经书学习及其正常儒经受习的氛围有所不同。毋庸讳言,这里也阐释了对经典"实义"的解明之要,但是,上文中强调的对《孝经》必须保持经典捧持者之姿态的要求,却远远逸脱了对经书的学习方法,倒很接近读经、读诵之类的佛教经典受习方式。

33

诚然，此处经典受习上的异样状态，的确与其他经书不同，这大概与《孝经》和"孝道"在中国宗族社会中具有特殊位置和性质有关。但是，与其说从中可马上得出儒教的"祖先祭祀"有宗教性这一结论，倒有必要瞩目《孝经》受习法中那些接近佛教的读经、读诵方式。所谓读诵（读经），乃是《法华经》所称观行五品位（随喜、读诵、说法、兼行六度、正行六度）中修行的一个阶梯。"随喜品"，说的是随喜于妙法、随喜于他人善行的功德大小。而进一步，正如宇井伯寿所说："读诵品在法华经，何况读诵而受持之者乎。是以，内以圆观，更加以读诵，恰如膏火之助，以至于善言妙义与心相会。"[22]通过对中国佛教观行阶梯之一的"随喜品"和"读诵品"的回顾，也就能够了解"诵经威仪"自行导入并构成其经典受习方法的要素究竟为何的大问题。

可以说，"诵经威仪"是形成于与佛教的观行经典受习方法或者与佛教有着共通基础的《孝经》诵读方式。经典在那里，必须通过最重要的身心行法求得深层的受持。如果将藤树来自"诵经威仪"的《孝经》受习行为称作逸脱，那便是从学知层面上的经典受习朝心法层次上的经典受习的逸脱。[23]

这种逸脱，即从学知层面上的经典受习朝心法层次上的经典受习的逸脱，乃是藤树自我说教的立足点。那么，接受这一说教的受众，又是怎样的一群人呢？这是一批已将读经之经典受习行法视为宗教习惯的诵经者。这与日本近世儒教在推广过程中所形成的经学受习层相比，堪称是某种异质性的存在。对此我还将再行论述。这种在行法层次上对经典受习的逸脱，还带来另外一个启示，即从知识的言语说教，朝身心特别是朝具有浓厚身体表象色彩的言语说教方向的逸脱。在适才所引之"诵经威仪"中，藤树要求诵经者回念自己在母胎中的最初样子和下胎第一声啼叫之出产情景。这种堪称观想法的诵经行法，昭示了对身体表象的唤起已构成其读经活动之重要侧面的说教特征。这里，不妨引用一下屡屡被称为藤树式新说的《翁问答》（上卷本）中的一段话。在这段话中，可以看到藤树是如何用独特的语言来表达父母之恩的，又是如何通过受胎、出产和育儿这些身体的表象来重现双亲所付出的苦痛与苦劳的。无疑，"逆想在母胎中"的表达构成了"诵经威仪"中的新说，但这种新说在日本思想史上却是绝无仅有的、不离身体表象的言语说教。对此，我们应当给予关注：

欲明孝德者，宜先观念父母之恩德。自胎育始十月间，母受怀孕之苦，十病九死之身。父为保全孕子，忧心竭力，以祈产育安稳。其千辛万苦，不可或忘于心。至于临产，母身承撕裂之痛，父心受烦热之煎。幸若母子安稳，则有一命再续之喜。母卧于濡湿，子奉于褥席。子酣眠而母身不敢屈伸，至天明而几无沐浴之暇。衣破而缮补，抽茧而不辍，舍子之安稳，而别无他念也。㉔

这是那些拘于知识和系谱来给藤树定位的专门研究者们始终无法正面处理的文字。然而，如果没有对这段文字的相应感受，想勾画出藤树逸脱后形成的独特教义及其学问形态，事实上是鲜存可能的。

八 "民，人也"

《孝经》以"仲尼闲居，曾子侍坐。子曰：参，先王有至德要道，以训天下，民用和睦，上下亡怨，汝知之乎"为开篇，而以"生事爱敬，死事哀戚，生民之本尽矣，死生之义备矣，孝子之事亲终矣"为结尾。在观察藤树的《孝经启蒙》如何注释《孝经》最后一段之前，先看看《孝经》的现代研究者是如何用现代语来翻译的："父母在时，事以敬爱；父母辞世时，不忘悲悼。唯此，则人类根本的孝子之道，才能完全尽守。生事亲、死亦事亲的道理，于是而完全具备。孝子对父母的全部事情，至此则完全终了。"㉕

我们再看藤树对《孝经》末尾之"生民之本尽"是如何注释的：

"生民之本尽。"易曰："天地之大德曰生。"民，人也。经曰："天地之性人为贵。"故曰生民。"生民"，犹言生性活泼人也。"本"，根柢也。人之有孝德，犹木之有根柢。故以孝为生命之本。"尽"，至其极而无遗之谓。与"尽性"之"尽"同。

从中不难看出，现代日本语只是将"生民"直接译成了藤树解释中的特异性指代——"人"。而所谓"生民"，在藤树看来，是把天地之大德的生生状态化为自我之性的人。于是藤树断言："民"就是"人"。从这个意义上说，所谓"生民"，"犹言生性活泼人也"这一令人饶有兴味的解读，于是乎得到引申。出现于《孝经》末尾的"生民"一词，与该文中同时出现的"民"，不只是"人"的一般性指代，而是被设定为该文说教的传达者孔子的教化言说对象——"民"与"生民"。从《孝经》的政治地位看，换言之，从位于帝国中枢的教化经典这一政治位置和性格来观察之，所谓"民"，无非政治和道德的教化对象。这意味着，"生民"所指，并不是"人"，而是"人民"。而藤树，则试图从"生民"中提取出以生生之大德为己性的人，即藤树所谓"生民"，乃是指具有生生本性的每个人。通过藤树的注释，即通过藤树对经典语句的再提取和再解读，"生民"一词首次具有了"人"的意味。以"民"为"人"的再提取行为所显示出的藤树的精神作业，与同样释"生民"为"人"的现代语译研究者，在境位上相去十万八千里。唯其如此，它才构成了藤树独有的《孝经》受习境位。

若深度关注和阅读《孝经启蒙》，便应该发现，藤树已把其中的"民"，彻底注释为"人"。就是说，《孝经》从头至尾的所有"民"字，已悉数被藤树注解为"民，人也"。例如，对前揭《孝经》开篇的"子曰：参，先王有至德要道，以训天下，民用和睦，上下亡怨"中的"民"字，藤树是这样注释的："民，人也。指诸侯、卿大夫、士、庶人、天下之人而言。"藤树所谓"民，人也"这一明快的注释，意味着已将孔子语中被指认为教化对象的"民"，重新解读为基于自身固有之至德并欣然践行之的"人"，即藤树于《孝经启蒙》通篇所作的"民，人也"之注释，已将《孝经》中作为"孝道"教化对象的"民"，重新诠释为"孝德"的所有者和作为躬行者的"人"。

不宁唯是，关于现代研究者所译"孝子对父母的全部事情，至此则完全终了"一句所对应的《孝经》最后一句，即"孝子之事亲终矣"，藤树曾作注如下：

"孝子事亲终"，"孝子"，即先王、明王、圣人、君子是也。始以先王起之，终以孝子结之。其旨至矣，妙矣。"事亲"，即孝行也。"终"，尽也。言先王圣人孝子孝行德业，尽于此而无遗也。

即便在这里，藤树的注释也不乏明断的特异性。关于文中最末尾的

"孝子"，在藤树看来，应是指《孝经》中作为孔子说教主题而登场的全部存在。正如适才例举的《孝经》开篇和末尾文字所显示的那样，关于以"先王"为始、以"孝子"为终的《孝经》构成方式，藤树曾以"至矣，妙矣"来赞叹。从藤树的视点言之，这句赞叹的话，应该被理解为他对新发现的《孝经》构成有了深刻体会后而发出的心声。他的感慨还试图表明，所谓《孝经》，是一部与拥有孝德的每个人均有所关联的教谕之书；而该书的构成方式，难道不正巧妙地表现了这一点吗？

可以说，所谓《孝经启蒙》注释，是一部把以"民"设定为对象而成的教化言说之《孝经》，自觉地改造成能够凸显固有的平等至德之"人"的再解读工作。"民，人也"这一注释，说明了这一点。与此同时，"民，人也"的注释，还不啻宣告，《孝经》受习者藤树的站位，已经从将"民"视为说教对象的教化者立场，自觉转变或移动为自己亦拥有至上之道德且应该一心行孝的"人"的一员。而所谓从儒家正统朝道家疑似的异端学者的藤树之逸脱，说的也正是说教者主体立场的转移。

对于被嘲笑为异端之风的"江西学者"中江藤树，我则将其人其说理解为"敢于自我逸脱的学问和说教"。通过这一逸脱而首次确立的学、教基盘，或曰因逸脱而展示的学问特异性诸相，亦从此而获得了鲜明的凸显。想来，《孝子传》在构建孝子藤树像时所依据的传记事迹，即脱离武家社会和返乡归农等事迹，又何尝不是"逸脱"意义上的事迹呢！

藤树从每天拜诵的《孝经》中试图解出的"孝"，并不是面向作为教化对象的"民"的教义。实际上，这是通过把"民"重解和新诠为对等之"人"的方法而确立起来的自己的学术基础，即由他所解出的"孝"的教义。可以说，这是通过对儒教正统的逸脱而首次得以确立的学术基础。或者也可以这样说：通过逸脱行为，使藤树及其说教首次找到了将"民"作为"人"的自己的学术基础。

"行状"的作者曾将笃信报应妙理并自励于善行的藤树形象状摹为"如老妪之愚"。应该说,这也是对以身心行法受习《孝经》的逸脱人士——"江西学者"藤树的一种形容,尽管这一形容把藤树误读为整日沉湎于读经和念佛之宗教氛围中的村夫。可受此形容的学者或曰村野教师,难道不应该被称为村"圣"式的存在吗?所谓"近江圣人",大概正是村民们暗地里送给这位逸脱学者和教师的尊称。然而,历史却把逸脱学者藤树,再度编入了正统说教的系谱中;同时,还通过所奉上的新式彰显称号,把藤树装裱成"孝子藤树"或"圣人中江藤树"等新形象。

山崎暗斋及其学派

记载山崎暗斋授课实况的名篇，被保存在《先哲丛谈》中："其讲书音吐如钟，面容如怒，听徒凛然无敢仰见。"前往听讲的弟子则议论道："吾侪未得伉俪，情欲之感时动不能自制。则瞑目一想先生，欲念顿消，不寒而栗。"如此传言下的暗斋授业，所指已不单纯是严格的授课方法问题，而是他本人及其学派的学问与思想方法问题。所谓"圣人道统之心法"，要求弟子们经由严格的授业，使老师的话能直接传达到他们的心里。这种通过师徒间直接而严格的人际关系来传授的正统教育和学问，使得排他且贯之以强烈自负心的特异学者集团，于是乎产生。

　　学派（崎门派）之祖暗斋，元和四年（1618）出生于京都。情绪激烈的少年暗斋，曾经是比叡山的小僧，十九岁时移往土佐吸江寺。在那里，他接触了土佐南学派朱子学者野中兼山和谷时中等人，并觉醒于朱子学。暗斋还俗后不久，回到京都，三十八岁时首次设置讲席。暗斋之塾与伊藤仁斋之塾古义堂夹堀川而并立。因学风迥然有异，故二塾亦夹堀川而对峙。暗斋将自家的学问方法强调为"祖述"和"体认"。所谓"祖述"，正如《年谱》中"学朱子而谬，与朱子共谬也"一语所显示的那样，是以对师的人格式倾倒为基础的学问继承；所谓"体认"，指的是排除单纯的语句训诂和注释式理解，以体得实践和主体之学。体现暗斋及其学派独特性格的"日本朱子学"，于是乎得到确立。天和二年（1682）春，暗斋六十五岁时染疾。据说，虽在病中，他亦未尝停止对其代表作《文会笔录》二十卷的校订工作。这一年的九月，暗斋辞世。

第二章 「敬说」与「心法」言语
——日本式「内部」形成的言说

> 何谓敬者？心无懈怠，平生自律，可也。
> ——山崎暗斋《敬斋箴讲义》

> 将朱子学之难解烦琐精微的哲学思索论理做出如此平明之解说，且能以和文精妙、准确、生动地表现之，……显示了自主式精思涵养之努力与磨炼蕴蓄之深厚。能否将外来儒学以自得的方式表达成平易明晰之国语，此堪谓最典型之佐证。
> ——阿部隆一《崎门学派诸家之略传与学风》

一 语"敬"之言说

开辟日本"道学"①系谱的山崎暗斋，在朱子所编用以自警的《敬斋箴》的基础上撰写了讲义。讲义开宗明义：

夫敬之一字，乃儒学成始成终之工夫也，其由来也久远。自天地始开以来，代代之圣人传道统之心法，亦不过此敬矣。伏羲之时未有文字，虽无敬名云，亦既于乾坤二卦画上见敬之象，以示无名之敬。至尧而始有敬名焉。②

这里，我将从自身的关心出发，对暗斋追溯"敬"的概念渊源语句，试行以下注释：

在距离用文字起名还相当遥远的上古，圣王的内心深处，就已经怀抱有根本意义上的心教，即由历代圣人不断传承的神圣"心法"。这才是"道统之心法"。人们尽可以用各种各样的言辞来解释和说明之，但其所指，则全部是圣王内心深处所抱持的根本教义。而各类言辞，也只是在说明着承绍于远古并存续至今的唯一"心法"而已。

这里，明显体现出构成山崎暗斋学派（崎门派）言说的形而上学性和言语特质。首先，它将目标指向了埋藏于"敬"这一"名辞"背后的真"意义"，并且认为这一"意义"从并不存在"敬"之"名辞"的远古时代起，就已经存在于历代圣人不断传承的"心法"当中了。埋藏于"敬"之"名辞"背后的真"意义"，就这样作为"道统之心法"，通过对上古渊源的追溯而被根源化，其"意义"的继承者，也自然被正统化了。如此而谈"敬"，也就析出了埋藏于"敬"字背后的真"意义"。不仅如此，这同时还析出了既存于上古的"心法"根源"意义"。析出其"意义"的语句，则必须使用能不断阻止言说分化且可提炼出"心法"的言语，亦即必须是能够明确传达人心之"真意"的言语。山崎暗斋及其学派（崎门派）的儒者们，在十七、十八世纪的日本，以极其严谨的态度次第推出了鲜明且执拗的"心法"传递言语。

一如我在前面那段现代语译中所涉及的，其内容，就是暗斋在《敬斋箴讲义——暗斋先生讲说》的开头的一段话。所谓《敬斋箴》，正像"读张敬夫主一箴，掇其遗意，作敬斋箴，书斋壁，以自警"所描述的那样，是朱子出于自警而记录下来的有关"敬"之工夫的箴言集。该书由以"正其衣冠，尊其瞻视，潜心以居，对越上帝"为第一条的十条目箴言组成。③将"道学之心法"——"敬"为"道学"形成之核心的崎门儒者们，尊重朱子的《敬斋箴》，把推展其真意的语词，分别用讲义的形式加以叙述。我这里所要谈的是，通过《敬斋箴》讲义以及"敬说"讲义，来明确其利用"心法"语词并通过这些语词以形成日本的"内部"这一崎门派言说的特质。

二 "道统"之言说

在此，不妨通过重引暗斋"道统之心法"的方式，开始以下的探讨：

夫敬之一字，乃儒学成始成终之工夫也，其由来也久远。自天地始开以来，代代之圣人传道统之心法，亦不过此敬矣。伏羲之时未有文字，虽无敬名云，亦既于乾坤二卦画上见敬之象，以示无名之敬。至尧而始有敬名焉。

暗斋认为，所谓"敬"，是贯穿儒学的根本性"心法"。自天地开辟的久远过去，即从"敬"的名辞尚未产生的时候开始，该心法就一直为历代圣人所传承。也只有它，才是"道统之心法"。哪怕在"敬"的名辞并不存在的久远的过去，日后被称作"敬"的"心法"（即"无名之敬"），已既存于圣人们的内心深处，例如在"乾坤二卦"的卦象上就已经有所显现。而且，尽管诸多圣贤曾用各式各样的言辞来表达，但暗斋却主张只有"敬"才是唯一的"心法"。这明显属于从根源处抓取内在意义的形而上学式的表达。需要注意的是，这里的形而上学言辞，是围绕"敬"之"心法"而展开的。

于是，在语及孔子"毋不敬之语及操存之言"后，暗斋对宋学的"道统"，准确地说，对经由宋学再确认和再构建的"道统"，提出了下面的看法：

> 此外，颜子之四勿、曾子之三省、子思之谨独、孟子之不动心、周子之"主静，立人极"、程子"四箴"之铭及主一无适之发明、朱子之"敬斋箴"，是皆世有古今、人有圣贤之差别，而传授其道者不过一敬也。然孟子没后，道统之传久绝，无人知敬之正意，至于宋朝，程子始悟此旨，注曰"主一之为敬，无适之为一"，敬之旨遂复澄明。

这里，朱子学派或崎门朱子学派的言说特征，已尽显无遗。即"敬"的意义的强调——此处所谓"道统之心法"这一儒家的正统性言说，其实是在对始于天地开辟、由圣人心心相传并准确承继的神圣"心法"言说进行再构成的行为中产生出来的观念。而且，所谓"道统之心法"，如上文所述，乃是孟子以来旷绝久矣的"敬之正意"经由程子之手的恢复，才得以复兴的观念。这意味着，宋代儒学，特别是朱子的儒学，从此已被规定为复兴的"道统"及承继之学。换句话说，失传了的"敬"之"本意"，已经程子之手得到了恢复，而朱子又以几无遗漏的方式，析出了这一"本意"。亦即，只有朱子的工作，才使"道统之心法"以十全的形态被完整恢复，并正确地继承下来。果然如此，便意味着暗斋等人的"敬说"，乃是经由对宋学"道统心法"之"敬说"的再构成，即经过17、18世纪日本学界之再演绎后，才获得再生的学问。也就是说，暗斋等人的《敬斋箴》讲义，也是在近世日本经过对宋学"道统"再构成过程的反复演绎后，才得以再生的学说。

一般说来，所谓朱子学（朱子学派之学），指的是宋代的"新儒学"。其再构成过程显示，该学说经过明代中国、李氏朝鲜以及德川日本的新演绎后，已分别演化为中国朱子学、朝鲜朱子学和日本朱子学。④作为体系完备的思想实体，朱子学在朱子生前并不存在。后来，经由朱子学说的继承者在朱子学说中寻出何为儒家正统思想的努力后，朱子学才被构建成功。这表明，朱子学乃是后来者在演绎朱子学问的基础上构建起来的学说体系。在谈及暗斋的崎门之学时，人们习惯于描述它对朱子学说的忠实"祖述"特征。⑤但是，如果在"祖述"的行为中不曾掺入对朱子儒学再构成工作的追加体验，或看不到再构成工作中的自我，那么，崎门派学问及其思想展开的固有意义，恐无法获得明确的显现。

暗斋等人对宋学"道统之心法"所做的"敬说"再构成，在近世日本经过反复加工，终于以崭新的"敬说"讲义形式面世。对学说的这一面貌，崎门派中的任何人，都未尝有所改变。崎门三杰之一的佐藤直方（1650—1719），亦曾就作为"道统之心法"的"敬"提出过以下看法，即讲习"敬说"，其实是对宋学言说的再演绎。欲了解崎门派言说的展开方式，当特别关注崎门诸子对复兴于宋学的"道统"的再确认工作：

敬之一字，乃有功于圣门而先儒之所未发者也，故大被朱子赏美。孔子之说仁，胜于尧舜，程子拈出敬来，其意同也。杨龟山、罗仲素、李延平所传之道统，主静存养之道也。孔子传授之心法，无外乎此也。朱子接道统于李延平而集大成，居敬穷理之学终为之全。⑥

崎门三杰的另一位代表人物浅见䌹斋（1652—1711），亦曾以再演绎说言及"道统"的再确认问题：

天地之立天地，古今相续，旋日用之昼夜，皆此心法也。渐渐诠议不通，而至于程子，乃择敬之一字，本于孔门之语，立为后学标的。或说主一，或说整齐，而全得其旨者，尹、谢、杨也。杨氏之心法传之罗氏，罗氏又传之李氏，遂及于朱子。⑦

三 "意义"解释的言说

暗斋在最初引用的讲义中，谈到了"无名之敬"一语，即："伏羲时未有文字，虽无敬名，亦已于乾坤二卦画上见敬之象，以示无名之敬。"意谓：在"敬"的名辞存在以前，就已经存在了作为敬的心法，圣人睿智，将其显示在"乾坤二画"的卦象上。在暗斋看来，所谓"无名之敬"是说，超越"名辞"的真"意义"往往处于隐形状态，是有待于圣人把握的特殊存在。作为源起于天地开辟时之隐形存在的"意义"，"敬"为历代圣人所把握，并通过象征性的记号或各种言辞获得体现。反过来说，它虽经众多圣贤之说明，又虽经各种言辞和记号的把握，但唯一被读取出来的"意义"，却只有"敬"字。具有唯一"意义"的"敬"，虽然被各种言辞和符号所读取和解释，但言辞的内里，却隐蔽存在着作为秘义的东西。与这个唯一"意义"相关联的言语，必然要由与自然得以存立的唯一基础密不可分的形而上学式言语来构成。浅见䌹斋接下来的发言，显示了这一言语的终极存在方式，亦即被提取为存在于天地生生之本根处的"敬"：

推天地之立天地，四时流行，万物生育，生生不息，水之流，山之峙，纵无所关心，亦不失不散，不若观死人也。而生之者，岂非敬耶！

而且，"无名之教"的言说，在指向隐蔽于言辞内里的存在——"意义即秘义"的同时，还需要外在的解释，只有这样，作为"秘义"的解释学自身才能获得展开。而所谓"秘义"的解释学，是指只有继承"道统"的特权者才能进行独自解释和独自阐释的言说。在崎门派学说中，"秘义"解释者的言说具有明显的独自性和闭锁性特征。从这个意义上讲，暗斋以"秘传"的闭锁性说教来传承垂加神道的做法，并非不可思议。⑧而且，"秘义"的解释学言语，还需要通过解释特权者的独自阐述才能实现从心到心的传递。结果，享有圣人传达"真意"之特权把握者和特权说明者这一崇高称誉的山崎暗斋，开始为崎门内部所接受：

不解圣人之意义气象，则不可谓之学问。而知之者，虽异国亦少有。日本自开辟以来则无之，虽山崎嘉右卫门殿亦然。是以恒志于圣人探赜。……然欲体悟圣人之意义亲切处，则需知圣人之心。……而此所谓知之者，又孰往而非嘉右卫门殿者乎！⑨

支配"秘义"的解释者及其解释学言说之传承者集团的，是独自阐述并在保持其阐述独自性的同时被传承下来的言语。崎门派学术言说的主要部分，形成于"秘义"解释特权者——师及其独自阐释的《讲义》中，并通过弟子们所保留下来的、记录着老师授课口吻的《讲义笔记》形式传承下来。这里，《讲义》这一崎门派特有的教授方式，与其说是教授的方法，不如说是思想展开的方法。其《讲义》方式，已在前引暗

斋等人的发言中有所交代,这里想特别援引的是能够代表崎门派言语的几个例证。先看直方关于"居敬"的论述:

> 敬者,吃紧着力,堂堂端坐之意也。敬而端坐者,唯心静身谨,方能身心收敛。是居敬之根本也。

再看䌹斋对"畏敬"的说明。这是关于《敬斋箴》"战战兢兢,不敢或易"箴言的一节"讲义":

> 不知自然现象而言畏者,乃是自卑而生恐惧。于是,只要有所耳闻,就惊慌失措,惶惶不可终日。……自然之畏者,并不是身心无主,害怕遭到惩罚。如果心有根柢,哪怕霹雳落顶、山崩目前,亦不过嘿然一声,无所谓也。

直方和䌹斋的语调和口吻,显然已通过"讲义"被直接表达出来了。作为超越文字层面的口语诠释,只有这种包含大量近世口语语法的"讲义",才能把"敬"的真意直接传递到听讲者的心里,并演变成崎门派的发展特色。

四 "心法"的言语·"主宰之心"的言语

"讲义"的独特阐述,以及通过保留自身口吻的方式以"讲义笔记"或"语录"的形式记载传承的崎门朱子学派言语,在严厉批判文字式诠索的同时,还以直截了当的说法来阐释"心法",并致力于将"心法"

真正传递给听者。以"敬"为核心的崎门派儒者,通过切实抓取沉潜于其内心的深刻"意义"即"道统之心法"的言语,催促人们进行具有冲击力的自我内省式追求。那种围绕"敬"而展开的、仅仅追求字义诠释的从字面上理解的言语,对他们来讲,不过是关于"敬"的废话而已。以猛烈批判他者为快的佐藤直方,就将这种情形称为"敬之流言":

> 文字所称之何为主一,是为无适云者,只一味说辞也。纵能行一时敬之工夫,亦终至无用,徒成一生之流言也。

那么,作为非"敬之流言"的"敬"之"真意",又是如何被崎门学者所捕捉、所表述的呢?

> 所云敬者,盖无何子细,不放逸此葱郁之心,平生谨严磊落即为敬。キット一字亦可书作仡。……作仡字时,只径呼此心,此间便无一物,而唯余活泼泼之当(指"心"——译者注)体也。

暗斋是如此来把握"敬"这一"心之工夫"的,也是用如此之言语来表达的。他通过众多拟态词和口语语汇所要传递的是,所谓"敬",无非是"心之主宰"的工夫,而如何恒常维持作为主宰的一己之心,便是"敬"工夫的一切。作为"心之主宰性"的工夫——"敬",也只能这样用这样的口吻来表达。暗斋对"敬"工夫的把握及其口吻,构成了崎门派学者有关"敬"的表达范式。尽管彼此间有某些微妙差异,但他们却均以"心之主宰性"这一崎门派独自的口吻分别表达了同样的意思。这一点,我们已经在直方的"居敬"言谈中有所领略,即所谓"敬者,吃紧着力,堂堂端坐之意也"。直方通过俗语的口吻所要表达的,也正是心在维系"主宰性"时的情态。不宁唯是,直方还就"敬"即"心之主宰性"工夫,做出了以下更为明确的表述:

> 天下无主谓乱世,国家无主谓不治。敬者,吃紧着力于主宰之工夫也。……敬者,存心之谓也,其心收敛而不放,主一也。主一如何?动静俱主静也。心无主宰,则妄动也。有主宰,则静也。……主静,则吃紧着力于主宰,于静中有知,鲜活流行,无间断也。是为活敬。

然而,朱子在《敬斋箴》中所列之十条箴言,几乎都与"心之主宰性"的自我把持相关联。对前揭第一条"潜心以居,对越上帝",䌹斋提出了自己的观点。其中的隐喻式言语,在频现拟态词近世口语的同时,还表现出崎门派"心法"言语上的另一大特征:

> 潜心以居,上帝即在其中。……清水净手,幡然梦觉之时,请试以观心。心与吾具,物皆可视,然感受有异,吾与超然之物共居。譬如白刃,拔而视之,并无特别,然白刃却与奇妙之物共相耸峙;仰以观日,亦无异样,然日却与奇妙之物共立。此之谓对越上帝也。

这里,作为"心的主宰性"的"敬",通过解读箴言"对越上帝"的形式被赋予了形而上学的说明。崎门派儒者们对"敬"做这种独特的说明,并不只是为了解释"敬"的工夫在于维持"心的主宰性"。崎门派的这一特有言语,会使听者在心中产生有关"敬"的最深刻的觉醒,使人能全身心地体会到"心的主宰性"工夫。而且,这种言语,也已然超越了既成学说的解说言语。这是"体认"之学的言语，也是作为"敬"的"体认"之学而展开的崎门派朱子学的言语。⑩

五 "心法"的言语·"敬"的形而上学

崎门派将言辞中最深的"意义"作为天地根柢之"意义"来阐述其形而上学的言语，是以"心的主宰性"工夫——"敬"为主题的，即，"敬"才是他们所要表达的形而上学言语。进言之，作为"心的主宰性"工夫的"敬"，在他们那里已经被表述为形而上学的根本属性。与䌹斋相同，直方也就《敬斋箴》箴言"对越上帝"中的"上帝"意义，提出过如下见解：

> 上帝，亦云天帝，无形而主宰之谓。虽曰无形，位处极致。天理云者，非兀然无所稽者。倘无极致，则阴阳流行、四时序位之不乱，万物生生而不变，形无稍异而生者，岂可得哉！是即主宰之谓也。

这里，"天的主宰性"已通过"心的主宰性"言语，获得了重新把握。"天理云者，非兀然无所稽者"一语表明，"天"通过阐释"心的主宰性"言语，被赋予了新的说明。但是，前者之"天"一经后者之"心"的诠释，则"心的主宰性"工夫"敬"，在他们那里毋宁被赋予了形而上学的根柢意义。因此，直方在继承朱子学"天人一理"的形而上学构成原理的基础上，还主张"敬吾心而体主宰，亦当知天之主宰"，即通过"心的主宰"来了解"天的主宰"。这样，"天理"这一支撑朱子学形而上学的根本原理，便由"心的主宰状态"做出了深刻的新诠，并作为"天的主宰状态"而推出。这种"敬"的形而上学言辞，甚至已达到第三节所见之䌹斋的发言水准，即"推天地之立天地，四时流行，万物生育，生生不息……不若观死人也。而生之者，岂非敬耶！"。就是说，天地之所以能作为生生不息的天地而存立，便正是因为"敬"所具有的"天地的主宰性"。

正如前面所谈到的，崎门儒者曾在17、18世纪的日本对朱子学进行了重新构建。当时，他们是通过将"敬"这一"心的主宰性"工夫做根柢性处理，亦即通过对"敬"的形而上学表达而重新构建朱子学的。也正是在这一点上，崎门朱子学的重新构建工作，才确立起了应有的地位。然而，我并不想就此即对崎门之学的本质做出规定，也不想对崎门之学进行再构建。也就是说，我并不主张在现有的情况下去大谈构成崎门之学的根本概念在于"敬"这样的话题。⑪毋宁说，在"敬"的根柢性意义通过形而上学的方式被表达出来的时候，"敬"已构成了创立"日本朱子学"的崎门派言说的重要特质。为了更加明确这一特质，不妨看一下陈淳（北溪）《性理字义》中对"敬"这一概念的处理意见。⑫由此可以看出，陈淳在对朱子学进行再构建时，是怎样给"敬"赋予相应地位的。

所谓《性理字义》，是朱子高足陈淳通过对性理学字义的解明而尝试对朱子学进行再构成的作业。在"敬"章的第二条中，他阐释了程子"主一无适"之"敬"的意义。在崎门派儒者看来，程子对"敬"义的阐明，则展示了"道统之心法"的复兴。

程子谓："主一之谓敬，无适之谓一。"文公合而言之，曰"主一无适之谓敬"，尤分晓。敬一字，从前经书说处尽多，只把做闲慢说过，到二程方拈出来，就学者做工夫处说，见得这道理尤紧切，所关最大。敬字本是个虚字，与畏惧等字相似，今把它做实工夫，主意重了，似个实物事一般。

《性理字义》虽然从程子"敬"义的发明中释读出重要的意旨，但却并不是崎门从中所发现的、自孟子以来即已中断的"道统之心法"及其复兴这一重大意义。事实上，我们无法指望可以在《性理字义》之"敬"章中读出暗斋围绕"敬"才拈出的、由历代圣人递续传承的"心法"及其深奥意义。与此不同，《性理字义》中所能见到的竟是"主一者只是心主这个事，更不把别个事来参插。若做一件事，又插第二件事，又参第三件事，便不是主一"这种类似于对"主一"的散文式解说。由《性理字义》中围绕"敬"字展开的解说性的言辞可知，崎门把"敬"字作为根柢重构朱子学，其关于"敬"字的言说具有特殊性。

质而言之，崎门把"敬"看作"心之主宰性"的工夫，并从中发现了根本性的意义。他们就以这样的形式重构了朱子学。而把"主宰性的心的自我把持"的工夫置于根柢处，势必形成颇具冲击力的自我追求的态势，而这正是崎门之学的课题，亦是其方法所在。至此，具有特异相貌的"日本朱子学"在崎门派手中宣告完成。

六 "日本朱子学"的成立

"敬"是"主宰性的心的自我把持"的工夫，崎门派将其奉为学问的根柢。其种种言说，悉如上述。此处，请允许我引用纲斋就朱子的《敬斋箴》的意义所做的发言来做进一步的说明。䌹斋讲话的语境恐已难以还原，但其发言直截了当地向我们传递着这样一个信息："万事唯敬"。

毋庸赘言，所谓敬者，离开日用孝弟，无从谈起。万事唯敬，……不参杂余事。不拘日用如何，克己也罢，穷理也罢，此果心法一术之心法。亦可依此对克己、穷理者做出评议，诸如评议齐家、事亲、治国者。此道一以贯之，克己是敬，穷理是敬，治家治国者无非是敬，至极处，不杂余事。日用全备，一生处己之旨，尽在《敬斋箴》矣。

"克己"也好，"究理"也好，"治国"也罢，大抵这些儒者的课题，皆须将作为"心之主宰性"的工夫"敬"置于根柢处加以追求。佐藤直方曾言，不以"敬"为本的"穷理乃俗学"而已。[13]不过，前述䌹斋的发言已经表明，"克己是敬，究理是敬，治家治国无非是敬"，他已经将学者须下足工夫的"敬"定位为学问的起点和归宿。不只是䌹斋，直方亦有类似表述："敬乃始终之要，圣学之基本也。"[14]追根溯源，崎门儒者们的"敬乃始终之要"的提法，根源还在于朱子的"敬之一字，其所以成圣学之始终者也"（《大学或问》）。不过，区别在于，崎门对朱子的"祖述"，将"敬"作为形而上学的言说，赋予了更根本的"意义"。同时，作为自我的"心的工夫"，更加注重自我的内在化。崎门由此完成了对朱子的"敬"之学说的改造。

崎门之学问，把"敬"作为"心之主宰性"的工夫，赋予了核心地位。同时，通过亲自坚定把握"心之主宰性"，规定学问的根本姿态。"敬"作为"心的主宰性"的工夫，是极其重要的学问课题，也是课题追求者的根本姿态，学问由此而成立。在此，对自我主体的坚忍不拔的追求，既是学问的课题，也是方法，同时也规定着追求者的姿态。"保持清醒"——这样一种追求自己内心的不断觉醒和把握自我的课题之间的张力，在其学问追求的目的层次或是过程当中都始终存在。也因此，牢牢地把握"心的主宰性"要求的意图，生发出了一种富于冲击力的反响，这一反响，时时在耳边彻响，崎门之学便是这样的存在。它反复强调，所有行为，都关涉"心的主宰性"是否得到真正实行；所有认识，都因关涉"心的主宰性"而真正成为自己的东西。一言以蔽之，所有问题都聚敛于"心的主宰性"中，所有的思想营为都被还原为"心的主宰性"的问题。"日本朱子学"，围绕自我主体的确立的富于冲击力的追求形成了反响，对人们构成了绝大的吸引。最终，它由于崎门派儒者的"敬"的言说而得以成立。与此同时，由"讲义"来看，其宗旨在于通过强调自我"心的主宰性"的维持和觉醒，使"敬"深植于日本人的内面。这种促成主体确立的言说，同时也意味着形成日本的"内部"的言说的成立。

七 口语"讲义"与汉文话语

崎门派的"讲义"，杂有近世口语的特征，是一种方式独特的语言表达。它不仅是一种讲授方法，而且也是崎门派思想展开的方法。关于这一点，我前面已有提及。综观崎门派学者们的诸多著述，大家不难注意到，这些以"讲义""讲义笔记"和"语录"等冠名的种种著述，不论是质还是量，都不同凡响。如果离开了这些"讲义"，崎门派的学问便无从谈起。因为，崎门派的学问及其思想的重要侧面，就体现在这些"讲义"之中。[15]

只要与同时代其他的日本儒者们做一番对比，崎门派学者们的著述所蕴含的特异性，便会更加显豁。伊藤仁斋（1627—1705）与暗斋大体处在同一时代，观其著述，并无此一特质。仁斋的著作，均使用当时学术世界的共通话语——汉文写成。当然，仁斋也在自己的塾——古义堂中讲学，但与隔河对峙的暗斋的塾（两者隔着京都的堀川相望）中讲授的内容，应该存在本质的不同。后者的"讲义"，凝结着崎门派的学问的本质、学风以及师徒之间人际关系等一切内容。因此，大家耳熟能详的反映暗斋的人品、学风的故事，大都讲的是暗斋授课时的风貌，便不足为奇了。

　　暗斋，天性峭严，师徒之间，俨如君臣。受教者，虽贵卿巨子，不置眼底。其讲书也，音吐如钟，面容如怒，听徒凛然不敢仰见。诸生每窃相告曰，吾侪未得伉俪，情欲之感，时动不能自制，则瞑目一想先生，欲念顿消，不寒而栗。⑯

　　崎门派的"讲义"，与崎门的学问展开存在着不可分割的关系。正如迄今为止大量引用的例证所见，其讲义杂有近世的口语特征，独具特色。

　　毋庸讳言，崎门的学者们使用汉文这一当时学界的共通话语撰写了大量著述。除却诗文，暗斋代表性的著述，首推其二十卷的《文会笔录》。但是，这部《文会笔录》，严格讲起来，只是暗斋庞大的研究笔记或是读书录一类的东西，它们都是暗斋"于四书五经、小学、近思录及濂洛关闽诸子之书，每有所得，即撮录为编"⑰而成的东西。当时，编纂的基准，自然是暗斋笃信的朱子学说。此书堪称暗斋重构朱子学的纲领之书。《文会笔录》一书,可以说是对暗斋通过对朱子重构儒学体系的路径的重新体验,进而其本身又再重构朱子学这一过程的记录。暗斋对朱子学的学问的阐发,一般称为"祖述"朱子之学。《暗斋先生年谱》中,关于暗斋之学中的"祖述"立场,有如下记载:

> 中庸云:仲尼祖述尧舜,宪章文武。吾与孔子朱子亦窃比之。而宗朱子,亦非苟尊信之。吾意,朱子之学,居敬穷理,即祖述孔子无差者也。故学朱子而不谬,与朱子共谬也,何遗憾之有?是吾信朱子,亦所以述而不作也。⑱

"信朱子,亦述而不作",对于暗斋的学问立场,《年谱》的作者做了如上的记述。后来的研究者经常引用这句话来证明暗斋的学问之根本在于"祖述"朱子的学说。但是,虽说是"祖述",我们却并不能就此将暗斋的学问理解为是对朱子学说的简单重复和蹈袭。如前所述,朱子重构了儒学,暗斋学派通过深入其作业的内部,获得亲身体验,尔后开展了重构朱子学的作业。所谓的"祖述",当作如是理解。在此意义上,"祖述"之学,又称"体认"之学,它代表着崎门之学的另一个立场,亦即对朱子学之要义的实践性的体得之学。更何况,作为"祖述"之学的暗斋之学,本就是以汉文文体予以表述的。

佐藤直方的《讲学鞭策录》《排释录》和《鬼神集说》,被认为是其具有代表性的三部曲。这些著作各依其主题,萃取《朱子语类》《朱子文集》中朱子的见解编纂而成。彼时,直方从朱子庞大的言论当中,按照不同主题,辨别、采录那些被认为是真正属于朱子的真诀的东西。由此亦可看出,号称"祖述"的崎门之学,无疑是按照自己的理解对朱子学说进行的一次阐发。崎门依据自己的问题意识，在自我主体性的前提下，从朱子庞大的发言当中，找寻最切实、最真实的问题，对朱子学展开阐发。崎门以追踪的主体为前提，对朱子等先儒之学展开"祖述"性的探求，其急先锋则非直方莫属。在这个意味上，从"祖述"的立场出发，亦即以追踪的主体为前提阐发先儒之学说的著作——上面列举的编纂物自不必说——都采用了汉文文体。因此，崎门派的汉文文体，便是"述而不作"之学的叙述语言。崎门派试图从朱子等儒家言说中把握真诀或曰真正的意味，通过掺杂口语表达的"讲义"，形成了自己独特的话语特征。

那么，这种掺杂着口语表达的"讲义"的叙述，是对从朱子等先儒的学说中追踪真诀的作业的成果，或者是作为"祖述"之学的汉文言语所做著述的要点，进行的翻译性的口语讲述，还是用平易的叙述所做的一种解说性的讲述呢？在此，让我们再来看看暗斋对"敬"的真意的解释：

何谓敬者？无有仔细。心无懈怠，平生自律，可也。

此外，浅见䌹斋针对《敬斋箴》中的"对越上帝"，也表明了如下见解：

潜心以居，上帝即在其中。用功慎思，襟怀洒脱，不言上帝，凛然而在。我心不骄，即为上帝，即为鬼神。上帝我心，宛然同在，谓之对越。

这一段话，大概便是关于"敬"或是"对越上帝"的翻译性的口语化的表达。的确，就听众而言，这种使用熟悉的掺杂口语表达的"讲义"，具有解说性的一面。但是，我们这里看到的，并非《谚解》和《国字解》那样的与日语逐字对译的表达（训读）。《国字解》里的"训读"，可以参见如下的用例。中村惕斋的《小学示蒙句解》中关于"敬身"的表述如下：

敬身者，小学第三篇之名也。敬字读作"つつしむ"，亦可读作"うやまふ"，又有"をそるる"之意。不过，"敬"字除了"つつしむ"之义，同时兼具"をそれうやまふ"之意涵，其工夫贯穿于内外动静。圣学之要，在此一字。敬身者，敬重身体之谓，敬以修此身者也。身之一字，内外动静悉可得而见之。⑲

此处的日语词汇，乃"敬"字的日语训读，是"敬身"概念的日文解说。稍加对比就会发现，崎门"讲义"中的口语表述与《国字解》的训读根本就是异质的东西。崎门"讲义"中的表述，与其说是对"敬"的字义，毋宁说是对其"真意"或是"对越上帝"这句箴言的"真意"予以把握的一种表述。这是激发听徒在心中直接领会其真意的以心传心的表述。崎门"讲义"中使用的语言，是讲者将所把握的"真意"，直接诉诸听徒之心，促使其体悟的语言，从文体上看，其中包含大量拟态词，多用富含隐喻的表达，是一种独特的、混杂了口语表达的语言。"敬"之真意依靠这种语言直接传达到了十七八世纪的日本人心中，促使其"体悟"。

崎门派用这种语言，将"敬"之"真意"直接传达到听徒的心中，促使其直接"体悟"，这使得"敬"在日本人的精神层面的内在化成为可能,"主宰之心"的坚实的表象由此得以镌刻在日本人的意识深处,并让日本人获得了将"主宰"作为切实的课题的自觉。因此,在日本的"内部",作为自我主体的意识,"敬"以形而上学的语言,在语言层面上得到构筑。进而,这一告知"真意"的语言,把"内部"切实的表象镌刻于意识之上。"国家无主则不治",这一使用比喻的语言表述出来的"敬"的"真意",最终作为"日本人的主体性"的问题,强烈地在语言层面得到构筑,也就顺理成章了。在此,请允许我再引用本书开头曾引用过的阿部隆一的一段话作结:

外来的儒学,衡量其是否得到真正的消化吸收的一个关键的指标,端视能否用平易明晰的国语予以表达。[20]

八 "中国夷狄论"论争

日本人一直把"唐"视为"圣人之国",抱有敬畏之念。曾经有这样一个假定:如果"唐"以尧舜或孔孟为大将攻打过来的话,日本的儒者该如何应对呢?据传闻,山崎暗斋抛出此一问题并自己做了解答。这里,我们就介绍一下记载于《先哲丛谈》中的这段逸话:

尝问群弟子曰:"方今彼邦,以孔子为大将,孟子为副将,率数万骑,来攻我邦。则吾党学孔孟之道者,如之何?"弟子皆不能答,曰:"小子不知所为,愿闻其说。"曰:"不幸若逢此厄,则吾党身披坚,手执锐,与之一战,擒孔孟以报国恩,此即孔孟之道也。"[21]

这个逸话，到了近代以后，被冠以暗斋的"国体思想"或是"民族主义精神"之名，汇入到了高度评价暗斋的言说的建构中。[22]但是，近代以来的这种评价言说，其对于暗斋的把握，恐怕与事实大相径庭。围绕"心的主宰性"的崎门派的言说，建构起了上述逸话所体现的"民族主义的"问题，但"民族主义精神"却并非暗斋本就具备的东西。应当说，暗斋等的"心的主宰性"的言说，对于建构"民族主义"与近代高度评价的该逸话的问题本身，起到了催生作用。

崎门的儒者们，把"心的主宰性"的问题，在言说上予以主题化，为了让人们领悟其"真意"，他们在近世日本，创制了口语式表达，宣讲自己的学说。他们主张，自己的学问，乃是"彼方"的圣人道统之学的、"我"的在地化的正统继承之学，亦即"祖述"之学。但是，"心的主宰性"的工夫在崎门之学中的主题化，则意味着它们既是学问的课题，同时也是方法。学问之"主体性"的自我把持，在此受到了切实的追问。而且，"彼方"的圣人道统之学在"此方"的正统继承这样一个"祖述"之学，在"彼 / 此"这样一个关系架构中，其"主体性"的姿态受到了追问。崎门之学中把"心的主宰性"在言说上予以主题化，使得上述那个暗斋的逸话所体现的问题，在言说上具有了一种新的生产性。在这个新的问题构成的过程中，"祖述"之学的"彼 / 此"之关系架构，被改换成为"内 / 外"之关系架构。如此一来，学问的"主体性"的问题，摇身一变成为"外 / 唐"对"内 / 日本"的"主体性"的问题。

崎门内部展开的"中国夷狄论"论争，由暗斋的逸话可见其问题的发端是围绕这个新的问题所构成的东西。该论争原在崎门内部开展，它将"心的主宰性"问题加以根柢化、主题化，这表明，崎门言说本身正是这个新的问题得以构成和出现的根源。关于崎门内部产生的问题之所在，浅见䌹斋如是指出：

中国夷狄之名，由来于儒书久矣。是故，在吾国，儒书盛行。读儒书者，以唐为中国，吾国为夷狄。更有甚者，还有因生于吾夷狄之地而悲叹之徒。甚矣哉！读儒书者，失其读书之本，不知名分大义之实，此诚可悲之至也！[23]

圣人以"中国/夷狄"之论述所建立的中国传统的文化中心主义的自他认识，如今在涉及学习圣人之道的学徒的"主体"意识的层面发生了问题。自称"夷狄"，若是日本学徒的尊严所不能容许的事情，那么，将"中国/夷狄"这一自他称呼颠倒过来，以日本为"中国"，反把圣人之国视为"夷狄"，不亦可乎？䌹斋曾经试图采取这种颠覆策略。

关于中国夷狄之称谓事，唐书中可见称日本为夷狄者。有学者不以为忤，反因此而惋惜、羞惭。因生于我夷狄之故，而自卑叹惋者，其见识何其浅陋也！比之生我之国更宜于中国之称谓者，更有何处可寻？……有云，圣人亦有称夷狄者。然，唐之圣人，无有以此称唐者。日本之圣人，理应以此方为中国，以彼方为夷狄称之。[24]

当然，䌹斋此处所谓的"以此方为中国，以彼方为夷狄"的说法，并不单纯地只是自他称呼的颠倒。学问"主体"对立身之基（自国）要忠诚，此乃圣人之学的"大义名分"。因此，他的这种颠倒，理据即在于此。设若使圣人生于此地，其必以日本为"中国"。因为，只有对自己的母国忠诚，方才符合"大义名分"的要求。正如那段逸话中所言，"擒孔孟以报国恩，此即孔孟之道也"。在这一点上，䌷斋的立场可以说与暗斋并无二致。但是，他的"以此方为中国，以彼方为夷狄"这种自他称呼的颠倒，引起了同门的佐藤直方等人的强烈非难。直方批判道，这是把"生我之国尊敬为君父之国的过于亲切的""偏说"[25]。那么，直方自己对待"中国/夷狄"这样一个出自中国的自他认识又是什么态度呢？这个问题容后探讨。䌷斋在其"以此方为中国，以彼方为夷狄"这样一个被看作单纯的颠倒性的说法遭到同门的非难后，修改了论旨，进一步整理了论据，抛出了新的"中国辨"。这里，䌷斋的意图是，把以"中国/夷狄"的称呼界定的自他关系，改在"主/客""内/外"的框架下予以把握。

　　生于其国，则以其国为主，以他国为客。由是观之，当各有其国立处之称号也。学道者，学实理当然也。在吾国，若知春秋之道，则吾国即主也。……孔子若生日本，则日本春秋之旨当立也。是则学春秋之常云者也。……中国夷狄之名，此皆唐所付之名也。若以其名称吾国，此皆效唐之作为也。唯以吾国为内，以异国为外，明辨内外宾主，则称吾国，云异国，又有何妨？盖以不违道理故也。[26]

　　"中国/夷狄"这一称呼本身，包含着某种文化的、道德的价值判断标准在内，过去都是在这个框架中把握"中国·日本"的自他关系的。䌷斋试图对其予以重组，以"主/客""内/外"的新架构取而代之。学问"主体"对据以立足的基盘（自国）的特别关心，催生了与"外＝异国"相对的"内＝吾国·母国"这样的自他关系，进而形成了新的视角和新的关系架构。在此，与"外＝异国"相对，"内＝吾国·母国"赫然成立。而且，在明辨"主/客"的前提下，"内"即自己以"母国"为"主"，乃是昭然存在的"大义名分"，这样牢不可破的对于自国的意识，作为一种言说，就此萌发、成立了。[27]由此，絅斋在前述暗斋的逸话的基础上，变本加厉，做出了更为激烈的与异国相对的、自国中心的发言。

生于日本，躬逢太平之世，御恩浩荡，心安居，养生命，而为异国言，乃大异端也。今若蒙异国之君命，孔子、朱子来攻日本，吾等当须戮力向前，以铁炮击破孔子、朱子之首。……此之谓君臣之大义也。[28]

这个新成立的自国中心主义言说，被直方指斥为"偏说"。对于"中国/夷狄"这样一个中国中心的自他认识，直方所持的立场是，这种自他认识乃是古已有之的、圣人的历史"成说"。他认为："中国夷狄之说，乃是由圣人观察整个天地，从而厘定中国为中国，外国为夷狄而成立的。改变这个成说，实乃肆无忌惮之举。"[29]直方攻击日本自国中心的言说是狭隘和偏私的"妄自尊大"。与这种激烈言辞刚好相反，他主张"中国/夷狄"的自他认识乃是圣人之"成说"的立场，但未免太过无力。直方的立场，不过是对"圣人"乃是个人学问的忠诚对象的重新确认，它既不可能动摇也不可能颠覆絅斋的只有忠诚于"吾国·母国"才是"大义"的认识立场。"心的主宰性"业已根柢化、主题化，对于这种言说所制造出来的"鬼子"，直方除了一吐嫌忌之言外，别无其他办法。

伊藤仁斎(其一)

浅见䌹斋是崎门三杰之一，他曾对伊藤仁斋大加责难，恶语相向："彼仁斋所云孝悌忠信，皆只是刻意迎合世间之所好，就如同老妪的寒暄一般，所谓的柔和爱敬，不过是些呓语罢了。"（《劄录》）据说䌹斋曾经欲入仁斋门下而不得，因此，他批判仁斋的调门也最激烈。不过，假设仁斋听到了他的这番言语，会作何反应呢？极有可能，他会面带微笑，答之曰："所言极是。"因为，仁斋认为，《论语》表明，人之日常生活方为"实"，他是近世第一个明确做此理解的学者。但是，在发现"实"就存在于人的日常中之前，仁斋曾经经历了一个漫长的苦斗的过程。正是这番苦斗的过程，使他转向对朱子学的批判，并最终成就了他的古义学。

伊藤仁斋，宽永四年（1627）出生于京都堀川的通称材木町。其父是一名商人。自幼好学的仁斋，与当时一般的学习者一样，学习朱子学，并深深地为之倾倒。而且，仁斋对朱子学的兴趣，源于其内心强烈的偏好。青年仁斋陷入了自闭而又苦闷的精神状况之中。二十九岁时，他把家业让给弟弟，自己则隐栖于松下町。一连好几年，他都整日"俯首，凭几，不出门庭"（《行状》）。直到三十六岁那一年，仁斋才脱离了这种精神苦境。他回到堀川的家里，成立了一个叫作"同志会"的学习组织，自立门户。仁斋在回忆文章中写道："三十七八岁，始觉明镜止水之是非。渐渐类推，求之于实理，则嫌隙百出。及至读了"语孟"二书，明白端的，殆如逢旧相识矣。心中欢喜，不可言喻。"对内面的思辨的言语的疏离，同时也意味着对《论语》《孟子》二书的再发现。"明镜止水"这个词，自此以后，最为仁斋所嫌恶。仁斋在三十七八岁时，迎来了人生的一个巨大转机，他从"语孟"二书中发现了"古义"之学，并最终创立了自己的"古义学"派。

第三章 两部《字义》·儒学的重构与解构
——《语孟字义》讲义（上）

> 四书集注·章句·或问，皆萃取朱子、群贤之言议，予以折中，权衡义理而成。至广至大，至精至密，发挥先圣贤之心，殆无余蕴。
>
> ——薛敬轩《读书录》

> 苟集注·章句既通之后，悉弃去，特就论孟之正文，若熟读佩服，优游自得，则于孔孟之本旨，犹大寐之顿寤，自心目之间了然矣。
>
> ——伊藤仁斋《童子问》

一　两部《字义》

事实上，存在着两部《字义》：一部是朱子的高足、南宋学者陈淳（号北溪，1159—1223）所著《北溪先生字义详讲》（或称《北溪字义》《性理字义》）[①]；另一部是伊藤仁斋的《语孟字义》。[②] 从表面看，仁斋是把陈淳的《性理字义》当作了自己著述的范型，实则却另起炉灶，脱胎换骨。虽同被称作《字义》，但两者采用了不同的"字义"诠释路线，其语言作业大相径庭。一方是对"朱子学"的再生产，另一方则在实施拆除作业，开辟了"古学"这样一个新的思想的地平线，二者的思想营为差异之大可想而知。因此，两者虽同称"字义"，但其"字义"诠释路径，亦即语言作业，却完全不可同日而语。

我所感兴趣的是产出相异思想的这两部《字义》及其两种"字义"诠释的语言作业途径。我对这两部《字义》的探究，具有两个层面的意义：其一，毫无疑问，对我来说，这也是当初的课题，通过对两者相异的"字义"之语言作业的注视，阐明仁斋《语孟字义》或曰仁斋古义学之"字义"诠释作业的独特的位相；其二，不去关注导致二者相异的"字义"这样一个语言作业，只是追踪"字义·儒学概念"各自的展开，再通过对文本的"内部"精读[3]，重建对上述诸概念的叙述。我最终的目的是，通过对这两部《字义》的研究本身，批判性地映照出构成"仁斋论"的种种所谓的学术言说生产的荒瘠状况。

二 "诚"字的诠释

设想一下，如果把"诚"字作为问题提出，要求给出其"字义"的解释，那么，人们会怎样回答这个课题呢？

不过，也许马上会有人对如此设定问题提出异议。也即是说，不可以不设任何前提地要求对"诚"字的"字义"做出解释。换言之，如果要求对"诚"字做出"字义"解释，应该事先就有一个列表。在这个列表中，"诚"字是一个重要的项目。况且，这个列表，可以根据不同层面的要求灵活地分类组合。比如，既有在语言的词类层面构成的东西，如"汉语"（vs."国语""外来语"）；也有在含有政治诉求的类别中构成的东西，如"国语"。此外，还有在"伦理学"专有词汇这样的学术类别中构成的列表。毋庸置疑，"儒学思想"这样的类别自然必不可少。

在此框架或曰层次上构成的类别的关联中，"字义"诠释的方式方法自然会形成一定之规。因此说，把"诚"字作为"字义"诠释的对象时，不可能不预设前提。

但是，这个词汇或项目的列表的构成，乃是一个系统的构成。因此，诸如"辞典"编纂之类的作业，会赋予言语一定的系统，也就是说，它是一项系统化的作业。毫无疑问，近代国民国家形成时的历史背景，赋予了这种语言系统化的作业以重大意义。因为，近代国民国家的形成，自然会带来对"作为惯习之产物的语言的标准化作业"④的要求。"辞典"便是这种"代码化、标准化作业的模范结果"。在此，与"标准"语言有异者，会被贴上"俗语"或是"古语""外来语"的标识，以示区别，从而形成一定的系统。故此，"国语"辞典的编纂，无疑是近代国民国家在语言层面上实施的、系统化作业的"模范结果"。

如此，我适才所讲的词汇与项目列表的构成，便与"辞典"形成的系统相对应。也即是说，列表中的一个项目，乃是构成系统的一个契机。因此，"诚"字作为"字义"诠释的对象，在被提出时，便愈加不可能不预设前提条件。不仅如此，"诚"字的"字义"诠释，由于此事，在构成大写的"字义"这样一个学术系统的作业中，发挥了重要作用。

《性理字义》上卷里，在"命·性·心·情……仁义礼智信·忠信·一贯·诚·敬·恭敬"等项目系列中，"诚"字赫然在列。⑤欲从这个项目的系列中，读出其内含的思维体系，并非难事。根据"天命谓之性"（《中庸》）的命题，朱子等人结构了一种思维。这一思维，在天人关系中，对人的本质状态做出了规定。前述的项目系列，就是按照这一思维，由"命""性"等概念构筑起来的。在这个项目系列中，"诚"被作为"字义"

诠释的对象得到确立。那么,关于这个"诚"的"字义",陈淳是如何解读的呢?我们先来看第一条:

诚字与忠信二字极相近,然须有分别。诚者,是就自然之理上做出的形容。忠信则是就人用工夫上来说。⑥

由于"诚"与"忠信"具有类似性,所以,首要的工作便是搞清它们的区别。那么,人们应该如何辨别二者呢?根据"忠信"和"诚"各自所在的文本,换言之,将两个概念放在其所赖以成立的历史中予以辨别,是在以历史视线观照经书成立以后的事情。⑦ 在此,陈淳试图把"诚"作为"自然之理"层面上的"まこと",而把"忠信"作为"人用工夫"层面上的"まこと"予以辨别。但是,这种辨别方法,必须是在共有陈淳们作为前提的思维体系的条件下才有可能,否则就难以理解。他们作为前提的思维体系,是由"天/人""自然/人为"或是"本体/作用"之类的二元对立的概念所构成。现在,如若将之称作"天人关系"的思维体系,那么,陈淳所做的,正是在"天人关系"的思考框架内对两个概念的辨别。他把"忠信"定位为人(人为)层面上的概念,与此同时,他把"诚"定位成了天(自然)层面上的概念。

不过,在"诚"字诠释一开头所做的这个辨别作业,究竟有何意义呢?这不恰恰就是对自己作为前提的思维体系的再确认吗?或者是否可以说,它是将自己以之为前提的思维体系在特定事例中做的演绎性的、解说性的适用?陈淳作为前提的思维体系,正是宗师朱子以对先贤诸儒的经书解释诸说为基础而重新构建的《集注·章句》这种经书解释的言说赖以成立的东西。这样的朱子,对于陈淳来说,正是如下的一种存在:

于此，濂溪先生与河南之二程先生，以卓然先知先觉之资，相继而出。……闻而知者，有朱文公。又即其微言遗旨，益使之精明而莹白。上以达群圣之心，下以统百家会一。盖所谓集诸儒之大成，嗣周程之嫡统，乃洙泗濂洛渊源之粹者也。⑧

"上以达群圣之心，下以统百家会一"，在陈淳的认知里，朱子就是这样一个令人敬畏的存在。因此，作为对先师朱子及其学问深怀敬仰的后继者，他的《性理字义》，可以说是对将先贤诸儒的学说汇通阐发的朱子学说以及朱子学说之所成立的再确认。或者可以说，这是朱子学说的泛用和演绎性的作业，同时也是根据应用事例，对朱子学说的简明的、解说化的作业。体系化的朱子学与其尊奉者组成的朱子学派，正是通过以朱子为师的后继者的这种作业得以成立的。

陈淳在辨别"诚"和"忠信"的第一条之后，紧接着，第二条便是对"诚"字的诠释。那么，他又是如何展开说明的呢？

诚字，后世皆说差。到伊川始云：无妄谓之诚，字义始明也。至晦翁又增两字曰：真实无妄谓之诚。道理分晓而易明。

由上可知，陈淳追溯了从程子到朱子的学问谱系，提出了朱子所确立的"诚"字的解释，即以"真实无妄"为正解。换言之，就是要在朱子作为集大成者定型的学问谱系中，寻求"诚"字的正确解释。可以说，这是朱子学说的继承者所做的从学派上讲被认为是正统的解释，它还提出，这一解释来源于朱子的文本。因此，寻求"字义"的正确解释的这一工作，在陈淳看来，是在师父朱子的文本当中，业已存在正确的

"字义",自己需要做的只是从文本当中找出来再加以确认而已。于是,从朱子文本中找出"字义"正解的作业,就使得《性理字义》成了"朱子学=性理学"的"字义"的正统的言说集。一个顺理成章的结果是,朱子学说由于《性理字义》的缘故,完成了以性理学为宗旨的体系化和重新阐发的作业。

三 "诚"即"真实无妄"

朱子把"诚"字解释为"真实无妄",《中庸》中的"诚者天之道也,诚之者人之道也"这一注释进一步明示了这一点。即,"诚者,真实无妄之谓,天理之本然也"。总之,"真实无妄"这一"诚"字的解释,作为《中庸》的那个宇宙论命题的解释言辞被提出。不过,朱子的解释言辞,并不局限于语句注释的层面。比如,《中庸》中围绕着"天道"的命题,构建了围绕宇宙的"根源·始源"的形而上学世界,朱子的解释行为,便是用这个命题的解释言说构筑起来的作业。正是通过这个作业,达成了对《中庸》的圣典化建构。正因此故,在《中庸或问》中,才有了下述朱子关于唯天理至实无妄之根由的形而上学言辞。陈淳把"真实无妄"作为"诚"之字义的正解,这一解释与形而上学的言辞一起,内在于宇宙论的图景之中。

一为纯,二为杂。纯则诚,杂则妄。此常物之大情也。夫天之所以为天者,冲漠无朕,万理兼该,无有不具也。然其体则一耳,未始有以物杂之者。以其无声无臭,无思无为,一元之气,春秋冬夏,昼夜昏明,百千万年,未尝有一息之缪。天下之物洪纤巨细,飞潜动植,亦各得其性命之正,莫不以生。此天理之所以为实无妄者也。⑨

陈淳尊奉朱子,继承了关于"诚"字的"真实无妄"的解释,并加以演绎。他又以"诚者天之道也"这一《中庸》的命题为依据,展开其关于宇宙根源的形而上学言辞,在宇宙论的图景之中,描述"诚"的字义。从朱子文本中觅得"诚"字的正解,是揭示朱子的宇宙论世界的再生产性的作业。于是,在陈淳的《字义》中,就有了关于"诚"的字义的下述第三条解释。

诚字,本是就天道而论。"维天之命,于穆不已",只是一个诚。天道流行,自古及今,无一毫之妄。暑往则寒来,日往则月来。春生了便夏长,秋杀了便冬藏。元亨利贞,终始循环,万古长如斯,皆是真实之道理,主宰之者也。天行一日一夜,一周复过一度,日月星辰之运行躔度,万古不差,皆真实之道理,如斯而已。复就果木观之,甜者万古甜,苦者万古苦,青者万古青,白者万古白,……一叶一花,文缕相等对,万古常然,无一毫差错,便十分之人力安排,待撰造来,终不相似。都是真实的道理,自然而然。

"诚者,真实无妄之谓",此乃朱子对"诚"字的正解。从"字义"上对之进行演绎,见于陈淳的第三条,此乃其对纯粹无杂的根源性的天与无一毫差谬的天道所做的阐述。依据朱子文本对"诚"字的正解的解读作业,如同上述,变成了对内在于宇宙论图景中的"诚"字的描述。

那么,针对与宇宙论的图景一起描绘出来的"真实无妄"这一"诚"字的解释,伊藤仁斋有何见解呢?

四 "诚"即"真实无伪"

仁斋在《语孟字义》的下卷中，设置了"忠信·忠恕·诚·敬·和直·学·权·圣贤·君子小人·王霸·鬼神·诗·书·易·春秋·总论四经"等项目系列，从中追索"诚"的"字义"，而上卷则由"天道·天命·道·理·德·仁义礼智·心·性·四端之心·情·才·志·意·良知良能"等项目系列构成。关于这个由"天道"开始的仁斋"字义"中的项目系列的意义，看了我后面针对"天道"的字义所做的叙述，相信便其义自见了。且看，关于"诚"字的字义，仁斋的第一条是这样开始的：

诚者，实也。无一毫虚假，无一毫伪饰，方为诚也。朱子曰：真实无妄谓之诚。其说至当。然，凡文字必有反对，得其对时，则意义自明也。诚字与伪字相对，最省力者，莫若以真实无伪解之。

在此，仁斋先认可了朱子"真实无妄"这一解释的妥当性。但他又说，"诚"字的反义词是"伪"，因此，以"真实无伪"解释"诚"似更为贴切。表面看来，仁斋所持的"无伪"的解释这一主张极为低调。"最省力者，莫若以真实无伪解之"，这一口吻本身，一点也不咄咄逼人。但是，这种消极性只限于"字"的训诂这个层面。同理，承认朱子"真实无妄"这一解释的妥当性，大约也是仅限于训诂的层面。

接着，仁斋拿"真实无伪"这个解释与"真实无妄"相对置，从陈淳的《字义》中引用了"诚"的第三条。

北溪曰：诚字，本就天道而论。只是一个诚。天道流行，自古及今，无一毫之妄。暑往则寒来，日往则月来。春生了便夏长，秋杀了便冬藏。万古长如斯。此之谓真实无妄。

所谓的遵照朱子对"诚"字的"真实无妄"的解释而对该解释的意义予以演绎，就是将一毫无妄的天道的展开，在宇宙论的图景中予以描述。的确，仁斋很清楚，陈北溪的《字义》揭示了"真实无妄"的解释与宇宙论的图景的一致性。不过，仁斋此处的引用有着很强烈的自己的意图和用心。他的引用，似乎专门锁定了"天道流行"中无谬性的主张。⑩之后，针对这个"天道流行"的无谬性的主张，仁斋以巧妙的方式做出了反驳。

然，春当温反寒，夏当热反冷，秋当凉反热，冬当寒反暖，夏霜冬雷，冬桃李华，五星逆行，日月失度之类，固为不少。岂可谓之天不诚哉？苏子曰：人无所不至，唯天不容伪。此言得之。

朱子、陈淳是在一毫无妄的天道的流行中把握"真实无妄"的"诚"的，与此相对，仁斋则以自然循环、往来中的异常性提出反论。但是，仁斋并不是要通过这种异常推翻天道之诚。他要推翻的是试图在无一毫之妄的天道流行中去把握"诚"的"真实无妄"的解释。仁斋引用了苏轼的"天不容伪"之说，他认为，"天道正直，善为善，恶为恶，不容一毫之伪"⑪，赞同天道至诚的主张。但是，在他这里，至诚的天道并非"真实无妄"之谓，乃"真实无伪"之谓也。此时，作为"诚"字之解释的"真实无伪"主张，已经大大地超出了训诂的层次。

作为"诚"字的解释,否弃"真实无妄",主张"真实无伪",实则意味着对与形而上学言辞所描绘的宇宙论图景融为一体的"真实无妄"的整体上的否弃。质而言之,否弃的绝不单单是"真实无妄"这个解释,还有描绘出"真实无妄"的宇宙论图景的形而上学言辞和思维。仁斋将"诚"字的解释改换为"真实无伪"之举,正是对用形而上学言辞构筑起来的儒学大厦的解构。这一改换,亦即对朱子儒学体系的解构,发掘出了新的天道的意义。所谓的"天道至诚,不容一毫伪妄"的天道,亦即以人世之善为善、恶为恶、不容一毫伪妄的天道,借着这一发明,获得了新的意义。⑫

"真实无伪",这个对"诚"字的解释的新主张,单从训诂的层面看,予人以颇为消极的印象。但是,从"真实无妄"到"真实无伪",仁斋通过这一改变,解构了以形而上学言辞构筑起来的朱子学的儒学,并由此导出了新的天道的意义。在此,仁斋批判性地重估了朱子学的"字义",建构完成了自己的解构朱子形而上学的儒学的"字义"学,即"古义"学的策略。

五 仁斋"字义"学的策略

如果说,仁斋"字义"学的策略,是通过对朱子学的"字义"的批判性重审,完成对朱子形而上学的儒学的解构的话,那么,对朱子学的"字义"的重审,又是如何展开的呢?仁斋在《语孟字义》卷头的"识语"中,就"字义"的再解读,亦即他所谓的"古义"学的方法,做了这样的表述:

予尝教学者以熟读精思语孟二书，使圣人之意思语脉能了然于心目间焉，则非唯能识孔孟之意味血脉，又能理会其字义，而不至于大谬焉，夫字义之于学问固小矣，然而一失其义，则为害不细。只当一一本之于语孟，能合其意思语脉，而后方可。不可妄意迁就，以杂私见。所谓方枘圆凿，北辕适越者，固不虚矣。故著语孟字义一篇，以附诸二书古义之后。

仁斋所采取的古义学的策略，据其自述，当在于"熟读精思语孟二书，使圣人之意思语脉能了然于心目间焉"。仁斋所说的"圣人"，就指孔子。他主张，应熟读精思《论语》《孟子》二书，明了孔子的想法及其思想的文脉。但是，也许会有人质疑，对于植根于孔孟之教的儒学的"字义"诠释来说，本当如此，仁斋所言根本称不上是什么新策略。但这种质疑，恐怕是因为不了解信奉朱子学说的儒家的儒学言说之再生产的状况所致。诸如此类的儒家的儒学言说的再生产，是在朱子学说作为官方哲学的地位确立以后，尤其[13]是朱子对儒学进行了新的阐发，完成了对作为经书的解释体系的整体上的儒家学说（从宇宙论到人学道德论）的重构之后。《性理字义》就是这样，贴近朱子文本，亲身加以体验，从自身的角度，重建了对于朱子学说的叙述。所谓的"朱子学"，正是通过儒家对朱子学说的再次构建作业，才得以成立的。经书与朱子之间的经书解释作业，与后继的儒家对朱子的文本展开的解读，如出一辙。这种反复作业，正是"朱子学"这一儒学言说的再生产作业。

"熟读精思语孟二书，使圣人的意思语脉能了然于心目间焉。"仁斋的这个命题，意味着他虽旨在对朱子文本进行"内部"解读[14]，但他将自己的视点设定在了朱子学之儒家学说的反复再生产这一结构的"外部"。"语孟二书"便是他在这一反复再生产的结构"外部"选取的视点。因此,《语孟字义》乃是试图通过"语孟二书"对朱子学中反复发生的儒学言说及其概念构成进行解构作业,换言之,《语孟字义》是语言作业的集大成者。不过,请别误会,《语孟字义》这一"字义"诠释作业,与"语孟"的"字义"解释并非一个概念。它是通过"语孟"或曰"孔孟的意思语脉"进行的"字义"诠释。而且,这个"字义"的解释,如前所述,是一种新解。所以,通过"语孟"的"字义"解释,是把"语孟"作为视点进行的"字义"新解,这便是"古义"学。

六 "道犹路也"

伊藤仁斋的《语孟字义》,开头便是对"天道"的字义的解释。陈北溪的《性理字义》,则是从解释"命"的字义开始的。后者依据"天命,谓之性"这一《中庸》的指导原理构建本体论的思考体系,这便从一开始就对《性理字义》的字义诠释作业,或曰"朱子学·性理学"的概念的阐发作业起到了规定作用。《语孟字义》从"天道"开始其字义诠释作业,那么,其作业具有怎样的一种性格呢?首先,我们来看看"天道"的第一条。

道犹路也。人之所以往来通行也。故凡物之所以通行者,皆名之曰道。其谓之天道者,以一阴一阳往来不已,故名之曰天道。易曰,一阴一阳之谓道。其各加一字于阴阳字上者,盖所以形容夫一阴而一阳,一阳而又一阴,往来消长,运而不已之意也。

此书甫一开篇，便是对"道"的字义的追问。在此，仁斋试图以"道犹路也"这样一个隐喻，来阐明"道"的意义。不过，《性理字义》亦曾使用道路的隐喻解析道的字义。如前所述，《性理字义》是对朱子学说的继承和阐发，理所当然地，它把"道犹路也"这一表述归功于朱子。朱子曾在对《中庸》开篇的"天命谓之性，率性谓之道"的注释中说道："道犹路也。人物各循其性之自然，则其日用事物之间，莫不有各当行之路。"（《中庸章句》）据此看来，此处，仁斋是把在性理学思考的体系中已经明确建立了意义关联的"道犹路也"的表述，当作自己对"道"字的解释的前提而加以引用的。我们显然可以由此窥见仁斋"字义"学所采取的策略，即在把"道犹路也"当作对"道"字的字义解析的共同前提的同时，切断其与性理学思考内部所具有的意义关联，从而完成对朱子学的"道"之概念的反转。在考察仁斋对"道"的概念的反转之前，我们须再回顾一下陈淳对"道犹路也"所做的演绎。道犹路也，当初命此字，是起意于路上。众人之通行处，当谓之路。一人独行处，不得谓之路。

　　道之大纲，只是日用之间。人伦事物当行之理，众人所共由之底，当谓之道。⑮

道路之所以被用作"道"的隐喻，乃是由于其"众人所共由"之故。而且，诸位或许已经留意到，陈淳宣称，"一人独行"处不是道路。也就是说，通过这个道路的隐喻，彰显了人们"共由之处"的"道"概念的公共性。儒学中的"道"概念，即"天下公共的道"之特性由此得到明示。但是，通过"道犹路也"这个道路的隐喻，喻示"道"字的意义的言说，以及其在性理学中所具有的意义关联，或者明确该隐喻的指示的限定性等等，凡此种种，尽皆体现在陈淳的下述言论中：

　　大概须是就日用人事上说，当见得人之通行处之底，意亲切尔。若推原来历，人事上虽划然有此道理，然迥然有别于斯，其根由皆自天而来。

　　这段话颇为晦涩，其表述相当奇特。陈淳的意思是说，使用道路的隐喻对"道"进行说明，仅限于"日用人事上"的"道"。对于"人事上"的"道"，拿人在路上通行的状态去说，尚属比较适当的提示方法。然则，若在推究本源的意义上言说"道"，道路的隐喻这一言辞便不能通用了。这是何故呢？因为"道"的根源由来于"天"。

　　构成这一奇妙表达的，是诸如"体"与"用"、"形而上（道）"与"形而下（器）"、"天"与"人"这种以二元的、两面的关系描述同一事态的概念（即构成性理学的概念）。"道"亦被规定为与此两面兼涉之物。陈淳主张，道路的隐喻所通用的是在后一侧面，也就是在形而下的世界。"道犹路也"，在陈北溪的性理学中，是仅在地上世界通用的被限定的言辞。"道"用这个道路的隐喻无法明示，因为，其本源在于天，它存在于地上的人之道的上面。

　　但是，仁斋亦讲"道犹路也"。乍一看，他似乎也在以道路的隐喻解"道"。不过，接下来，仁斋又说："人之所以往来通行者也。故凡物之所以通行者，皆名之曰道。"由此来看，"道犹路也"，似乎并非单以道路的隐喻晓谕"道"的意义的言辞。毋宁说，在他看来，"道"的命名依据的是"人之往来通行之所"这样一个道路的表象。也就是说，在仁斋这里，"天道""地道""人道"等诸般概念，皆是依据"往来通行之所"这一道路的表象而加以命名的,即"往来通行之所"这个道路的表象,贯穿了从"天道"到"人道"的所有的"道"。

如上所述,在仁斋这里,"道犹路也"不是通过道路的隐喻启迪难以把握的"道"的意义的暗喻性的表述。与此相反,"道即道路",这是按照道路的相貌,直接把握"道"的直示性的表达。仁斋虽与朱子以及陈淳共同使用"道犹路也"这一提法,但仁斋是通过这种方式,亦即通过"往来通行之所"这个道路的表象,夺还、回归了"道"的概念。"天"之往来之处有天道,"人"之往来之处有人道。他没有采用"天"与"人"、"形而上"与"形而下"这样的二元性的言语来把握"道"。"天"也往来,"人"也往来,其共通之处乃是"往来通行"之运动,仁斋谓之"天地之间,一元气而已"。还原其语境,即"盖天地之间,一元气而已。或为阴,或为阳,两者只管盈虚消长往来感应于两间,未尝止息"。

七 "命名"行为·仁斋

"盖物之所以通行者,皆名之曰道",仁斋主张依照道路的表象命名"道"。需要注意的是,解明"道"之"字义"的作业在此追溯到了"命名"这一名辞成立的原初的事态。不过,在这里,仁斋并未明言此乃以命名主体为前提的命名行为。而真正明确言及以该命名主体为前提的命名行为的倒是徂徕,即荻生徂徕设定太初由"先王制作",在其《辨名》一书的名辞解明作业中,可见相关论述。关于此点,后文会有涉及,此处从略。不过,就仁斋以下的说法可知,在解明"字义"时,他亦曾关注到了名辞成立的原初之时的事态。

> 圣人既曰天道，又曰天命，所指各殊也。学者当就其言，各各理会圣人立言之本。(《天命》六)

> 道以往来言，理以条理言。故圣人曰天道，曰人道，未尝以理字命之。(《理》一)

> 孔子曰：性相近，习相远。此万世论性之根本准则也。(《性》二)

仁斋所说的"圣人"，前文已经指出过，指的是孔子。因此，此处仁斋所谓的"圣人立言之本"，当指按照《论语》中记述的孔子的名辞使用方法进行思考。换言之，关于"天道""天命"或是"理"和"性"的字义，应追溯这些名辞"原初之形"成立的场景，即还原孔子使用这些名辞的场景，进而展开思考。那么，何为"原初"呢？这关系到仁斋的批判视点，它被设定于"朱子学/性理学"的学问再生产结构的"外部"。前文所述古义学的"字义"解明的立场设定的场景，即《论语》中的圣人孔子发言的场景，就是仁斋所把握的"原初"的场景。仁斋古义学设定的这一"原初"之场景，即孔子使用名辞时的场景，正可看成作为"命名"的名辞成立的场景。"圣人曰天道，曰人道，未尝以理字命之"，仁斋的这句话，不正是对被视作"命名"的孔子的名辞使用的"原初"场景的一种提示吗？

如果说仁斋的"字义"解明追溯到了"命名"这一名辞成立的"原初"的事态，那么，这个"原初"的视点，前面已经约略提到过，它就是如陈淳的《性理字义》所见的，设定于"朱子学/性理学"的学问再生产结构的"外部"的东西。《性理字义》是限定于朱子等先儒的经书诠释文本之"内部"的读解作业，是将性理学的诸概念一无遗漏地、逻辑化地重新建构的作业，无疑，此乃"朱子学/性理学"的再生产作业。儒学的学问再生产方式，大都是通过将读解限定于经书文本及其注释者的解释文本的"内部"，从而不断对儒学进行重构的作业。近代文献学式的学问方法的自觉，使得我们的中国哲学研究，更加受制于这种儒学学问的不断再生产所形成的经书文本的内部解读的传统立场的束缚，这不能不说是近代学问的悲哀。对这种状态的形成，确有深入反省的必要。[16]

仁斋将古义学的视点设定于"命名"这一名辞成立的"原初"的场景，跳脱出了那种依赖限定于朱子文本的"内部"的解读从而重构朱子学的立场，其所设定的是一种"外部"视点。这一"外部"视点的设定，正如仁斋开头所引的文章所述，便是这样一种主张："苟集注·章句既通之后，悉弃去，特就论孟正文熟读佩服。"(《童子问》)

八 "命名"行为·徂徕

荻生徂徕在《辨名》中，在名辞的解明之际，首先是从"命名"这一名辞成立的"原初"的事态开始说起的。

> 自生民以来，有物有名。名故有常人名焉者，是名于物之有形者焉者已。至于物之亡形焉者，则常人之所不能睹者，而圣人立焉名焉，然后，虽常人可见而识之也，谓之名教。故名者教之所存，君子慎焉。孔子曰："名不正则言不顺。"盖一物纰缪，民有不得其所者焉。可不慎乎？[17]

在这里，名辞设立的起源是分开论述的，一是与具象物相关的名辞,二是与抽象物相关的名辞。"至于物之亡形焉者,则常人之所不能睹者,而圣人立焉名焉",徂徕主张,抽象物的名辞乃是圣人的"命名"行为。现在,对于"亡形焉者"的"命名"这一事态,我们就以"阴阳"这个名辞为例来探讨一下。徂徕在《辨名》的"阴阳·五行"一章中说道:"阴阳者,圣人作易,所立以为天之道者也。所谓极也。学者以阴阳为准,以此而观乎天道之流行,万物之自然,则庶或足以窥之也。""阴阳"是量度圣人制作的天道的准则(极),依照圣人所立的"阴阳"这个准则,天道才得以作为具有法则性的运动体存在于人们的眼前。所谓圣人的"命名",便是指的这一事态,即对人们而言,是准则之作为准则得以成立的事态。徂徕称,"名教"便是此意。

不过,徂徕在名辞解明时投向圣人"命名"的起源的视线,究竟有何意味呢?紧接着《辨名》的"绪言"引用的文章,徂徕对可以称作"名义"的自行其是亦即言说的自我展开这样的事态,表述了自己的看法:

孔子既殁,百家纷涌,各以其所见,以名之,物始舛。独七十子之徒,慎守其师说以传之。

孔子之后,进入了百家争鸣、各自纷纷主张自己立场的时代。这样一个时代的到来,从语言上来看,便是"名义"的多元分化时代的到来。譬如,"道"的意义即是如此,各家各派都按照自己的立场提出主张。道家有道家的"道",墨家有墨家的"道",法家又有法家的"道",各不相让。当然,针对其他诸家,儒家也当仁不让,积极地为自己的"道"寻找正统性的根据。徂徕在《辨道》中关于"儒家者流"的"道"

的成立，有以下一段议论：

> 道难知亦难言，为其大故也。后世儒者，各道所见，皆一端也。夫道，先王之道也。思孟而后，降为儒家者流，乃始与百家争衡，可谓自小已。⑱

徂徕的"与百家争衡"的言说，凸显了儒家者流以"道"作为对抗的言说的成立过程。儒家在竭力追寻自己的"道"的正统性的过程中，作为自我正当化的言说，发展出了新的"道"的学说。儒家者流的"道"之言说的成立，从事态发展的结果来看，不过是在"所自见"的范围内对"道"加以规定。如此看来，徂徕从儒家"道"的概念的展开史亦即儒学史中所看到的是关于"道"的名义的、可以说是"臆说"的儒家言说的展开过程。那么，如何探究"道"一类的名辞的本来面目呢？在《辨名》的"绪言"中，徂徕就自己的"辨名"作业的终极方向，做了如下陈述：

> 故程朱所为名，亦其所自见耳。非七十子之徒所传孔子之道也，则亦非古先圣王之道也。故欲求圣人之道者，必求诸六经，以识其物；求诸秦汉以前书，以识其名。名与物不舛而后圣人之道可得而言焉已。故作辨名。

要把握名辞的本来面目，就必须在言说展开史的"外部"，设定大大超越可以称为"名义"的自行其是的儒家言说展开的视点。此一视点必须置于传达着"先王之道"的"六经"中。因为，"六经"超越言语规定的一义性，以多义、多彩的具象性，保存了古圣先王的事迹。"六经"中所记载的先王的事迹，是对人类世界具有重要意义的诸事态——文化的、政治的诸事态——的原初的存在的遗迹。因此，先王圣人所谓的"立名"，指的便是圣人对对于人类社会有意味的事态的保存。比如，徂徕称鬼神乃是"圣人所立"⑲，他的意思是指，以鬼神为对象的祭祀，亦即鬼神祭祀，正是圣人所立。所以，圣人之"命名"，即意味着对人类世界有意味的事态的原初定义。

徂徕在把握名辞的本来面目时，注目于圣人的"命名"这一原初的事态，他把自己的视点置于记载着圣人事迹的"六经"中，这一经典处于可说是"名义"自行其是的儒家言说史的展开的"外部"，超越了言语规定的一义性，具有多义、多彩的具象性。徂徕在《辨名》中，在开展名辞解明的作业时，曾批判仁斋的古义学不过是在儒家言说内部打转，他旗帜鲜明地将自己的视点设定在了儒家言说史的"外部"。

仁斋的"外部"视点，超越了"朱子学/性理学"的学问再生产场域。如果说，古义学的字义解明作业，还停留在《论语》中孔子的言说之场，那么，可以说，徂徕把视点设定于"六经"这样一个超越儒家言说史的"外部"的行为，开创了思想史的新纪元。在此，我们有必要对仁斋围绕"天道"的字义进行的"古义"学的解明作业，亦即对朱子学的"字义"予以解构的语言作业过程进行一番细致的考察。

九 "天地之间，一元气而已"

关于"天道"，仁斋发表了如下见解："以一阴一阳，往来不已，故名之曰天道。"对于这个不断运动着的天地的状态，仁斋的描述是："天地之间，一元气而已。"问题在于，仁斋围绕天地所讲的"天地之间，一元气而已"这句话，与在"天人关系"这一框架之中对"天"展开论述的"朱子学/性理学"的言语之间,存在着怎样的批判交错关系?仁斋对于自己的"天地之间,一元气而已"的天地观,进一步做了展开:

> 盖天地之间,一元气而已。或为阴,或为阳,两者只管盈虚消长往来感应于两间,未尝止息。此即是天道之全体,自然之气机。万化从此而出,品汇由此而生,圣人之所以论天者,至此而极矣。可知自此以上,更无道理,更无去处。

仁斋认为,天地之间真正起支配作用的就是运动、生成这一规律,他将之归结为"天地之间,一元气而已"。"一元气而已"者,唯有运动之谓也。仁斋又称,圣人论述"天道"的言语,即"一阴一阳,谓之道",意谓或为阴,或为阳,往来不已的运动方为天道,只此而已,不涉其他。"自此以上,更无道理,更无去处",也就是说,在这个"往来不已"的运动层面之上,并不存在"根源"性的道理,也不存在该运动的"始源"性的究极之处。仁斋宣称,在圣人的言语当中,找不到围绕这个运动的诸如"始源/根源"那样的形而上学言辞。但是,朱子却在天地运动的背后或是其上面,寻求这种"始源/根源"。

> 考亭(朱子)以谓阴阳非道,所以阴阳者是道,非也。阴阳固非道,一阴一阳往来不已者,便是道。考亭本以太极为极至,而以一阴一阳为太极之动静,所以与系辞之旨相悖太甚也。

仁斋主张,追问"往来不已"运动之所以如斯运动的道理,探索这一运动的究极的始源,从本质上说,二者是同一性质的形而上学问题。

乍一看,"天地之间,一元气而已",便是在"一元之气"的基础之上构成的生成论的宇宙观。由此看来,仁斋的这一命题,所指的绝非作为宇宙论的"始源/根源"的"一元之气"。毋宁说,他通过把天地看作仅仅是"往来不已"的运动,从而拒绝了朝向"天"的视线。而在"天"的背后,潜隐着面向"始源/根源"的形而上学的问题。在天地被认为"唯有运动"时,"天道"以及"人道"便不可能在"天人关系"的框架中被叙述。

在《语孟字义》"天道"章的第三条中,仁斋再次就自己所提出的"天地之间,一元气而已"的真意做了详述。

何以谓天地之间一元气而已耶?此不可以空言晓。请以譬喻明之。今若以版六片相合作匣,密以盖加其上,则自有气盈于其内。有气盈于其内,则自生白醭,既生白醭,则又自生蛄蟮。此自然之理也。盖天地一大匣也。阴阳,匣中之气也。万物,白醭蛄蟮也。是气也,无所从而生,亦无所从而来。有匣则有气,无匣则无气。故知天地之间,只是此一元气而已矣。

仁斋把天地比作"一大匣",力图以此对自己的"天地之间,一元气而已"这句话的真意做出解释。他这样形象地说明"自然之理":先拿六块板子做成一个箱子(匣),再紧紧地盖上盖子,箱子中便会逐渐自动盈满了气,然后又慢慢地生出霉菌,最后还会生出小虫子来。这里,箱子是天地之喻,箱子中盈满的气则是阴阳。通过阴阳运动,天地化生万物。仁斋把这万物比作由箱中之气所生的霉菌和小虫。通过此类比喻,仁斋告诉大家,箱中之气不知何来,亦不知何生,有箱子在,便自然盈满了气。因此，顺理成章，他导出的结论是，"天地之间，一元气而已"。

仁斋所讲述的匣中之气化生生物的这段话，仿佛是在向人们演示宇宙生成论的万物化生的过程。但是，在仁斋所用的比喻当中，"箱子"（匣）是已经给定的，即天地是已经存在着的东西。这也就意味着，讲述生物化生的这段话，并不是追溯宇宙的始源的宇宙生成论那样的言说。"是气也，无所从而生，亦无所从而来。有匣则有气，无匣则无气"，仁斋此语清楚地表明了，宣扬气与天地同在，亦即阴阳的运动，同时也意味着对寻求本体"始源／根源"的思维的否定。

可见非有理而后生斯气。所谓理者，反是气中之条理而已。夫万物本乎五行，五行本乎阴阳，而再求夫所以为阴阳之本焉。则不能不必归之于理，此常识之所以必至于此，不能不生意见。而宋儒之所以有无极太极之论，苟以前譬喻见之，则其理彰然明甚矣。大凡宋儒所谓有理而后有气，及未有天地之先，毕竟先有此理等说，皆臆度之见，而画蛇添足，头上安头，非实见得者也。

万物本于五行，五行本于阴阳，夫所以为阴阳……这样推求下去，其结果必然是抵达作为"始源／根源"的"理"。靠语言对事态的"起始"进行溯源推究，自然难免生出臆度之见。正因如此，才有了宋儒所谓的"无极太极"之类的"始源"之论。对于这些言论，仁斋斥之为"画蛇添足"，称其不过都是些建立在臆见之上的赘言而已。

仁斋的字义解明作业，聚焦于圣人的"命名"初始之场的视点，于是，就构成了对于朱子学派的形而上学言说的超级批判视点。

必须从被我称作"天人关系"之思维系统的"朱子学／性理学"之思维体系的机制中，把"天""道"和"人"统统解放出来，对上述字眼的"字义"，必须通过"语孟"，重新对其予以观照和把握。仁斋的《语孟字义》正是这样一种"字义"解明的作业。他通过"语孟"对"字义"予以观照的这样一种"字义"解明作业,被称作"古义学"。就《性理字义》来看,它是通过对朱子文本的"内部"精读,对"朱子学/性理学"进行同一性的再生产的,而"语孟"正是处于这一结构的"外部"的一个解构儒学的视点。

性理学/形而上学的言语,一直是"天""道"和"人"诸概念的桎梏,对这些概念的意义的新的解明作业,需与通过"语孟"进行观照、彻底证明其悉为"臆度之见"的作业同步进行。前面我们所做的考察表明,仁斋提出的"天地之间,一元气而已"这样一种新的天地观,与把"天"从执着于"始源/根源"的形而上学言语中解放出来的作业,实在是难以分辨开来。仁斋在《语孟字义》中,批判宋儒所谓的"根源"性的"天理"的概念为"臆度之见",他所继承乃是"生生不已,天地之道"这样一种新的天地观。[20]

易曰,天地之大德曰生。言生生不已,即天地之道也。故天地之道,有生而无死,有聚而无散,死即生之终,散即聚之尽。天地之道,一于生故也。

不过,对"朱子学/性理学"的儒学展开的解构,与对"天""道"和"人"的字义的新的解明作业同时进行,如此,究竟产生出了怎样的新的思想地平线?这个问题,因为超出了本稿关于"两个《字义》·儒学的重构与解构"的课题框架,故留待以后探讨。

伊藤仁斎（其二）

伊藤仁斋的著作，诸如《论语古义》《孟子古义》《语孟字义》以及《童子问》等，均未在其生前公刊，唯有《语孟字义》在江户被擅自刊行，其他的均以笔写的形式予人。仁斋的这些著述都是在其离世之后，由其嗣子东涯等校订、增补之后始刊行于世的。仁斋终其一生都在不停地对自己的著述进行补订和修正。其主要著作《论语古义》，在其接近四十岁时写成初稿后，直到七十八岁完成生前最终的稿本为止，据说修改多达五次。东涯在《论语古义》刊本的"序"中写道："稿凡易五度，白首纷如。"仁斋的古义学，其臻于成熟的时间绝非一般所讲的成立时期。因为，天理图书馆（古义堂文库）收藏的仁斋的稿本告诉我们，他终生都走在古义学形成的路上。仁斋以人的日常卑近的"实"，悟得《论语》三昧，下述的这段话可以说是其姿态的真实写照："盖天地之道存于人，人之道莫切于孝弟忠信。故曰，唯言孝弟忠信足矣。"（《学而篇·曾子三省章》之注）这段话亦见于《论语古义》的稿本，但是在其死后公刊的《论语古义》的文本中，找不到这段话。刊本对稿本中的语句多有改削。刊本避开了仁斋稿本中的那种思索的紧迫感和批判的急迫感，缓和了其锋芒。

仁斋的门人林景范笔写了《论语古义》《孟子古义》《大学定本》《语孟字义》和《童子问》等稿本，仁斋补正过的生前最终稿本（林本），完成于宝永元年（1704），仁斋时年七十八岁。翌年，即宝永二年正月，仁斋患痰疾，三月亡故，葬于嵯峨小仓山二尊院。仁斋四十六岁时，曾受到细川侯的招请，但他拒绝了，终其一生，其身份都是市井儒者。仁斋共育有五子三女，除东涯之外，尚有梅宇、介亭、竹里、兰嵎四个儿子。仁斋谥号"古学先生"。

第四章 「知天命」之义
——《语孟字义》讲义（下）

> 知此则知极其精，而不惑又不足言矣。
> ——朱子《论语集注》

> 处之泰然，履之坦然，不忒不惑，当可谓安焉，当，可谓知焉。
> ——伊藤仁斋《语孟字义》

> 天命我以先王之道传于后为知也。
> ——荻生徂徕《论语征》

一 五十岁·知命

《论语》中，有一段被吉川幸次郎称作"孔子的自叙传"的名言，流传甚广。"子曰，吾十有五而志于学，三十而立，四十而不惑，五十而知天命，六十而耳顺，七十而从心所欲不逾矩。"（《为政》）"知命"一词，代表着人在处于五十岁这个人生的转折期时，面对自己的人生所获得的某种自觉。虽各自境遇不同，但人们往往都会在孔子的"知命"中融入个人的感悟，讲述自己的人生命运以及自己所担负的使命。吉川亦是如此。他对孔子所承担的文化课题怀有深深的共鸣，他这样讲述

"知命"的意义：

　　五十而知天命。我深深地知道，为了文化而努力，是上天赋予自己的使命。我进而觉得，为了文化必须努力，是人得自上天的命运。我觉得大抵如此。①

　　这里之所以说以"天命"贡献于"文化"是使命，是由于吉川将"志于学"解读成了"靠文化贡献于社会"之志。从吉川的解读中，可以清晰地看到时代思潮的印记。因为在当时，"文化国家的建设"与对和平的意志一起，为人们描绘出了一幅美丽的图景。无论如何，要想通过孔子的"知天命"之言，深有感触地讲述对自己所肩负使命的自觉以及自己如斯人生的命运，就必须在《论语》这句话的背后，找到那个与自己一样的、有血有肉的、作为人的孔子。人们对孔子之言的领悟，同时也就是发现隐藏在《论语》文本背后的、作为人的孔子。

　　通过孔子的"知天命"之言，结合自己的深刻省思，讲述作为自己的人生命运所肩负的课题，这正可作为"人的主体化的时代"②的一个解释。不过，我以为，这个"人的时代"，只有等到能从《论语》文本的背后读出作为人的孔子的读者出现之后，方得以宣告成立。

二 "天命"与性理学言语

　　不知不觉当中，"天命"这个词，成了与人的内面的自觉相呼应的概念。但是，在性理学（朱子学）的言语作为儒家知识人的专用的言语，试图在与天的关联中，对关于世界和人的问题给出根本性的回答的时代,"天命"并不是与如此单纯自立的人的内省相呼应的语言。其实,被吉川称为"孔子的自叙传"的《论语》中的那一章,并非是任谁都可以代入自己理解的、关于人生各个阶段的、一个作为有血有肉的人的孔子的回顾性叙述的。因为,那些儒家知识人具有一个不可动摇的圣人观,即在孔子身上,这样的人生阶梯是水到渠成的。在他们看来,所谓的圣人,是生而知之的存在,安而行之,不勉而中。但是,在《论语》中,孔子就如在回顾自己的人生一般,论及了提升学问、进德修业的阶梯。对此,那些抱有上述圣人观的儒家知识人又是如何解释的呢?

程子曰:"为学者立法,使之盈科而后进,成章而后达尔。"胡安国亦云:"圣人之教亦多术,然其要使人不失其本心而已。欲得此心者,唯志乎圣人所示之学,循其序而进焉。至于一疵不存、万理明尽之后,则其日用之间,本心莹然,随所意欲,莫非至理。"③

程子们对《论语》中的孔子之言,即夫子回顾自己的学问以及人生过程的那段话,亦即"自叙传",并不关注,他们从中读出的是孔子提出的志于学、进于道的法(标准)。也许有人会怀疑这样的解读未免太过迂阔,但这些人所不了解的是,《论语》文本之于他们的存在状态,是和我们大相径庭的。对于他们来说,从《论语》文本背后直接读出作为人的孔子这件事本身,是完全不可想象的。而且,在孔子的言语之上,叠加个人的人生感悟不可接受,因为,《论语》压根就不是这样的文本。

如果说,《论语》的文本,不可以映现读者各自不同的人生,那么,诸如"五十而知天命"这样的话,自然也不是读者可以一厢情愿地寄托自己情思的言语。什么孔子自己所承担的人生使命啦,什么对自己所背负的命运的娓娓叙说的言语啦,就都无从谈起。如此一来,"知天命"

这句话，对他们到底意味着什么呢？让我们来看看朱子对这个词所做的解释：

> 天命，即天道之流行而赋予物者，乃事物所以当然之故也。知此则知极其精，而不惑又不足言矣。

再者，程子亦将"知天命"解为"穷理尽性"。围绕"知天命"，程子和朱子所表述的上述见解，无疑是对宇宙哲理具有大智慧者的真知灼见。这些见解，绝非回顾个体人生、面向个体命运以及人生课题的言语。在此，他们想要表达的宇宙哲理的言语，或者说他们可以借以表述的言语，便是他们创出的性理学言语。所谓的"知"，是对宇宙哲理的探索。换言之，是用性理学言语讲述其秘奥之义。"天命"，便是以性理学言语讲解和记述宇宙的哲理。而且，也只有这种言语，才可以讲解和记述"天命"。"天命"之可以被讲述，全拜这种言语所赐。

那么，朱子究竟是怎样运用性理学言语来记述"天命"的呢？下面是朱子对《中庸》开头的"天命之谓性"这一句的注解，请看他对于"天命"所持的见解："命，犹令也。性，即理也。天以阴阳五行化生万物，气以成形，而理亦赋焉，犹命令也。于是人物之生，因各得其所赋之理，以为健顺五常之德，所谓性也。"由这段话来看，朱子的解读完全是典型的性理学的路数。再看朱子对《论语》中的"知天命"所做的解释，即"天命，即天道之流行而赋予物者，乃事物所以当然之故也"。显而易见，朱子仍是以性理学言语加以演绎的。朱子认为，在天人关系中，人的存在根据（性即理）来自天的命令赋予，是本来就有的，这就是"天命"。

三 投向"天命"与人生的视线

所谓的"天命",在性理学中指的是,在与天的关系中予以规定的人(以及事物)的存在状态。陈淳(北溪)的《性理字义》对性理学做了解释性的重构。这部书以对"命"的解释开篇,不厌其烦地使用了下述语言,想来并不令人奇怪。他说:"命,犹令也。如尊命、台命之类。天,无言,如何做命?只是大化流行。气到此物,即生此物;气到彼物,即生彼物,则似盼咐命令他一般。"此类言辞,分明就是对性理学的一种诠释。其中,他把"天命"分作两块:一个是气引起的物的化生;一个是理的赋予。在解释"命"字的含义时,陈淳先是讲到了气所引致的物的化生,之后,便是下述招致仁斋激烈抨击的这段话:"命之一字,有二义:有以理言者,有以气言者。"

如上所述,"天命"被吸纳进了"性理学"之中,继而,在概念上受到性理学重塑,后来,这一概念构成的逻辑又再被修正……所以,对"天命"的古义的再发现的过程,便不可避免地伴随着对性理学言辞的解体作业。

伊藤仁斋在《语孟字义》中,在阐明对"天命"的古义的再发现时,就是把《性理字义》对"命"字的解释作为靶子,从正面论述自己的主张的。

孔氏疏曰,命犹令也。令者,即使令教令之意。盖吉凶祸福,贫富夭寿,皆天之所命,而非人力之所能及,故谓之命也。何谓天之所命?以其非人力之所致而自至,故总归之于天,而又谓之命。盖以天道至诚,不容一毫伪妄也。④

在此，与朱子和陈北溪一样，仁斋也从"命犹令也"这一对"命"字的解释出发，展开自己的言说。我们前面已经讲过，这是仁斋为解构性理学（朱子学）所采取的一种策略。⑤虽然都是从对"命"字的同一个解释出发，但仁斋对"天"以及由其生出的"命"的意义的揭示却与他们截然不同。因"天"而生的"命"，是指各人在自己的人生路上所必然遇到的，是一种无可奈何的境况，一种避无可避的命运，质言之，就是"吉凶祸福，贫富夭寿"。归结到底，这些东西，是非人力可为的境况，是迫不得已的命运。仁斋认为，人生当中那种自己的力量完全不可以把控的境况（命），其主宰者是"天"，所以，"天"乃是人面对人生路上出现的自己无能为力的境况时，从凌驾于自己的遥远的上方，寻找到的超越性的存在。

于是，与"天命"的古义一起得到恢复的，还有投向人生的视线。承认自己人生境况的某种必然性，就是发现人生当中以及凌驾其上的高高的"天"，以及其所引致的"命"。所谓的"天"，就是面对自己人生的境况，不予回避、迎面而上者，从遥远的自己的上方寻找到的、主宰自己人生的某种理念。在仁斋这里，"天"和"天命"，就是这样一种与人生态度相关的理念。这些理念，就其本身而言，是拒绝言语解释的。因此，《语孟字义》对"天命"的字义说明，也就同时意味着对性理学关于"天命"的语言解释以及其整套概念定义等言语记述的否定和消解。其表述方式，从言语的角度来看，便显出了悖论式的修辞特征。所以，《语孟字义》中的很多条文，省略掉了解释性的言辞，时常会出现跳跃性的、很唐突地提出某一命题的情况。⑥在前引"天命"第一条的末尾处，仁斋就是这样非常唐突地以一句"盖以天道至诚，不容一毫伪妄也"为第一条而戛然作结的。

"天道至诚,不容一毫伪妄"(天能够洞察人间的一切,不容许丝毫的虚假),而要臻于"天的主宰性"的理念所表达的境界,就必须经由对于人生内面的大量的反刍。但是,这种内面的反刍,不是通过言语说明便可以完成的内面的过程,因此,它在语言上具有跳跃性特征。如上所述,《语孟字义》中,这样的跳跃比比皆是。性理学有一套话语系统讲述"天命""天道"等概念,古义学在对其进行解构的过程中,试图赋予这些概念以新的意义。这种批判与重构的交织在语言上的表现,便是这个不得不背负的宿命。仁斋的古义学思想,乃是背负着这样的宿命和课题的言语作业,也只有这种言语作业,才是进入其堂奥的唯一途径。

对《论语》文本导入宣告"人的时代"来临的新的解读方式,乃是古义学的言语作业的成果。那么,是古义学的怎样一种言语作业,使得从《论语》文本中读出"作为人的孔子"一事成为可能的呢?

四 孔子言及的"事例"

对于仁斋解读"天命"之古义的言语作业,我们可以在此做个见证。在仁斋这里,"天命"并非与圣人的睿智相对应的概念。不管是"天"还是"命",都是在与自己的人生的关联中形成的概念,而"天命"则是对与自己的人生相对的事物所抱持的理念。关于"天命"二字的正训,仁斋依据孟子之言,对之重新做了阐发。

孟子曰,莫之为而为者,天也;莫之致而至者,命也。是天命二字正训也。学者当以孟子之语为准,而理会凡经书所说天命二字之义,自不至于失圣人之指之远矣。盖天者,专出于自然,而非人力之所能为也。命者，似出于人力，而实非人力之所能及也。天犹君主，命犹其命令。天者，命之所由出。命者，天之所出。故命比于天稍轻。⑦

仁斋试图通过继承了孔子"血脉"的孟子之言，得到"天命"二字的正训。通过"语孟"或曰从"语孟"出发的"字义"新解，采用的是前面讲述的《语孟字义》的"字义"解明方法，亦即古义学的方法。⑧正如"天者，专出于自然，而非人力之所能为也。命者，似出于人力，而实非人力之所能及也"所言，"天"和"命"都被看作与人生中自然和必然的归宿相关的概念，从而受到新的审视。仁斋通过"语孟"二书中孔孟言及该名辞的相关"事例"，将"天命"二字的古义更加鲜明地凸显了出来。

故孟子以舜之相尧，尧之相舜，历年多，施泽于民久远。暨尧舜之子皆不肖，推归之于天，以其专出于自然，而非人力之所能为也。夫子以伯牛之疾为命，盖人之死也，多皆己之所自致，唯若伯牛之疾，非其不能谨疾而有以致之，故曰，似出于人力，而实非人力之所能及也。此孟子之成说，当谨守之。不可复用后世纷纷之说。

《语孟字义》之根本宗旨，在于搞清楚"字义"的本来面目。其方法是在"语孟"二书中找寻言及该名辞的"事例"，与前面所讲的对"命名"的场景的注视一道⑨，指向作为言语意味成立之场的语用发话之场。通过对所引用经书的溯源以确定字义，原本就是经书解释学的学问传统，是"字义"解明作业的常见做法。但是，惯常的那种对经书引用的溯源，不过是自己对已有的概念规定经由经书进行的确证作业罢了。又或者是通过对有关经书的溯源，以正当化自己的概念构成。因此可以说，它也是一种正统化作业。比如，陈淳在《性理字义》中设问："天之所命，果有物在上而安排分付之否？"这是一个关于天的主宰性的问题，接着又自答曰："天者，理而已。古人凡言天处，大概皆是以理言之……《论语集注》在'获罪于天'（的注中）曰：天即理也。"这里，"天者，理而已"这个关于"天"的定义，犹如一个套匣结构，其论证方法非常显明，即先是抬出朱子的《论语集注》，然后又祭出朱子所引的《论语》之言，借以正当化自己。而且，这种对引用经书的溯源，只是为正当化自己的解释走一个过程而已。所以，这个过程本身，戏剧性地暴露出了所谓的性理学正是把自己的性理学的原理作为符码，对经书的一种解释性的重构之学。

《语孟字义》以孔孟对名辞的言及"事例"对"字义"进行的古义学探索，与通过性理学解释对"字义"进行的确定作业正好相反，它是一种逆向的"字义"探索。所谓的"事例"字义探索，意味着它对"字义"的解明注重的是名辞之意义出现的具体之场，也就是根据该名辞所处的语境，还原到具体使用的"事例"之场加以研究。他对孔子拉住病倒的伯牛的手，发出"命也夫！斯人也而有斯疾也！"的哀叹的场景的引用，目的在于通过发生之场体悟"命"的字义。"命"之意义与孔子之叹紧密相关，不可分割。这种"通过事例"对"字义"进行的探索，正如对"命"的意义的追问这个例子所示的那样，不是用一般的定义回答"什么是命"这个概念，恰恰相反，它批判性地指出，一般的定义都是经书解释者的臆说。是谁使用"命"这个词？面对的又是什么样的事态？它试图用诸如此类的"事例"回答问题。这里的"谁"指的就是孔子。

如果说《性理字义》可称作"定义集"，那么，《语孟字义》便是

"事例集"。所谓的"事例"主义，是指与性理学的方法不同的古义学的"字义"解明方法。同样，"事例"主义面对文本时的视线，是要在"事例"中解读具体存在的人的视线。由《论语》的一句"知天命"读出孔子回顾自己人生的视线这件事情，是只有在把孔子之言作为重要的"事例"借以回顾自己的人生的读者出现之后，方才可能。

五 "命"字在语法上的歧义

通过孔子的"知天命"这句话，了悟通达宇宙哲理的圣人的智慧，思考作为人的孔子回顾自己人生的视野，绝不像身处现在的我们所想象的那么容易。因为，如今，人的时代已经确立，我们正在回望这一历史过程。从《语孟字义》所列各条来看，条条都经过仁斋孜孜不倦地再三阅读，可以说是他终其一生反复思考的结果。但也正因如此，通过《语孟字义》，我们可以探寻的是，面对《论语》文本，为何在那么早的时代，仁斋就具备了"人的时代"的视野？我们还可以由此弄清这究竟是怎样的一种阅读作业或曰言语作业以及该作业的经过和归趋。

经书所运用之天命二字，有以天与命并言者，有以天之所命言者。其以天与命并言之命，即性命之命也，意重。若所谓五十知天命，及死生有命。孟子曰莫之致而至者命也之类，是也。其以天子所命言者，即与字之义，犹孟子所谓此天子所予我者之予字，意轻。中庸所谓天命之谓性，是也。犹曰天与之谓性。若以此命字作性命之命看，则意义不通。⑩

仁斋指出，经书中连用"天"与"命"二字的情况，存在两种不同的意义。一是将"天命"并列使用；二是以"天之命"的形式使用。两种场合下，"命"字的意义是完全不同的。以"天命"的形式并称时，"命"字的意义重，其乃"性命"的"命"之意。而当"天之命"时，"命"字的意义轻，此乃"天命之谓性"的"命"之意。因此，"知天命"的"命"自然属于前者。仁斋强调，在理解文本时，须先了解经书当中"命"字在语法上的歧义，避免将两者混为一谈。接下来，仁斋又指出，文字本有"实字"和"虚字"之别，细述了应当加以留意的这种语言运用上的歧义现象。

盖文字本有实字，有虚字。性命之命，是实字。天之所命之命，是虚字。先儒谬以虚字作实字者看，故有理命气命之别。又有在天为命，在人为性之说。皆不知中庸之命字，本虚字，非实字故也。夫一命而立二义，甚无谓。况以虚字为实字，其误大矣。所谓求其说而不得，从而为之辞者也。

仁斋的嗣子东涯（1670—1736）在其《操觚字诀》中说，"命、见、行"之类的字，是"起功能作用的字"，是"虚字"，而"天地、日月、命令"之类的字，则是实字。[11]因此，可以把"虚字"看作用言，把"实字"看作体言。仁斋指出，"命"字有体言用法和用言用法之分，《中庸》中的"天命之谓性"的"命"属于用言用法，可是，宋代的学者们误把"命"字当作体言，致使其与"性命"的"命"混淆成了同义，由此产生了许多奇妙的牵强附会的理解。诸如，"命一字有二义：有以理言者，有以气言者"，"在天谓之命，在人谓之性"（《性理字义》）等等。仁斋认为，一个"命"字有二义这样的说法之所以出现，是由于无视了词汇用法上的区别所致。

如上所述，仁斋从词汇用法的视角出发，批判了《性理字义》的表述。那么，我们就来看看"理命、气命""在天谓之命，在人谓之性"这些表述究竟与何种思维方法相关。由"命"的字义开始的《性理字义》，把万物按照天道流行、各自作为物的成立看作"命"。而"天命"，顾名思义，则是与天有着必然（犹如命令）关系的与万物的成立相关的概念。在与天的关系中的万物的成立，可以分为两种：一种是指性状的成立，另外一种是把与天的关系性本身作为自己存在根据的成立。"气命"与前者相关，"理命"则与后者相关。不过，两者都存在于与天的必然的关系中，它们在这一点上则是一致的。"命"这个东西，在性理学中指的是天人关系这个表示与天的关系的概念。这种与天的关系性，如果舍去仰赖于天的性状生成这一侧面，只讲关系性时，那便是"理命"，是"天命之谓性"的"命"。陈淳曾言："正如'天命之谓性''五十而知天命''穷理、尽性、至于命'所言，此命字皆是专指理而言。"[12] 他的意思是说，上述的"命"，都是从与构成人的存在根据的天的关系性本身来讲的。这个构成人的存在根据的与天的关系性，从"天"的角度来说，是"命"；从"人"的角度来说，则是"性"。由此，陈淳将"天命"实体化为"元亨利贞"，把"人性"实体化为"仁义礼智"之德，出现了诸如"得天命之元，在我是谓仁云云"之类的图式化的解释性言辞。伴随着这种图式化，陈淳又说："性与命本非二物，在天谓之命，在人谓之性。"[13]

在此，之所以按照陈淳的《性理字义》对"命"字的意义进行详细说明，是为了弄清楚，不论是"命"字，还是"性"字，在性理学中，那种基于与天的关系性的思维，对把握其意义所发挥的规定性影响是如何的既深且巨。这一思维所发挥的规定的强度,甚至到了把"命"和"性"置于天人关系的两极,并将二者作为德予以实体化的程度。仁斋之所以批判"天命之谓性"中"命"的体言化,恐怕也与强大到将之置于天人关系的两端并使之实体化这样的程度的性理学之思维规定性有关。仁斋把"命"作为"虚字"批判,的确凸显了把"命"作为天之德予以实体化的思维的图式规定性。但从性理学方面来看,不管是把"命"字看作"虚字"还是"实字",都改变不了"命"字是表示人与天的关系性的概念的事实。的确,在性理学中,任何概念的定义,任何字义的解明,基本上都必须围绕着与天的关系性展开演绎。至关重要的是,"人"在这个天人关系中占有自己的一席之地。因此,性理学的言辞,依照概念的定义和字义的解明,不断地重复再生产着基于与天的关系性的思维。质而言之,此便是性理学的同一思维的展开。

对于同样基于"命"字常常演绎与天的关系性的思维及其言语,仁斋标榜的是"命"字的语法上的差异,即"命字,有虚字,有实字"。这一语法上的差异的提出,也许并不能动摇那个常常同样基于"命"字演绎与天的关系性的同一思维的状态。但是,标榜"命"字的语法上的差异的仁斋,无论如何也不可能重复再生产性理学的思维的同一性。在主张"命"字的语法上的差异的仁斋看来,所谓的"人",并不是在天人关系中将与天的关系当作自己的存在根据的东西。与天的内在关系相脱离的"人",换言之,即不把与天的关系性作为自己的存在根据的"人",存在于仁斋的眼前或是文本之中。脱离了与天的内在关系的"人"认知到,"天"在自己之外,是与自己相对的存在。

就这样,仁斋从《论语》的文本中,发现了向天发出"命也夫!斯人也而有斯疾也!"这一悲叹的作为人的孔子,发现了言称"获罪于天,无所祷也"的畏天慎己的孔子。

六 仰视之"天"

行文至此,我们终于抵达了前面所举的仁斋在《语孟字义》"天命"章第一条末尾所讲的"盖天道至诚,不容一毫伪妄"这句话。仁斋自"命犹令也"开始的围绕"命"字的字义的理解,在此,不知何故,却似乎很唐突地以围绕主宰性的天的话语作结。事实上,我们好像刚刚才克服跳跃,达致理解。

"天不容许在人的世界中有丝毫的虚假,它洞察一切",仁斋这句话的主题是"天的主宰性"。在仁斋的言说中,浮现出了对性理学的同一性言辞起到解体作用的古义学作业,它似乎再次确认了在该作业的内部起支撑作用的理念。这并非是说,从仁斋所展开的论旨当中,能自然地导出结论性的表述。毋宁说,仁斋的作业,对于性理学的思维及其言说,换言之,对于天人关系的思维结构,起到了解体作用,"所谓的天,就是终极的主宰性",它是为了求得自身的接受而表述出来的关于"天"的理念。古义学是从对"天道""天命"等构成朱子形而上学的或曰性理学的主导性概念的解构开始的,在解构作业的展开过程中,仁斋重新接纳了处于自己内部的"天的主宰性"的理念。

依据前述对经书的"事例"主义的讲述方法,我们来看一看仁斋在自己的文章中是如何对孔子一贯主张的主宰性的天的理念进行再确认的。且看《语孟字义》"天道"章的第六条。

一阴一阳,往来不已,之谓天道。其意甚明矣。子贡何以谓不可得而闻乎？盖于一阴一阳往来不已之理，则学者或可得而闻也。至于维天之命于穆不已之理，则非聪明正直仁熟智至者，则不能识之。所谓维天之命，于穆不已，即书曰，唯天无亲，克敬唯亲。又曰，天道福善祸淫。易曰，天道亏盈而益谦之意。孔子曰，天生德于予，桓魋其如予何？又曰，获罪于天，无所祷也。亦是也。是子贡所谓不可得而闻也者，盖若此。⑭

孔子始终拒绝以言辞说明、深藏于心的"天"，正如"获罪于天，无所祷也"一句所示，是必须仰视、慎己的"天"。仁斋的古义学作业似乎也是为了对此表示认同，特别予以重提。我们来看看仁斋的古义学是如何言说"天"的。仁斋这里的"天"，是与《论语》中的"事例"中的夫子形象一起予以体现的"天"。"天"就是这样与《论语》的"事例"中的夫子形象一起得到展现的。

与孔子一起被仰视的"天"，绝非性理学的思维结构视作该结构之基石的"天"。性理学织就的所有言语，都遵循其与天的关系性自动展开。因此，不脱离这个言语结构，便不可能仰视"天"。或者应当这么说，只有出离这个言语结构，才可能发现"天"和仰视它的"人"。仁斋的古义学解构了性理学思维，与《论语》中那个仰视"天"的作为人的孔子一样，再次发现了可供自己仰视的"天"。在"人的时代"，与在《论语》文本中发现的作为人的孔子一起，"天"也被发现了。也就是说，在性理学思维及其言语构成之外部，发现了一个并非自己存在根据的"天"，一个仰视的"天"，即对《论语》的"知天命"一语倾注个人思考的人，心怀敬畏，发现了与孔子一起仰视的"天"，一个无关自己的存在根据的"天"。

三宅尚斋

宝永四年（1707），三宅尚斋四十六岁时，因惹怒了武藏国忍的藩主阿部正乔，被关进了忍城内的一间囚室。其实，在此之前，尚斋就曾因为藩主行为不检而屡屡进谏，藩主不予采纳。他提出辞官，不但不许，反而招致藩主更大的怒火，将其下狱三年。在狱中，尚斋虽曾想到过自杀，但他省悟到，"古人遭患难，不闻有自杀者"，遂终日兀坐，反刍昔日之思索。他偶得一钉，刺指滴血于小木片，将省察的点点滴滴记于草纸上。宝永六年，将军纲吉死去，尚斋因遇大赦获得释放。出狱之后，他把狱中的血书誊写出来，撰成了《狼疐录》三卷、《白雀录》一卷。尚斋的《祭祀来格说》一书，即是在《狼疐录》中的"祭祀卜筮详说""祭祀说约"的基础上发展而来的。这是尚斋在狱中思索的一个重要主题，它意味着对作为儒家的宗教安心的追问。通过祭祀达致"天地、祖考、自家的精神合一"这一尚斋的祭祀来格观，来源于他的狱中思索。

尚斋于宽文二年（1662），出生于播州明石城下，父亲是一名下级武士。尚斋十九岁时，入山崎暗斋门下。不过，入门仅两年，师暗斋就辞世了，尚斋便兄事崎门的两位先达佐藤直方和浅见䌹斋。直方、䌹斋和尚斋，人称"崎门三杰"。宝永六年，尚斋被从忍城内的监狱中释放出来后，曾一度暂寓于下总，在那里，他以狱中的血书为基础，写成了《狼疐录》和《白雀录》。翌年，尚斋四十九岁时，举家迁居京都。他有四个幼儿和病弱的妻子，全家在京中的生活极端困窘。在如此困苦的条件下，尚斋讲学不辍，著述颇多。尚斋的主要著作《默识录》六卷，在他五十四岁时成书。直方、䌹斋对待异学、异端极为严苛，尚斋则相当宽容。他与尊奉陆象山、王阳明的学者也多有交往，对弟子的授业指导也极为恳笃。元文六年（1741），尚斋去世，享年八十岁。据说，弟子们痛悼乃师之死，"如丧父母"。

第五章 「鬼神」与「理」
——「祭祀来格」与朱子学派的言说

> 但是,另一方面,注释这种方式,不论采用何种技法,就其功用来看,归根结底,就是把在「那里」沉默着的、被切分的东西,在「这里」呈现出来。注释虽极力避免,但终难以逃脱这样一个悖论:对已经有人说过的东西,须从头再说;对根本没人讲过的东西,不厌其烦地反复去说。
>
> ——M.福柯《话语的秩序》

> 近来,有机会读到了《朱子语类》中论述孟子的四端的部分,我发现,其最后一条说:「四端是理之发,七情是气之发。」朱子是我尊以为师的存在,也是被尊为天下古今之宗师的存在。朱子此说令我豁然开朗,它让我确信,自己的主张并无大谬。
>
> ——李退溪《自省录》

一　朱子与其后继者之言说的偏离

"以理为根,便得从理的模子中倾泻而出,出自对方时是此等模样。而从己方来说,以理感之,则所感自然流淌而出。"① 这里引用的是三宅尚斋《祭祀来格说》讲义中的一节,三宅尚斋是山崎暗斋门下的三杰之一。单凭这句话来理解他想要表达的文意,的确有些困难,但我们从这句话可以了解尚斋关于"理"的异样表述。他用和文讲授,就更加重了这种异样的色调。"以理为根……倾泻而出",尚斋的这种关于"理"的异样表述,出现在他基于朱子的鬼神论或曰以之为线索展开的《祭祀来格说》的讲义之中。

尚斋围绕"理"的异样表述,如上所述,是对朱子鬼神论的再述,是他在用"祭祀来格说"重构这种言述时的伴生之物。他基于朱子之说重构的言述对"理"的讲述,具有朱子所没有的属于自己的异样风格。很自然地,尚斋作为严格继承朱子学说的崎门的高徒,始终竭力让自己的学说植根于朱子,并努力地从朱子的言论当中找寻支撑自己观点的根据。也就是说,对于自己立论的确当性,尚斋热望的是得到朱子的首肯。不过,这种建立关系的努力,即朱子学说的继承者为了寻求对自己立论的认证,竭力与其师承的朱子搭建关系的这样一种情态,也是忠实继承朱子的儒家所采取的对朱子言论的惯常做法。本章开头所引的李退溪(1501—1570)的那段话[②],为崎门派朱子学的形成提供了强有力的根据,这位李朝大儒的话,真实地反映出了继承者的言说与朱子言说的上述那样一种关系状态。李退溪在《朱子语类》当中不期然而然地发现,朱子的一些言论为自己立论的确当性提供了依据;但是,能不能把后继的儒家所采取的尝试与朱子建构关系的努力,都简单地看作对朱子学忠实的继承呢?

其实,构建关系本身,也许更表明了在朱子的言说与其继承者的言说之间,发生了某种偏离。在朱子的言说与谋求在其中寻找自己立论的确当性的根据的朱子后继者的言说之间,偏离是显而易见的。可以说,对"理"的异样表述,便是这种偏离的表征。本章拟通过观察两者的言说之间存在的偏离,或曰通过对两者的言说之间所存在的与其说是继承,不如说是差异的关系的把握,具体而言,就是以尚斋的《祭祀来格说》为线索展开分析,冀望获得崎门派或是朱子后继者关于鬼神论的言说的视点。

二 朱子言说之真诀的评判者

围绕朱子关于鬼神的言说,包括其弟子在内的后世的儒家,都为了把握其真意而进行了不懈的探索。或者说,这是寻求对朱子言论的正确理解的摸索。几乎与朱子发表关于鬼神的言论的同时,他的弟子们就开始了这一探索。这一点,只要看看《朱子语类》卷三所收的朱子与弟子们之间展开的大量关于鬼神的问答,就可以了解。可以代表崎门的儒者佐藤直方,亦曾根据朱子的鬼神说编纂了《鬼神集说》③,意在以此向人们宣示朱子之说的真意。《鬼神集说》是对朱子关于鬼神的言论的汇编,因此,便有人据此认为,它不过是朱子之说的忠实继承者、祖述者的一种立场宣示而已。但是,需要注意的是,此乃欲把握朱子真意、意图与朱子言说建构起新的关系的产物,亦是主张正确理解朱子之说的新阐释者的成果。如前所述,把握真意,祖述师说,乃师说的正解,宜加以继承云云,这些继承者的言说本身,恰恰是对师说的重新解释的言说,是与师说形成错位的后继的言说。

由佐藤直方的文章、语录等汇编而成的《蕴藏录》中,收录着一篇名为《中庸鬼神大意》的颇堪玩味的文章。在这篇文章中,直方对宋学的诸代表人物——朱子等先行儒家的鬼神论,用独特的口吻,做了极为简洁的评价。

鬼神之意,周子之说虽未可窥全貌,但应无不知之理。明道之说,虽不多,但重要之说在。伊川因有舍卜筮之意,故以理言鬼神之义,无亲切之说。张子之说确为多见。若论详尽亲密,则非朱子之说莫属。朱门之中,黄勉斋、蔡九峰似确知其要,余皆不通于此。薛文靖当知之,

但不见其明言其说。李退溪应知之。观性理大全之诸儒之说，似无一人知之者……④

接着，直方把直到伊藤仁斋为止的儒家们的鬼神之说，一个一个地给予了批评和评价，其间，还夹杂着诸如医家之说胜于儒家之说这样的评语。直方所做评价中的"似确知其要""似无知之者"等特异的口吻，引人关注。"似确知其要"当作"应评价某人确实解悟真诀"之意来解。通过直方所做的这一系列的评语，我们可以了解他与先行儒家构建关系的实态。在此，他从鬼神论言说中，界定以某种真正的东西为前提，根据人们如何把握它来做出评价。这便是直方与先行儒家的言说构建关系的实态。被称为忠实祖述朱子学说的崎门派的朱子学言说，就是这样形成的，即界定朱子言说中的真诀，再从其言说中将之找出予以再解释。朱子的后继的言说，便是按照这样的方式形成的。

三宅尚斋也以与直方类似的口吻，对先行诸儒家的鬼神说给予了独特的评价。尚斋以"解决鬼神来格之要义，在于首肯第一段"⑤开始讲起，对到他为止的先行诸儒家进行了评价。关于尚斋的言说，即围绕着鬼神来格的问题，要想理个头绪来，第一重要的是，搞清尚斋针对先行儒家的鬼神论的相关言说，尤其是朱子的言说的视点所在。与此视点密切相关的是，他把先行儒家的什么言说视作真诀。紧接着上面所引的那段话，尚斋从周濂溪开始，顺次进行了评价。

周子，乃彻悟整体者，虽不置一词，然，"无极而太极"一语，无所遗漏。程子兄弟，伊川有"天地之功用"。横渠有"至而至者，云神"，中庸中亦有载。告明道之谢显道，有至极之理。张子，鬼神屋也，颇见用心也。

尚斋根据自己的问题意识,对上述宋学的代表性儒家的观点,一一做了评价。"张子,鬼神屋也"这一评语实在有趣,真让人忍俊不禁。把张载(横渠)评为"鬼神屋",不由得让我好奇,并产生了一探究竟的兴趣。不过,我们还是继续关注于尚斋对朱子及其后继者的言说的评价吧。

朱子则不足道也。朱子的门人中亦无可观者。遍观其文集语类,未见真正探讨鬼神问题的论述。即令是其中有相关的部分,所言亦难免予人以隔靴搔痒之感。虽云"如在左右",但并无触及实质之深入探讨。

对于朱子与弟子们围绕鬼神展开问答的相关言论,尚斋感觉只是隔靴搔痒。因为,在尚斋看来,必须解决的首要问题就是"鬼神来格",但是,朱子并没有抓住"真正的鬼神的实质"。不过,尚斋又说,他发现,朱子也有流露自己真实想法的时候。

由于廖子晦追根问底,非常执拗,朱子被缠不过,便说出一段话来。那段话,如以大木撞击大佛之钟所发出之声音,久久回荡。勉斋赤裸相告也。只是一个,见载于性理大全也。如泄露天机之语也。未见言张南轩之妙者,应有首肯。其后,薛文清似亦有首肯。退溪之说亦未见明言之者。

尚斋对先行儒家围绕鬼神的言说的评价,逐渐对日本近世儒家的观点产生了影响。在此，我们有必要停住脚步，回顾一下尚斋所注目的朱子与廖子晦之间展开问答的那个场景。

三 廖子晦如何撞击大钟

廖子晦，名德明，年轻时曾学习杨龟山之著作，后师事朱子。尚斋认为，正是因为廖子晦以大力撞击了朱子这口大钟，才使得朱子吐露了自己的真实想法。他们的问答，是对我前面所讲的那种对先行言说进行再解释的言说的状态，即从先行的言说中找寻自我正当化的答案的那种后继的言说的状态，确乎是作为言说场景的具象化。那么，廖子晦是如何撞击朱子这口大钟的呢？他是这样向朱子提问的：

德明，平日鄙见，未免以我为主。盖天地人物统体，只是一性。生有此性，死岂遽亡之？夫水有所激与所碍，则成沤。正如二机阖辟不已妙合而成人物。夫水固水也，沤亦不得不谓之水。特其形则沤，灭则还复是本水也。人物之生，虽一形具一性，及气散而灭还复统体。⑥

廖子晦一开头那句带有解释意味的"平日鄙见，未免以我为主"的话，肇因于他的这个问题与朱子写给连嵩卿的书简中的话相关。"以我为主"是朱子对提问者讲的，是显示他从提问者身上发现了何种问题的重要表述。这个问题，回头我们再与朱子的回答一起讨论。在此，我们先来看看廖子晦所主张的"天地人物统体"之"一性"究为何物。正如他在上面的书简中所言，人物各自具有的"性"，死后还复于"统体"。他所关心的是死后仍可永续的契机的问题。根据他的设想，各自具有的

"性",在形质消灭之后,还复于"统体",合体成为"统体一性"。廖子晦的这个"统体一性"的观念,其源头似为张横渠提出的"太虚"观念。我们现在有必要根据廖子晦的言说,探寻一下向朱子提问者所关心的、与死后的永续性相关的事情。⑦廖子晦写给朱子的书简中还说:

> 未莹者正唯祭享一事。推之未行,若以为果飨耶?神不歆非类,大有界限,与统体还一之说不相似。若曰飨与不飨,盖不必问。但报本之道,不得不然,而诗书却明言神嗜饮食,祖考来格之类,则又极似有飨之者。窃谓人虽死无知觉,知觉之源仍在此。以诚感此,以类应彼,谓尽无知觉之源,只是一片太虚寂,则似断灭,无复实然之理。亦恐未安。

在此,提问者关心的主要问题赫然露出了端倪。廖子晦向朱子所提的正是关于可以接受"祭祀来格"的根据问题。首先,廖子晦欲从自己的"性"在死后合体于"统体一性"中来探讨死后本性的永续问题。但是,经由失去固有名称合体的"统体一性"的观念,无法说明祖先祭祀中的来格这种事态的个别性,即如何为特定的祖先与子孙之间发生的祭祀来格提供依据成了最大的问题。如此一来,"知觉之源"便应运而生。按道理,形质消灭的同时,知觉现象亦归于消灭。但是,廖子晦主张,"知觉之源"有可能残存。他又据此推论,如果知觉的本源残存,那么,接受子孙祭祀的祖先感应便可能存在。廖子晦所说的这个"知觉之源",可能出自张横渠的"合性与知觉,有心之名"(《正蒙》)这一对心的把握。又或许,它与《朱子语类》中朱子的下述言论有关。在关于知觉的问答中,朱子这样说道:

问：知觉是心之灵固如此，抑气之为邪？曰：不专是气，是先有知觉之理。理未知觉，气聚成形，理与气合，便能知觉。譬如这烛火，是因得这脂膏，便有许多光焰。问：心之发处是气否？曰：也只是知觉〔陈淳记〕。⑧

朱子运用光焰与脂膏的比喻，形象地说明知觉之作用与知觉之理。这里，比起思考朱子所说的"知觉之理"的意涵来，更应该注意的是，这个词潜藏着被理解为"知觉之源"的可能性或曰危险性。作为比喻的脂膏，不正是火焰的产生之源吗？这个比喻，好似已经为朱子言论的解释者预示了将"知觉之理"做"知觉的发生本源"解释的方向。廖子晦就是这样解释的。他试图证明，即便知觉现象与形质一起消灭了，通过残存的"知觉之源"，祖先崇拜中的感格依然存在。

不过，在廖子晦的立论方法中，似乎存在着朱子后继的儒家们针对朱子所谓的"理"采用的理解类型，即把朱子所说的"理"，作为某种发生的根源予以实体化解释。把"理"作为发生源与四端建立关系的李退溪的理解是这样，本章开头引用的三宅尚斋关于"理"的异样表述，亦是如此；然后，又将这样解释的"理"，用作自己立论的确当性的根据。此乃朱子后继的儒家言说所取的共同的方向。

廖子晦试图从"知觉之源"中找寻祭祀来格的依据。后来，在书简中，他表露了对祭祀来格的浓厚兴趣，并明确地把其当作自己的存在根基来看待。

君子曰终，小人曰死，则智愚于此亦各不同。故人不同于鸟兽草木，愚不同于圣。虽以为公共道理，然人须全而归之，然后足以安吾之死。不然则人何用求至贤圣？何用与天地相似？倒行逆施，均于一死，而不害其为人，是直与鸟兽禽鱼俱坏惛不知其所存也。

人不同于鸟兽草木，君子不同于小人。君子之所以为君子，正在于有与其声名相称的死和死后。廖子晦质疑，君子之死与死后，若不与其相称，而混同于鸟兽草木，只是被气之聚散这样的自然的逻辑所支配，那么，"安吾之死"又如何可能？所以，他提出向"统体一性"还复，又主张"知觉之源"的死后的残存，试图以此为祭祀来格提供依据。在这个过程中，廖子晦所主张的存在根基也日渐显露出了清晰的轮廓。尚斋所说的以大力撞击朱子这口大钟的廖子晦写给朱子的书简的主旨，大抵如此。

四 "以我为主"之非

廖子晦在致朱子的书简中的提问方式，以执拗来形容亦不为过。朱子说，关于生死问题的思考，自己在致连嵩卿的信中已经讲得很详细了，只要"一读，当已洞然无疑矣"。在朱子致廖子晦的书信的一开头，就是这句话。但是，廖子晦依然很执拗地在提问。"来书之谕，尚复如此，虽其连类引义，若无津涯"，朱子接到廖子晦的信之后，不由得发出了这样的慨叹。那么，朱子在致书廖子晦之前写给连嵩卿的信中，已经详细而明确地做出解答的，该会是怎样的一个问题呢？

所谓天地之性即我性，岂有死而遽亡之理耶？此说亦未为非。唯为此说者，不知以天地为主耶？以我为主耶？若以天地为主，则此性即自是天地间一个公共道理,更无人物彼此之间,死生古今之别。虽曰死而不亡,非有得我之私者。⑨

看过朱子给连嵩卿的关于"性"的问题的这封书简就会明白,很显然,廖子晦很执拗,他在上述那封信中,再次向朱子提出了这个问题。但是,与此同时,值得我们刮目相看的是,朱子在提问者身上,或者是在"我之性"死后的永续的问题中,察觉到了其中存在的"以我为主"的立场。如上节所示,廖子晦就表露出了对祭祀来格背后的存在问题的关注。反过来看,朱子言"性"说"理",所秉持的都是"以天地为主"的立场。因此,正如引文所述,"此性"乃是"天地间一个公共道理"。朱子断言,这绝对不是我可以私有的东西。不仅如此,朱子还从谋求"我之性"不会"死而遽亡"的立场背后,挖掘出了某种潜隐着的东西,并对之做了如下的批判:

若以我为主,则只是于自己身上认得一个精神魂魄有知有觉之物,即便目为己性,把持作弄,到死不肯放舍,谓之死而不亡,乃是私意之尤者,又何足与语死生之说、性命之理?释氏之学本是如此。

把自己身上的一个精神、魂魄或是有知觉的东西当作"己之性",并且主张这个"性"即便是在人死之后也不会亡失者,一定是把"性"当作了自我私有的东西。对此,朱子称为"私意之尤者",并给予了严厉批判。朱子还说,作为异端的佛教的立场,也与此毫无二致。应当说,朱子答复连嵩卿时的立场相当清楚。在执拗地谋求否认"死而遽亡"的提问者身上,朱子发现了与自己持批判立场的、致力于对其进行解构的、作为异端的佛教相类似的某种东西。朱子已经清楚地表明了自己的立场，但是，廖子晦在上述书简中，还在执拗地就死与死后这个问题发问。面对一个如此执拗的提问者，朱子会如何答复他呢？

　　盖贤者之见，不能无失，正坐以我为主，以觉为性耳。夫性者，理而已矣。乾坤变化，万物受命，虽所禀之在我，然其理则非有我之得私也。所以反身而诚，盖谓尽其所得乎己之理，则知天下万物之理，初不外此。我尽此知觉，则非谓众人之知觉皆此物也。⑩

　　在此，朱子反复强调的依然是把"性"看作我之私有的虚妄。己之理与天下万物之理相贯通和己之知觉与众人之知觉相感通，此二者不可以在同一个层面上等量齐观。把心的知觉当作"性"者混同了两者。他因此主张，即使形质消灭，"知觉之源"依然存在，所以，祭祀中的感通这样的事情是完全可能的。对于持这种主张的人，朱子只有从性即理、知觉即气开始，重新说起。

　　性者，理而已矣，不可以聚散言。其聚而生，散而死者，气而已矣。所谓精神魂魄，有知有觉者，皆气之所为也。故聚则有，散则无。若理则初不为聚散而无有也。但有是理，则有是气。苟气聚乎此，则理亦命乎此矣，不得以水沤比也。

　　朱子明确指出，提问者们欲把精神、魂魄或者有知觉的东西认定为"性"，但这些东西其实就是"气"。此外，"鬼神"也是气，不可将其当作"性"。

123

鬼神便是精神、魂魄。程子所谓天地之功用，造化之迹，张子所谓二气之良能，皆非性之谓也。故祭祀之礼，以类而感，以类而应，若性则又岂有类之可言耶？然气之已散者，既化而无有矣，而根于理而日生者，则固浩然而无穷也。故上蔡谓，"我之精神，即祖考之精神"，盖谓此也。

鬼神是精神、魂魄，程子称其为"天地之功用，造化之迹"，这与张子所讲的"二气之良能"并无不同。它是"气"，而不是"性"。故此，在鬼神祭祀中，"以类而感，以类而应"这种依靠血缘同类的祖先—子孙间的一气而感通的事情是完全可能的。这种特定的祖先与子孙之间的感通、感格的个别性，因为"气"的存在而存在，"性"则不可以如此说。但是，气有聚散。如果气散而化为空无，那么，是否意味着通过祭祀与祖先相联系的根据，只有子孙对祖考的思念这一途呢？朱子说："根于理而日生者，则固浩然而无穷也。"接着，朱子又指出，或许这才是谢上蔡的"我之精神，即祖考之精神"一语的真正含义。

三宅尚斋宣称，正是因为廖子晦大力撞击了朱子这口大钟，才使得其发出了不同凡响的声音，指的就是上面那句话。

五 "根于理而日生者"

"根于理而日生者，则固浩然而无穷也。"朱子的这句话一直受到试图为祭祀（鬼神）寻求根据的朱子后继的儒家的注目，又或者被重新发明，用以充当使他们的"祭祀来格说"得以成立的重要论据。这种情况并不限于三宅尚斋一个人。颇受崎门诸儒敬重的李退溪依据朱子的言说,亦有如下的发言:"虽曰如散而亡,根于理而日生者,浩然而无穷。故致诚求之,则相感应。"⑪

然而,朱子的这句话,果真是为后继的儒家们的祭祀(鬼神)来格提供依据的吗?如此理解,难道不是后继的儒家一厢情愿的解释吗?但是,我并非要围绕对朱子的言论的解释,在此与他们展开争论。对朱子的发言,另做一解释予以对置,就方法论而言,并不具有建设性的意义。在此需要做的是,阐明朱子的言说与对其进行寻绎的后继的儒家的言说之间所存在的偏离。还有一种情况,即后者提问,前者予以严厉批判的情况。也要针对这种情况,找出二者的偏离。这个存在偏离的差异空间,恐怕才是与朱子的言说处于不同位相的、后继的儒家的言说的成立之场。

有些提问者试图找寻祖灵与进行奉祀的作为子孙的自己之间的连续的根据,对待这些人,朱子始终都采取了批判的态度。对于那些把自己身上的精神、魂魄或是其他有知觉的东西认定为"性",相信其在死后的永续,主张祖先—子孙间存在感应的提问者,朱子斥其将"性"视为私有,批判其"以我为主"。现在,我们来看看朱子对视"性"为私有是如何展开进一步的激烈批判的:

岂曰一受其成形,则此性遂为吾有,虽死而犹不灭,截然自为一物,藏乎寂然一体之中,以俟夫子孙之求,而时出以飨之耶?必如此说,则其界限之广狭,安顿之处所必有可指言者。且自开辟以来积至于今,其重并积叠计已无地之可容矣。是又安有此理耶?且乾坤造化如大洪炉,人物生生无少休息,是乃所谓实然之理,不忧其断灭也。⑫

在此，对寻求祖考与子孙之间之连续根据的人，朱子发出了疾风怒涛般的批判。可能有人会问，在上述引文中，朱子不是也说到了人物生生不绝的"实然之理"吗？没错。不过，就当时的语境来看，上述那段话是朱子对寻求与祖考之连续的根据者的批判。在第三节讲到的廖子晦致朱子的书简中，有这样一段话："谓尽无知觉之原，只是一片太虚寂，则似断灭，无复实然之理。"朱子上述的那段话，正是对廖子晦之言的答复。廖子晦那句话的意思是说，如果死后没有一个永续的东西，祭祀时也没有什么感应，只是大虚寂的话，存在的本质性的连续就会断裂，如此一来，所谓的"实然之理"也便徒有其名了。这里，廖子晦抛出"实然之理"的语境比较复杂。朱子将《中庸》中的"诚"解为"实然之理""实理"。通常认为，其所指的是宇宙中的事物的实在根据，但廖子晦却似乎是要从"实然之理"中找寻鬼神来格的根据。在此，探讨朱子所谓的"实然之理""实理"等发言的位相，对我们搞清其与竞相趋奉、欲将其作为自己立论根据的后继的儒家的言说上的差异，也是很有必要的。

朱子以"实然之理""实理"解释的"诚"字，众所周知，以"诚者，天之道也"的面目出现，是《中庸》里面的核心概念。"鬼神之为德，其盛矣乎"，《中庸》第十六章的主题是"鬼神"。"夫微之显，诚之不可掩，如此夫"，这一章在对"诚"的称颂中结束。另外，他在第二十五章中又说："诚者物之终始，不诚无物。是故君子诚之为贵。"朱子以"实然之理""实理"解释《中庸》中的"诚"字。而在《朱子语类》中，关于这个"诚"字，朱子是这样说的："诚，只是实然之理，然有主于事而言者，有主于理而言者。主于事而言，'不诚无物'是也。主于理而言，赞天地之化育之类是也。"⑬我们不妨看看朱子是如何把

"诚"作为事物之实然存在的状态进行把握的,他关于"诚"的解释真可谓曲尽其意。这不仅出于研究我们目前所关注的问题的需要,搞清我们完全作为心性概念的"まこと"与朱子在不同的语境中对"诚"的解释的区别,对于解构植根于"まこと"的我们的道德文脉,也具有重要的意义。

"诚者,物之终始。"来处是诚,去处亦是诚。诚则有物,不诚则无物。且如而今对人说话,若句句说实,皆自心中流出,这便是有物。若是脱空诞诳,不说实话,虽有两人相对说话,如无物也。且如草木自萌芽发生,以至枯死朽腐归土,皆是有此实理,方有此物。若无此理,安得有此物(《沈僩录》)。⑭

对人讲的话,不是"空话",而是"实话",以及真正作为实然的言语,此乃人事之"诚"。又比如,草木就作为它自己而生息,即天地之间,具有自性的草木,作为实然而存在,此乃天道之"诚"。所谓的"诚",指的是天地之间具有自性的事物的实然存在,与此同时,它又是该存在的根据。故此,"诚"被称为"实理"或"实然之理"。经过以上的分析,我们可以明白,朱子所说的"实理""实然之理",是在对异端的存在观那样的"空理"的批驳中主张并建构起来的儒家正统的存在观的概念。这样看来,廖子晦的问题还真的颇为棘手。他为存在的断灭而忧,追求本质在死后的永续,在堪称异端的关心中,引入了"实然之理"这一儒家的正统概念,来阐发自己的主张。他说:"谓尽无知觉之源,只是一片太虚寂,则似断灭,无复实然之理。"

针对他的提问,朱子的回答是,无须担心存在的断灭,人物生生不已,不休不息,此便是"实然之理"。朱子所讲的生生之连续,消解了对存在的断灭的不安。其实,可以说,朱子是把与可称作异端的关心相挂钩的"实然之理",拖回到儒家正统的立场予以回答的。也正因为如此,朱子剖析了提问者堪与异端相比的关心,然后,针锋相对地阐述了儒家正统的立场。

今乃以一片大虚寂目之,而反认人物已死之知觉谓之实然之理,岂不误哉。又圣贤所谓归全安死者,亦曰无失其所受乎天之理,则可以无愧而死耳。非以为实有一物可奉持而归之,然后吾之不断不灭者,得以晏然安处乎冥漠之中也。夭寿不贰,修身以俟之。是乃无所为而然者。与异端为生死事大无常迅速,然后学者正不可同日而语。今乃混而言之,以彼之见,为此之说,所以为说愈多,而愈不合也。

朱子就是这样发现了廖子晦等提问者身上对异端的关心。所以,对此,朱子就以儒家的正统言说做了回答。在提问者与回答者之间,存在着被看作介于异端与正统之间的言说立场的偏离。这个差异的空间,正是新的鬼神论言说的形成之场。三宅尚斋认同廖子晦等提问者的立场。在他那里,"祭祀来格说"这一新的言说,就成立于这个被看作异端与正统之间的差异的空间中。

但是,朱子用以说服提问者的儒家正统言说,是标榜天地间的存在作为实然毫不间断的"诚(实理)"之说,同时,也是基于"夭寿不贰,修身以俟之"这一伦理命运观的言说。对于被认为支撑显与冥、死者与生者之间的连续的、为祭祀来格提供了根据的谢上蔡的主张,即"我之精神即祖考之精神",朱子试图以儒家正统言说予以解构。朱子有言为证:"根于理而日生者,则固浩然而无穷也。故上蔡谓:'我之精神,即祖考之精神',盖谓此也。"

但是,那些试图从朱子的发言中寻找鬼神来格的论据的后继的儒家们,把朱子用实理对"我之精神即祖考之精神"所做的解构再次颠倒了回来。他们所做的解释是,表示无间断事物之实在的实理,支撑了祖先—子孙间的连续,为"我之精神即祖考之精神"提供了根据。这个解释上的颠覆,就是在被看作正统与异端之间的偏离、朱子与后继的儒家的言说差异的空间里产生出来的。这也是对朱子的言说予以再解释的言说的一次逆袭。

六 "祭祀来格说"——朱子再解释的言说

儒家的鬼神论这一言说,可以说是从儒家的立场出发进行的关于鬼神及其祭祀的解释性的言说。就朱子的鬼神论来看,可以说,它是围绕鬼神及其祭祀、信仰,在与佛教的异端言说相颉颃的过程中,把儒家的自然哲学原理作为编码进行解释的言说。⑮最能说明作为解释言说的朱子鬼神论的这种状态的,还是朱子对《中庸》第十六章的注释。

"子曰,鬼神之为德,其盛矣乎!视之而弗见,听之而弗闻,体物而不可遗。"这是《中庸》第十六章的本文。接着再往下便是对祭祀来格的叙述:"使天下之人,齐明盛服,以承祭祀,洋洋乎!如在其上,如在其左右。"而为第十六章作结的是这样一段话:"《诗》曰:'神之格思,不可度思,矧可射思。'夫微之显,诚之不可掩,如此夫!"正如所见,把《中庸》的本章看作叙述鬼神及其祭祀中的来格的内容是确当的。那么,朱子是如何对这一章进行解释的呢?

朱子继承了程子的"天地之功用,造化之迹"和张子的"二气之良能"等关于鬼神的解释,在《中庸》第十六章开头的注释中,朱子这样解释鬼神:"以气而言,则鬼者阴之灵也,神者阳之灵也。以一气言,则至而伸者为神,反而归者为鬼。"很显然,朱子用阴阳这一自然哲学原理对鬼神做了解释。同理,"体物而不可遗"也被用"阴阳之合散"解释为自然的实理构成所有物之根干,靡无所遗。那么,以自然实理对鬼神所做的这样一种解释,对叙述祭祀中鬼神来格的《中庸》,是如何贯彻自己的解释立场的呢?朱子对叙述鬼神来格的《中庸》的文本给出了如下的解释:"能使人畏敬奉承,而发见昭著如此,乃其体物而不可遗之验也。"(《中庸章句》注)朱子认为,鬼神来格是阴阳二气之合散、一气之屈伸往来这一自然实理贯穿于所有事物的根干的确凿证据。所以,讲述祭祀中的鬼神来格的《中庸》的文章,使人对贯彻于天地间诸事象的自然实理心生感叹。请看《中庸》第十六章的末尾一句:"诚之不可掩,如此夫。"朱子对这一句的解释是:"诚者,真实无妄之谓。阴阳合散,无非实者,故其发见之不可掩如此。"

　　这里,对于鬼神及其祭祀中的来格的解读,是把阴阳二气的合散这一自然哲学原理作为解释代码予以运用的。我们可以由此了解该言说即鬼神论的真面目。鬼神在这里是被解释、被言及的对象,在这个框架内,它并未被否认。在言辞上,它是被当作阴阳之合散、气之屈伸予以解释的存在。因此,对鬼神的解释言论不一而足,诸如"鬼神者,二气之良能也","鬼者阴之灵,神者阳之灵"等。

　　三宅尚斋的"祭祀来格说",是对朱子的解释言说的鬼神论的再解释的言说。这个再解释的言说,正如前文的论述所示,产生于介于正统与异端之间的言说上的差异空间。这个再解释,前面也已经讲到过,颠覆了朱子的鬼神论言说结构。现在，我们就对照尚斋的"祭祀来格说"做一个回顾吧。朱子的解释言说，是按照自然哲学原理（自然实理），对鬼神及其祭祀中的来格进行解释的。但是，尚斋们推翻了朱子的这个解释言说的结构。按照他们的解释，实理为鬼神的来格提供了根据。这一再解释的言说所使用的语言，可以说，绝对是超乎朱子的想象的。具体而言，他们把"理"作为发生源，用一整套语言论证由祖先到子孙的"精神"的连续。作为自己身上流淌着的"精神"的永恒与来自祖考的"精神"的连续的证明的祭祀来格，在这里，以实理为根据得到了讲述。回头想一想，在朱子那里，《中庸》第十六章是把祭祀来格作为证明以赞赏的态度来讲述自然实理的贯彻的。但是，与之相反，尚斋他们是把实理作为根据，去讲述祭祀来格的。尚斋在他的《祭祀来格说》的早期版本《狼疐录》的"祭祀卜筮详说"一节中，这样讲述祭祀来格：

人之生也，二气之合（有魂，有魄）。人之死也，二气之离（魂游，魄降）。祭祀之礼，合复二气之道（阳求，阴求）。导之则来，感之则应。同气相求者，气也。而气则理之为体，理则气之骨子。故根于理而生，循于理而聚者，气也。气有聚散，而理无消散。祖考之精神，则根于天地精神之理，生生无穷者也。⑯

尚斋的论述依据的是朱子的"根于理而日生"这句话，他如何展开自己的宗教言辞，非常值得我们深入探讨。他对朱子的再解释的言说，就是在介于正统与异端之间的言说上的差异空间中展开的。

天地之间生祖考，此天地之一事。虽祖考已死，年月过度，而祖考之理不灭。以祖考之理，求之于天地，则必有复祖考者，根于理而生，循于理而聚者如斯。天地、祖考、自家，合一无间，唯此一个精神也。我之精神，依于祖考之主时，与天地之精神聚于此。祖考，复生于天地之精神，与我之精神，依于主。有灵于位，我之精神之聚处，祖考洋洋仿佛于此，即是复生于天地精神之上也。

七　崎门中宗教言说的形成

　　三宅尚斋正是通过对构成朱子的鬼神论的言说进行颠覆性的再解释，建构起自己的"祭祀来格说"的。但是，尚斋果真意识到凭借"祭祀来格说"，自己和廖子晦、李退溪一道，掌握了朱子发言的真诀吗？他们通过论点的颠覆性的偏离建构了自己的再解释的言说，这一点，崎门的儒家自己恐怕也料想不到。不过，在论述祭祀中的鬼神来格的言说中，正如"根于理、循于理而生"所言，"理"作为发生源被实体化了，并通过这种操作，使之成为正当化鬼神来格这一主张的根据，最终，"理"被纳入该言说之内。尚斋的"祭祀来格说"中的"理"的位相，可以马上使人联想到李退溪的"四端·性善说"中的"理"的位相。在李退溪以"理之发"把握"四端之心"的言说中，"理"同样是被作为发生源予以实体化的。如此一来，"理"就成了正当化表露善这种心情的言说之根据而被置于该言说之内。由两者所表现出的"理"的位相，可以见出作为朱子的再解释言说的后继言说的重要特质。

　　的确，朱子曾言，"根于理而日生者，则固浩然而无穷"。同时，他还讲过下面这句话："四端是理之发，七情是气之发。"但是，他的这些话却被后继的儒家们拿来用作正当化自己言说的根据。然后，以这些话语为依托的后继的儒家的言说，又都是用朱子意料不到的话语来表述的。举例来说，就有我们所已经知道的尚斋用宗教言辞表述的"祭祀来格说"。但是，如果把以朱子的言论为依托的这些后继儒家的言说，单单看作对朱子言说的继承，那我们顶多只能看到继承朱子衣钵的一些宗教的深化或是改造。但是，正如我在本章中所做的分析那样，只有搞清楚这些后继儒家的言说是在怎样的差异空间中产生的，我们才可以真正深入后继儒家言说的情境，直面这些言说的特异相貌。

  在被视为正统与异端之间的言说差异的空间中，尚斋的"祭祀来格说"作为朱子的再解释的言说产生了出来。在这一差异的隔阻中，正如我一再指出的那样，发生了鬼神论言说构成中的论点的倒挂。朱子的鬼神论言说，是在言及祭祀中的鬼神的同时，以自然哲学原理为代码对其进行解读，从而得以成立的。我曾经发表过这样一个观点，⑰即朱子的鬼神论，是在围绕着鬼神的宗教、咒术的事象之上，罩上的自然哲学的解释之网。此处，鬼神及其祭祀没有受到任何非议。鬼神在言辞上，按照阴阳学说做了解释。不过，这一解释，是站在居于支配地位的知识人也就是儒家的立场上，批判佛教的异端言说，解构鬼神的宗教、咒术言辞，从而建构起来的。但是，到了后继的儒家那里，事态开始颠倒。原先对宗教、咒术言辞发挥了解构作用的自然实理，到了此时，反倒被作为依据，用以论证鬼神的来格、祖考与我的精神三者的合一，促成了"祭祀来格说"这样一个新的宗教言说的成立。"祭祀来格说"是后继的儒家对朱子的言说的重释。

  如前所述，这一重释朱子的言说，一边把朱子的言论拿来作为正当化自己的言说的根据，一边将"理"实体化，将其组合到自己的言说之内。这意味着，后继儒家关于朱子再解释的言说，在各种历史性发言的场景中，担负着让正当的言说成立的课题。对近世日本的儒家尚斋来说，他所面对的是对宗教言说成立的要求。回顾一下，我们发现，在日本近世中期，儒家当中承担宗教言说成立课题的，就是主张忠实继承和祖述朱子学说的崎门的儒家。其中，从提倡垂加神道、非常激进地遂行这一课题的山崎暗斋（1618—1682），到朱子鬼神论的彻底的理解者佐藤直方，代不乏人。不过，他们的言说立场是共通的。除了新井白石（1657—1725），他的鬼神论，不过是对于朱子的解释言说的鬼神论的一种增幅形式的模仿，姑且存而不论。可以说，他们都从儒家的立场出发，对于宗教言说的形成问题，做出了认真的回应。的确，直方除了编纂《鬼神集说》，未见更多作为。但正如本章开头所言，他重新梳理了朱子的发言，意在提示大家，这才是真正的鬼神说。因此，《鬼神集说》本身，可以看作直方对朱子言说的再解释，是新形成的鬼神论的宗教言说。作为这个崎门儒家的代表人物之一的尚斋的《祭祀来格说》，最终真正解决了宗教言说形成的课题。

胸怀透彻理解和忠实祖述朱子学说这一理想的山崎暗斋，为何会转而致力于垂加神道这个神道教说的建构，始终是引发学界争议的难解之谜。带着这一问题，我在本章中就崎门派的言说做了一番自己的探讨。

荻生徂徠

荻生徂徕（自称物茂卿）四十九岁时，他的《萱园随笔》五卷本刊行。据说，此书的刊行大大地提升了徂徕的文名。但是，看过这本书后发现，其主题似乎就是伊藤仁斋批判，书中随处可见仁斋的名字，贬损的意味很浓。其实，徂徕非议仁斋的理由并不是什么秘密。在仁斋晚年时，徂徕曾致信于他，但他没有回复。非但如此，仁斋死后，在公刊的《仁斋行状》的卷后，附了徂徕的这封信。据说徂徕为此大为生气，从此开始非难仁斋。后来，徂徕称这是他"见识未定，客气未消"时的著述，不愿向人推荐。但是，撇开似乎是基于个人恩怨的仁斋批判的过激成分，这本书与徂徕的其他主要著作《论语征》《辨道》《辨名》等的主题是一脉相承的。他们的关系就像双曲线一般。徂徕与仁斋争辉，形成了自己新的古学。两人对比鲜明：仁斋强调"语孟二书"，徂徕重视"六经"；仁斋注重人际中的自他关系，徂徕关注的是投向人类整体的视线。后来，反徂徕的儒家们非难徂徕之学，认为其轻"内"重"外"，是"功利"之学。

徂徕的父亲方庵是馆林侯（后来的将军纲吉）的侍医，宽文六年（1666），徂徕生于江户。徂徕十四岁时，父亲因事受到连累，全家搬到上总蛰居。① 徂徕二十五岁那年，受到赦免，回到江户。徂徕回到江户以后，就在芝增上寺门前开馆讲授儒学。元禄九年（1696），他受聘于将军纲吉的近臣柳泽吉保，从此，徂徕得以与纲吉接近。纲吉死后，徂徕于四十四岁时离开藩邸，居住于江户市中心的茅场町，自立门户，因居住地茅场町的缘故，遂自称其门为萱园。以徂徕古文辞学为中心发展起来的萱园派的拟古诗文风靡一时。享保十三年（1728）正月，大雪之日，徂徕辞世，享年六十三岁。据说，徂徕当时对身边的人说："海内第一流人物物茂卿，将终焉。天亦令此世界为银矣。"

---

① 禁闭，日本江户时代对武士的一种刑罚。禁止外出，闭居反省。——译者注

第六章 先王之道 礼乐耳

> 礼乐者,道艺也。道艺在外,学成我德。
> ——荻生徂徕《论语征》

> 先王之道者,何也?彼必曰:礼乐而已。徂徕开口即谈礼乐,纷纷聒聒,欲取人之信,甚可丑。
> ——五井兰洲《非物篇》

> 徂徕必以制度法律之礼乐刑政认作道之最重大者,毋庸置疑。
> ——加藤弘之《孔子之道与徂徕学》

一 徂徕"礼乐论"言说的射程

1 徂徕讲"礼乐"

荻生徂徕是这样讲"礼乐"的,比如,"盖先王知言语之不足以教人也,故作礼乐以教之。知政刑之不足以安民也,故作礼乐以化之"①(《辨名》)。这段话大意是说,先王,即中国古代的圣王知道,言语教说不足以教化人民,所以制作了"礼乐",并以之教化大众;或者说,先王清楚单靠权力主导的法律制度不足以安定人民,便制作了"礼乐",并以之求得大众的自然教化。徂徕围绕"礼乐"讲的这段话,当然是与他的"先王之道,古者谓之道术,礼乐是也"②(《辨道》)这句围绕"道术"的话相对应的。古代的圣王之道,具有安定百姓的治术之意。所以,徂徕说它也是"道术"。徂徕说,"礼乐"正是先王所立的"道术"。"道术"一词中所包含的从外部投向人们的教化视线始终与"礼乐"相伴。这便是徂徕关于"礼乐"的看法。

但是,要了解徂徕的"礼乐论"的构成,我们就需要再引用一段他关于"礼乐"的重要发言。同样是在《辨道》中,关于"古之道",徂徕这样说道:"古者道谓之文,礼乐之谓也。物相杂曰文。"徂徕说,之所以讲古代圣王所立的道是"礼乐",是因为道原本就是"文"。所谓的"文",是构成"文化""文华"等词的"文"。不过,在这里,这个词是一个暗喻。它指的是为了成就"文采"即"彩"而由多种多样的东西构成的、总体的"道"。由"文"这个隐喻言说的"道",非"礼乐"莫属。③徂徕说,只有用"文"这一隐喻才可以表达的、包括多样东西的"道",经由先王制作这一契机,被外在化、客观化和分节化而成者,就是"礼乐"。

这就是徂徕所讲的"礼乐"。徂徕展开的这个"礼乐论",稍后我还会就此予以详细讨论,以植根于身体(人的自然)的"教化论/学习论"为前提,既有很高意味上的治术论的讨论的层面,也有包括了文化、习俗、仪礼、法制这样的围绕文化、社会体系的讨论。也就是说,这个讨论围绕既包含着先王制作这样的虚构契机,同时又具有作为客观实在之力的文化产物这一中心进行。三木清之后,中村雄二郎继续以广义的"制度论"④展开这一讨论。

不过,把"礼乐"作为重要的指标性词汇的徂徕的言说,在近世18世纪后期的思想空间中,一方面,是徂徕门流中对"礼乐论"的因袭式的、矮小化的老调重弹，另一方面，反感于此的"反徂徕"的儒家的立场开始形成。在这些"反徂徕"的儒家们看来，大张旗鼓地宣扬"礼乐"的徂徕的言说和其他所有围绕"先王之道"的发言，都是"物子（物茂卿，即徂徕）之家言"。曾经的徂徕门流，后来打出反旗转向"反徂徕"立场的龟井昭阳（1773—1836）提出："家言者，私言也。不可以此言为天下公。若非物家之奴隶，又谁从之乎？"⑤昭阳想说的是，徂徕关于"先王之道"的发言，恐怕并不具有天下之公言的普遍性。这个"家言"，毋宁说是存在特异偏差的"私言"。而且，盲从于徂徕之言，鹦鹉学舌的那些人，都不过是"物家之奴隶"。昭阳的话说得很难听，但我们可以由此了解，在18世纪中后期，出现了"反徂徕"立场、形成了"反徂徕"言说这样一种由徂徕的"礼乐论"所激起的波纹和反动的思想状况。

徂徕围绕"礼乐"的言说，被近世后期的儒家视为"物子的家言"，被攻击为"私言"。但是，到了明治启蒙时期，它又复活了。徂徕所建构的"礼乐论"言说的射程，远及近代日本，构成了明治启蒙思想家关于国家法制乃至主权制定的视点。我们先来看看徂徕是如何与明治的启蒙一起复活的。

2 明治启蒙与徂徕的复活

徂徕的确是在明治启蒙的言说中复活的。维新时还是年轻学徒的西周（1829—1897），其最初的思维转换的完成，端赖看穿了朱子学"空理，无益于日用"的实质。在这个思维大转换的历史关头，徂徕被重新发现了。⑥"礼乐之可贵，不可净尽人欲"，这是西周的观点。他的徂徕再发现之言说呈现了在他身上所发生的思维转换与视角转换的关联关系。原先那种以内省的、陶冶的过程作为根基的求心式的、收敛于心之学的动能，经此转换，一变而为无益于日用，甚至是充满徒劳之学的过程。作为身心的外部陶冶的"礼乐"的意义，亦即，投向人的、外部的、社会的视线的重要性，在此得到了再认识。主张"先王之道，礼乐耳"的徂徕之被再发现、再评价，原因正在于此。后来，西周在《百一新论》中，论述了政治（法）与道德（教）的区分与差异，在西周遂行这一区分与差异化时，他的脑海里肯定再次掠过了徂徕及其"先王之道，礼乐耳"这个命题。

维新就要刷新治政，西周最早认识到确立"法与教、修己与治人之区别"⑦的必要性。但是，明确"云教攻人心者与云法治天下国家者之区别"，甚或对这一区别做出具有说服力的提示，并不像想象的那么容易。因为，与朱子主义的儒教一起，道德中心的言语支配人们的思维方式已经太久了。所以，对于主张从"教"中区别出"法"的意义，或者强调有别于治心之道的社会生活安定的动向，人们都表示反对，非难其为本末颠倒之论，攻击其乃忘记"正道"、流于"功利"的主张。所以，西周就又搬出了徂徕，并重新从儒教史、儒学史的层面，梳理了徂徕从"治心"向"安民"的转换的重要意义。

孔子乃礼之达人，故至此国必闻其政，善与人交谈，教导门人时，亦以礼为宗旨。……徂徕所谓先王之道礼乐耳，道者，先王之道也云云，即为此意。故善学孔子之人，仁义道德之说固不必说，尚须明了讲明历代之典章文物制度律令，知其利害得失，措之于其时之天下方为学问。后儒视此事为事业之末，或骂之为功利之学等，将讲授性命道德立为正道，误将以《论语》等为寻常说话的心得书视作孔子之学，附会《大学》之八条目,以修身平天下、修身之本在于正心诚意等为心得,更有甚者,以居敬等道理相附会,讲静坐之功夫,以坐禅为要务者,不亦大谬乎?

对将"法"与"教"加以区别的要求,唤起了徂徕及其"先王之道礼乐耳"的命题,又因为这个命题,孔子被重估,儒学史也受到了批判性的重审。所谓的区分"以法治人"与"以教导人"的要求,就是把投向"法"的对象亦即作为社会存在的总体的人的视线,从投向"教"的对象亦即个别人心的视线中区别出来,使之独立并予以确保的要求。明治启蒙,指的是日本在迈向近代国家的自立的过程中,需要将"治心"与"安民",亦即将道德与政治的区分明确化,确保、确立作为"安民"的关注对象的人的外表样态,亦即作为社会存在的人的样态的视线。正是在这样的语境中,徂徕被西周重新唤起。

明治启蒙的另一位代表人物,构筑了明治国家的主权性强固理念的加藤弘之(1836—1916),则将徂徕与霍布斯相提并论,试图重新发现其意义。

3 徂徕与霍布斯

加藤弘之将《利维坦》的作者霍布斯与荻生徂徕等量齐观,我们来看看他的说法:

今讲究两硕学之主义,至云君主以其英迈之资,始创立道德,以为平治社会即天下之具。两硕学之主义完全同一,不见一处异论。而以余所见,立如此之说者,古来以此两硕学为嚆矢。尤其两硕学重在以道德为平治社会即天下之具，换言之，即不以道德为个人私交之具，是亦大异于其他学者之见者也。⑧

如上所述，加藤认为徂徕和霍布斯"关于道德起源之说大有相似之处"，故此，将二者等量齐观。加藤将徂徕与霍布斯一同唤起，我们正可从这一做法中窥见从近代投向徂徕的视线的特异性。但是，正如后来的研究者所言："（霍布斯）绝对想不到自己会成为日本最初的保守主义者加藤弘之的盟友。"⑨在探讨上述问题之前，我们必须先了解一下加藤心目当中的霍布斯。加藤这样叙述霍布斯的"主权者的成立"：

于是乎，开启了古代所谓的民约，人们建立契约，各自限制其利己之心念，互相阻止为害其他人，专欲谋社会一般之利益。社会全体成员共同推举出一个大英杰，将社会统一之大权委托于他。于是，接受此大权委托的大英杰亦即君主，便以全权，按照自己的意愿，创定道德与法律，使社会全体大众唯唯诺诺遵守服从，并以此营建社会和平。

加藤似乎是依照霍布斯的语境，做出了这样的表述：处于自然状态的人们，为摆脱"唯各人靠争夺以充己"的状态，为"协同一致组成社会"，大家"建立契约"，由此，作为接受"社会统一之大权委托"的"主权者"的"大英杰即君主"宣告诞生。但是，在这里，加藤对社会契约的说法，重点在于"社会统一之大权"的委托以及"接受大权委托"的主权者的诞生。因此，加藤对霍布斯的引用，仅仅止于拥有国家统治之绝对权的主权者概念的成立。霍布斯的政治思想之所以在战前的日本处于支配地位，被称作绝对王政的拥护论或曰绝对主义国家的政治理论，可以说，加藤的上述理解发挥了主导作用，它为我们提供了一个理解这一现象的典型例证。[10]

因为个人固有的生存权即自然权绝对不可侵犯之故，这个自然权之主张的合理的贯彻，就必须反过来依靠绝对主权或是绝对的主权者的成立予以保障。换言之，霍布斯的主权论中，存在着围绕个人的自然权这样一个反向构成的逻辑。在对霍布斯的接受中，这个逻辑，根本没有得到理解。对霍布斯的理解和引用，实际上只限于绝对主权者概念的成立这样的语境中。关于《利维坦》最初的翻译介绍见于明治时期。当时，九鬼隆一曾为之作序，其序云："天得一以清，地得一以宁，王侯得一以为天下之贞。……是亦可以知主权之可一而不可分者乎？"该书被冠以《英国拂波士著主权论》[11]之名，于明治十六年（1883），以文部省编辑局版刊行。由此，我们可以了解霍布斯在日本被接受过程的来龙去脉。

不过，在与霍布斯的主权者概念之成立的关联中，探讨霍布斯所讲的国家乃是"完全意义上的作为＝拟制"[12]中的"作为＝拟制"的意味，对于考察徂徕的"礼乐论"也并非没有助益。国家乃是"作为＝拟制"的意思是，国家的主权者通过契约获得授权，成为"对于作为本人（auther）的自然人的、具有法人格的代理人（person）的拟制人"（persona artficialis）。福田欢一认为，由于作为"拟制人"的国家的主权者概念之逻辑的成立，霍布斯才得以将"获得国家即征服支配和家父长支配这一既定的事实，遵循逻辑使之从属于设立国家"。而意为"拟制"（fiction）的"作为性"，在霍布斯那里，则与国家的主权者概念（"具有法人格的拟制人"这一概念）本身的成立相关。但在加藤那里，这与构成将徂徕与霍布斯进行类比评价之理由的"作为性"，亦即徂徕所说的制作者（作为的主体）的先王即圣人观中的"作为性"并不是一回事。"物徂徕说，先王孔子之道，非以存于天地自然者，先王之所制作也"⑬，加藤引用了这段话，他把徂徕的作为制作者（作为的主体）的先王观视为将之与霍布斯进行类比评价的理由。这是因为，就加藤而言，在建构行使权力的绝对主体的主权者概念的过程中，他读得最多、引用最多的就是霍布斯。围绕主权者概念的"作为性"的这个"移位"，即从国家主权者的拟制性向权力行使主体的作为性的"移位"，在加藤这里，显示出对霍布斯的接受、引用，是出于对作为一个给定事实的国家的主权者，即作为权力行使主体的主权者的绝对性的一种理论掩护性的引用。

就这样，徂徕与加藤的盟友霍布斯一同被唤起。徂徕也和霍布斯一样，被强行拉来做了国权论者加藤的盟友。与作为"绝对的作为主体"的先王即圣人像一起，徂徕像也一同被近代唤起。众所周知，到了丸山真男，其所唤起的徂徕像更是非同凡响。⑭对于徂徕来说，这恐怕也是不期然而然的吧？

4 "礼乐刑政"的倡导者——徂徕

由于加藤弘之的大力推动，与霍布斯一起，徂徕开始重新受到关注。这其中，最受注目的还在于他的作为"绝对的作为主体"的先王即圣人像。因为加藤的目标是让国家的主权者（"大英杰即君主"）通过行使权力构筑强有力的国家法制，他把这看作建设近代国家的最为紧要的事情。在这样的形势下，徂徕所要扮演的角色，就是"礼乐刑政"之道的倡导者，而"礼乐刑政"这一"先王之道"，当然是被看作今日所谓的"国家的法律制度一类的东西"。⑮西周认为有必要区分"法"与

"教""以法治人",出于这样的兴趣和需求,他想到了主张"先王之道,礼乐耳"的徂徕。同样,加藤也是在需要确立强有力的国家法制的时代要求下,唤起了徂徕。这便是作为"礼乐刑政"的倡导者的徂徕。加藤的做法与西周如出一辙,以其对"礼乐刑政(国家的法律制度)"的特殊兴趣,重新评价了儒教史。如此,可以想见的是,他们对儒教史的重新审视,除了对徂徕的"辨道"的引用,便是对徂徕的思想文脉的沿袭。

徂徕必以制度法律之礼乐刑政为道之最重大者,毋庸置疑。……徂徕以先王之道如此,重在礼乐刑政。此礼乐刑政,即为圣人先王之所制作。且说圣人之称即意味道之制作者,思孟以下儒家者流遇老庄诸子异端者流之攻击,为孔子之道辩护,不知不觉中,反致孔子之道误入歧途,尤其宋儒之天理人欲、变化气质,又论格物穷理等吾人之心性,所说皆非先王、孔子之教。此等学派倡导心学、理学,须痛加摈斥之。

可以说,在加藤的这段叙述中,我们确实看到了他对徂徕的引用。或者应当说,他是将《辨道》中所体现的徂徕的思想文脉,用当代语言做了相当准确的再现。但是,这样的徂徕,是根据结论倒推出来的徂徕。也就是说,徂徕思想展开的终极意味,乃在于国家权力主体的主权性,亦即由国家制定和确立强有力的法律制度。加藤根据这个需要解读徂徕而形成其实是一个"徂徕叙述",是担负着明治启蒙责任的知识分子,或曰担负着近代日本国家的强有力的自立形成之理论课题的知识分子,因应当时的意识形态需要,唤起了徂徕以及徂徕的"礼乐论"。有意思的是,"礼乐刑政"之道的倡导者徂徕,其学说在18世纪后期的德川思想史上,曾被指为"皆本于功利",因而遭到了严厉的非难。

5 德川文学之罪人?

徂徕曾被指其说皆"功利",并受到了激烈的非难。在查证其在18世纪的思想史上的地位之前,让我们先驻足观看一下明治时期被描绘出来的另一个徂徕像,即山路爱山(1864—1917)所刻画的徂徕像。德富苏峰曾评价爱山说:"君有鼎轩之动,却置重心于闲却的个人性,于阐明历史乃境遇与人物遇合的真相中,用力最勤。而君之史论,于对人物之同情与热情上,凌驾于鼎轩。"⑯德富苏峰在将爱山与田口鼎轩进行的比较中,评价了爱山初期史论的特性。如其所评,爱山以强烈的个人情感,饱含热情地对历史上的人物予以刻画。据说,爱山的著作《荻生徂徕》(明治二十六年刊)、《新井白石》(明治二十七年刊)和赖山阳论等著作的问世,使他文名大振,声誉鹊起。⑰

不过,就徂徕与白石这两个人而言,他们都生活于从纲吉经过家宣、家继再到吉宗这一德川治政的转换期,也都参与了这一治政,是处于对立关系中的人物。而且,据说这两个人的性格也颇不相类。对于徂徕和白石,爱山倾注了极大的热情,他以极其强烈的笔触,力图再现两人的传记和事业。那么,是什么使得爱山对这两个人同时倾注了巨大的热情呢?爱山称他们为"两个伟人""两个英才",他这样说明其理由:

于此时,可代表江户文学之两个伟人前后竞光,曰新井君美,曰荻生茂卿。彼等乃郁勃乎进展之江户文明的化身,为日本历史上无可比类的模型。

两位英才呼吸此必然到来之文学革命之空气而不知不识,唯遂其使命者而已。彼等为时代之被造物,更是刺激时代者耳。[18]

爱山指出,白石与徂徕两人同为不断取得进展的江户文明的"化身",他们更是虽肩负江户的"文学革命"的使命而不知却达成了这一目标者。对宣称"文章即事业也"[19]和主张文学须"关涉人生"立场的爱山而言,白石与徂徕是遂行文学革新使命的、具有"实"的价值的开路先驱。所谓的时代赋予此二人的使命,是指在伴随作为政治中心的江户走向新的兴起的过程中,必然生发的"文学革命"这一使命。爱山将其分条罗列于次。其一,新的文学,"须为尚实用,重事业者";其二,新的文学,"须带霸气,有英姿,具堂堂压人之慨";其三,新的文学,"须是进步的、改革的"。其实,这些恰恰正是爱山自己的使命,也正是他向他的同时代人宣扬的"文学革命"的使命。徂徕和白石,都不过是爱山所假托的、精心描绘出来的、作为这一使命的开路先驱的榜样形象。

爱山史论中的徂徕,迥异于西周和加藤所唤起的、作为"礼乐刑政"之道的提倡者的徂徕,其最大的区别在于文章之人。他这样评价徂徕,"彼实德川文学之绝顶,以文章术鸣于德川时代之最大人物"。的确,徂徕在18世纪时享有盛名。爱山以文章介入明治的政治言论世界,他之看重徂徕的文名,与他观察德川言说世界的视角有关,也说明他感觉敏锐。但是其实,爱山对德川文学的看法自相矛盾,充满了破绽。因为,作为近代的文章人、媒体人的爱山,对"封建下"的德川文运之隆盛本身所持的看法并不正面。下面我们就来看看爱山对徂徕学派亦即萱园学派主导的达到高潮的德川文学的发展的叙述:

方是时也，一派浊流滚滚涌入文学之长江。空文虚辞如魔术师所用幻灯，开始荧惑人心。学问之手段蜕变而为目的。本当表达思想之文字，成为竞逐技巧之材料。如束花之造为花环一般，编排文字而造诗文之技术师应运而生焉。

对于以元禄为顶点的德川文学的展开，爱山以"浊流"称之。而且，他又进一步说，将这个浊流"激之愈甚者，便是荻生徂徕"。这么一来，徂徕岂不就成了"德川文学之罪人"？事实上，如果徂徕之后，浊流越来越浊的话，徂徕必成"德川文学之罪人"无疑。这就奇怪了，究竟是出于何种动机才把徂徕抬高为如上的"文学革命"的"无知无识"的遂行者的呢？而且，如果真要将徂徕看作上述使命的遂行者的话，那岂不是得把造成德川文学的浊流的罪人徂徕，单独从那个浊流当中奇妙地搭救出来吗？事实上，他的确被搭救出来了。采取的是什么方式呢？爱山说："自彼以后，好空文虚辞之风愈甚，然彼自身绝非好空文者。彼虽好文章术，但不以空文虚辞为善。"

就这样，徂徕作为"文学革命"的无意识的遂行者，被从德川文学的浊流中搭救了出来。

6 "妖怪之真相——枯芒草"

徂徕之所以会从德川文学的浊流中得救，全拜信奉"文章即事业"的爱山假托文学理念所赐。爱山说，徂徕习熟"六经"的古文、古言之目的，并不是为了赏玩古文，优游于拟古的世界。他的宗旨是要透过古文、古言了解古代的"实际世界"，把从古书中看到的东西转化为眼前的"实在世界"。而"'六经'是映现于彼之眼中的具有生气的人的记事"。此外,"彼善将经验与学问相联系。知晓学问若不从经验中获得生气,便是无用之长物。彼以埋首于文字堆中、疏于实用之儒生为陋"。看着上述种种称赞徂徕之言,我们不禁会怀疑,爱山救出并描绘的,不折不扣的就是一个"尊重事实"的经验主义的思想家徂徕。

"妖怪之真相——枯芒草",爱山一边这样念念有词,一边从徂徕的"先王之道"的主张中,找寻功利主义者的"真相"。但其实,发现"真相"这句话,又未始不可以用在爱山自己所做的围绕徂徕的叙述上。也就是说,这句话同样适用于发现、描绘了徂徕的实像的、爱山的叙述本身。即,爱山笔下的作为德川"文学革命"的使命的无意识的遂行者被救出的徂徕,实乃一个"实利派的"思想家徂徕。

于彼,日本始见"实利派的"大脑;于彼,日本始如"盎格鲁-撒克逊",出现了尊事实、卑想考、重"常识"、轻"形而上学"之人。

爱山上述这段话,我们是不是可以照字面就理解为对徂徕的称赞呢?当然,爱山并没有忘记自己对于这个"实利派"思想家徂徕之登场背景中的德川思想的唯心倾向的批判性叙述。他说:"'唯心'是贯穿德川时代之儒者的思想倾向也。吾人此处曰'唯心'者,……曰以唯心性上之研究为学问之骨子者也。而德川时代之学者为于此意味之唯心论者。"爱山强调,在这个"唯心"的思想背景中,作为"实利派的"大脑徂徕的登场,具有划时代的意义。但是,对这个作为"实利派"的徂徕的哲学、信条进行查考的爱山,从徂徕大肆宣扬的"先王之道"的主张中,发现了与"边沁派之功利教"若合符节的东西。也就是在这个时候,爱山说出了"妖怪之真相——枯芒草"这句台词。

彼之眼中唯有天下泰平——最大多数之最大幸福——而已。读书、礼乐，浑为天下泰平耳。于彼，个人者，唯为国家生者耳。个人者，唯可助天下之泰平为可处身耳。彼之哲学如斯。"妖怪之真相——枯芒草"，彼所夸示之先王之道，亦穷竟不过如此耳。[20]

"彼何知"？"彼何为"？爱山用自己的眼睛和笔叙述了徂徕的学术、事业，发掘了"实利派"徂徕，但他为何会有如此充满反讽意味的提问呢？这是否不过只是暴露了爱山史论的破绽呢？或者，此乃将《日本人民史》的书稿压在箱底的"平民主义者"爱山，对使个人隶属于国家泰平的徂徕经世论所发出的讥讽之语？又或者，爱山发现自己用笔塑造出来的"实利派"徂徕，与"实利派"的巨头福泽谕吉如出一辙，因而将自己对福泽所抱有的好恶并存的矛盾心理[21]，冲着徂徕发泄出来了？

"彼之'哲学'，如此处所示，于其自身非为尊者。然此'哲学'，是对当时之思想界之一大抗论"，爱山细致地论证了徂徕的"功利主义言说"是对朱子学派的道学的、心性论言说所做的反驳，也由此，他发现了作为"枯芒草"的徂徕学的实像，但曾经发表的称颂徂徕的文字却不能抹除。自己假托"文章即事业"这一文学革新的理念高调叙述的对象，意外地暴露出了卑微的"功利教"思想的原型。在此，爱山坦率地表露了当他发现这一点时极度失望的心情。总之，从"史论"的言说，即明治媒体人物爱山将其批判理念托付于历史人物从而产生的"史论"叙述中，我们可以看到爱山对"实利派"徂徕——其登场的划时代意义，包括其思想的"功利主义"之卑微——的整个描述。虽然不乏曲折，但毫无疑问地，其中既有近代所阐释的徂徕，亦有徂徕"礼乐论"给近代的投影。

二 徂徕"礼乐论"之视点的构成

1 "制作论"的立场

徂徕关于"先王之道"和"礼乐"的言说，启发明治启蒙的思想家们对"法"与"教"做出了明确的区分，推动了作为国法的坚定制定者的国家主权者、主权性的概念的确立。但在18世纪后期的思想空间中，它所引发的则是"反徂徕"这样一种影响和反弹。在从18世纪后期的言说世界中找寻对徂徕言论的直接反对的证据之前，让我们暂将追寻的脚步停留于徂徕所展开的"礼乐论"的言说世界。

在明治启蒙的言说中检证徂徕"礼乐论"的巨大射程，这样的一种视点，在我这里是本就具备的。我现在要做的对徂徕"礼乐论"的探讨，是从思想史之检证这一视点出发，对徂徕的"礼乐论"的再确认。我的宗旨是在他的思想体系中对此做一次重新定位，而不是企图对徂徕学进行重构。我要做的是一次视点再确认，目的在于更加清楚地了解从18世纪经过19世纪直到近代，徂徕的"礼乐论"对日本的言说世界所产生的影响以及其所遭遇的抵触的情况。

这一作业，我想还必须从再一次引用上面引用过的徂徕的话，即徂徕讲述先王制作"礼乐"的缘由开始。

> 盖先王知言语之不足以教人也，故作礼乐以教之。知政刑之不足以安民也，故作礼乐以化之。

这段话出自徂徕讲述先王制作"礼乐"之缘由的《辨名》。以"礼乐"教化众人何以强于言语教化或是权力主宰的法制规制呢？徂徕之

"教化论""学习论"对此多有继承：

> 学之方，习以熟之，默而识之。至于默而识之，则莫有所不知焉，岂言语所能及哉。……夫人言则喻，不言则不喻。礼乐不言，何以胜于言语之教人也？化故也。习以熟之，虽未喻乎？其心志身体，既潜与之化，终不喻乎？

由于徂徕了解言语教说之教化和法制规制之教化这类东西的局限性，所以他主张先王制作了"礼乐"，并以之教化民众。徂徕关于先王制作"礼乐"之缘由的观点，正如所见，是以"教化论""学习论"为基础的。"学之方，习以熟之，默而识之"，不同于言语、知识之内在理解，此处所指的是身体的体得乃至身心一体的习熟那样一种可以说是作为外在习得的学习。徂徕认为，这样的学习方式，在理解事物方面，可以达致至为深刻的程度。徂徕的这个"学习论"，应当说是建立在对"人的自然"的某种把握之上的。

我这里所讲的"人的自然"，在儒家那里则用"性"的概念来表述，它指的是人的天赋的所与性（自然性）。不过，在这里，被控制在徂徕"教化论/学习论"的基础之下的"性（自然）"，并非性理学（朱子学）这一本体论思维所构成的"性"之概念，就是说，它不是从"身体性"中抽离的那个"心性"的概念。正相反，它是用"身体性"来把握方为适当的作为人的所与性的"性（自然）"。用朱子学的用语来说，便是"气质之性"。徂徕说，这个亦可称为身体的自然的"人的自然"，是先王制作"礼乐"的前提。徂徕又说，《中庸》中的"率性之道"，当理解为先王依据人的性状制作了道。[22]

围绕着作为人的文化产物的"制度"的概念，中村雄二郎所讲的一番话，对我们关于徂徕的"礼乐论"的考察，极富启发意义。"制度"是人为制造出来的东西，但对人来说，它却具有现实的力量。中村触及了这种"制度的现实"，他说："（所谓的制度），一方面，它确实是人制造出来的东西，但另一方面，它作为独立于人的客观实在，亦即作为第二自然，按照其所固有的法则与逻辑，反过来对人构成了制约——一句话，它既是虚构性的东西，又同时具备现实的力量和意义。"㉓ 值得注意的是，这里，针对"制度"是人为的拟制，但与此同时又对人具有现实力量一事，三木清亦曾注目于构成"制度"的拟制性和自然性这两个契机，发表了自己的见解。三木说："制度（institution），是指包括言语、惯习、道德、法律、艺术等在内的、广泛的人类的文化产物。"这个"制度"，正是徂徕所说的"礼乐"。"文者，道之别名，礼乐之谓也"（《论语征》），这是徂徕念兹在兹的一句话。"文"字所表征的是多样多彩的文化。总之，把"制度"作为"历史性的东西的一定的存在方式"予以把握的三木，通过 convention 这个词，观察"制度"的拟制性（在拟制的意义上的某种肆意的、自由的以及理性的东西）；通过 coutume（custom）一词，观察"制度"的自然性（某种自然的、必然的以及感性的东西）。㉔ 按照三木的语式，"拟制性"与"自然性"构成了作为人的文化产物的"制度"。或者说，它们是使"制度"成为人类社会的"制度"的两个重要契机。缺失了两者中的任何一方，"制度"作为"制度"便不成立。

2 "自然"与"作为"

徂徕"礼乐论"中的"制作"，并不是与"自然"相对抗的"作为"。这里的"制作",乃是把"自然"当作不可或缺的前提,或曰不可或缺的契机的包容性立场。"自然"与"作为"二者既构成二元对立的契机,同时又构成同一个思维。这一点与其说源于徂徕,毋宁说始于荀子。据考证,徂徕的"礼乐论"与荀子一脉相承。的确,徂徕的"礼乐论"中所讲的通过心性外部的"礼"进行教化的言说,显而易见就来源于荀子。但是,我们不能因此就说构成徂徕"礼乐论"的言语与荀子如出一辙。

在荀子那里,"性"是作为人的先天的素材的"自然",与之相对的"伪",则是作为后天的人为加工的"作为"。在《荀子》的"礼论"中,二者是被对置起来加以描述的:

性者,本始材朴也;伪者,文理隆盛也。无性,则伪之无所加;无伪,则性不能自美。性伪合,然后成圣人之名,一天下之功于是就也。故曰,天地合而万物生,阴阳接而变化起,性伪合而天下治。㉕

这里,荀子将"性(自然)"与"伪(作为)"相对置,以这种二元对立的契机组成的言语,构成了关于圣人的教说。荀子的这段话更为引人注目的地方在于,在他的言语秩序中,"性(自然)"与"伪(作为)"这对对立的二元,与以"天/地""阴/阳"等二元对立的概念构成的宇宙论言说的系谱汇通一处了。"自然"与"作为"相对置的这种二元对立的思维和言语,与传统上以"天/地""阴/阳"等二元对立的概念构成的中国的宇宙论思维和言语并无二致。毋宁说,它恰恰就存在于这一系谱之中。因此,在这里,圣人的教说往往与宇宙论的言辞一起,或者说是把宇宙论的言辞作为背景,予以表述——后来的宋学的思维和言语即是这样的言语,即天人关系的言语作为自己的言语而成立——同时,它又具有鲜明的中国儒家言说之特性。

但是,反过来讲,日本近世古学派的儒家亦即伊藤仁斋和徂徕的古学,即在束缚了后世的儒家即朱子学派的思维和言语的这种二元对立的概念的连锁的"外部",再有,就是在常常与宇宙论的言辞一起讲述的圣人的教说这一天人关系思维和言语构成的"外部",简言之,古学就是将自己的视点设置于"古昔"的一种新的学问立场。前面我已经分析过,伊藤仁斋正是在天人关系思维和言语构成的"外部",设定了读解《论语》的立场,从而得以从《论语》中读出了从天人的内部关系中解放出来的人的立场。[26] 现在我们来分析一下,徂徕的古学是如何将"先王"作为观察后世儒家言辞的"外部"视点的,又是如何表达对后世儒家的批判的。

3 "先王""外部"视点

标榜"先王之道"的徂徕的言辞,是后学徂徕意图超越古学的先驱仁斋以《论语》为中心的学问立场的丑恶意图的大暴露——在"反徂徕"的儒家那里,徂徕的言辞成为激烈非难的对象。但是,标榜"先王之道"的徂徕的古学话语,难道单单只是为了达到凌驾于仁斋之上的目的吗?循着《辨道》开头的文脉,让我们抵近观察一下从"先王"视点出发的徂徕的批判性言说的射程。

道难知亦难言,为其大故也。后世儒者,各道所见,皆一端也。夫道,先王之道也。思孟而后,降为儒家者流,乃始与百家争衡,可谓自小已。

在此，徂徕开宗明义，对以子思、孟子为嚆矢的"儒家者流"的言说做了个总括。徂徕第一句话就说，"先王之道"之"大"，非言语可以道尽。然而，要把这个"道"言语化为教说，便会以"道如何如何"之类的一己之见，从言语上对"道"做出规定，使之在言说上存在。但是，徂徕认为，这个言语规定之"道"，不过是那个"大"的"先王之道"的一端而已。经过这个以儒家之见对"道"的言语规定作业，"儒家者流之道"也便成立了。徂徕说，这一作业，始于儒家为了与诸家对抗，自己对"道"在言说上的定在化。对以子思、孟子为嚆矢的对"道"的儒家言说上的定在化或曰"道"的儒家言说化，徂徕发表了如下见解：

观夫子思作中庸，与老氏抗者也。老氏谓圣人之道伪矣。故率性之为道，以明吾道之非伪，是以其言终归于诚焉。中庸者，德行之名也，故曰择。子思借以明道，而斥老子之非中庸。后世遂以中庸之道者误矣。古之时，作者之谓圣。而孔子非作者，故以至诚为圣人之德，而又有三重之说。主意所在为孔子解嘲者可见焉。然诚者，圣人之一德，岂足以尽之哉。

徂徕说，《中庸》中子思的言说，是在与老子之言的对抗中展开的。针对老子关于"圣人之道"是"伪（人为）"的非难，子思通过将"性（自然）"的概念引入言说之内予以对抗。于子思而言，这个对抗实现了由"伪"向"诚"的转变。由此，圣人被称为"至诚"。但是，作为道的制作者的圣人与称作"至诚"的圣人之间的差别可谓大矣。徂徕认为，"诚"毕竟只是圣人的一德而已。

作为对抗言说的"儒家者流"的言说，通过使"性"的概念作为基本概念在言说之内的内部化而得以成立。儒家的言说，为了对抗所谓的圣人之道是"人为的外部加工物"这一非难，对性的概念予以二重内部化。首先，将构成儒家言说的主要概念的"性"在自己的言说之内予以内部化；与此同时，又将人的内部的、内发的作为自然概念的"性"予以内部化。这样一来，作为心性概念的"性"便随之成立了。孟子的"性善"说即位于这个内部化的"性"概念的脉络之中。徂徕说："至于孟子之性善，亦子思之流也。""它木不可为杯棬，即，杞柳之性在杯棬。虽然，杯棬岂杞柳之自然耶？"[27]围绕着孟子和告子关于"性"的论争，徂徕指出，虽说可以因应有鼓节的柳树的特性做成圆盒，但如果因此就断言成为圆盒是有鼓节的柳树之性的自然和必然的结果，就太荒诞无稽了。徂徕接着说，孟子的"性善"说也是这个道理，它与把成为圆盒说成是有鼓节的柳树的自然和必然性一样荒谬。朱子犯的也是同样的错误："循性之自然，无道无之"[28]——他穷极于本体论的言说，用"性"去演绎一切。

立言者一旦偏失，则毫厘千里也。后世之心学胚胎于此。荀子以此为非者是也。故思孟者，圣门之御侮也。荀子者，思孟之忠臣也。

"后世之心学"立足于心性概念，指的是以心性的内部视线展开逻辑的后世儒家的言说。陆王之学自不必说，从朱子学派之学到仁斋之学，都被徂徕包括于"心学"之中。不管怎么说，后世儒家的"心学"言说，始于子思、孟子的"性"概念的内部化。"思孟者，圣门之御侮也。荀子者，思孟之忠臣也"，是徂徕针对儒家言说的成立以及该言说的系谱的绝大的讽刺。根据徂徕发出的讽刺来看，的确，"思孟之忠臣"荀子甚至把"伪（人为）"这个对儒家的批判点也和"性（自然）"一起，在儒家言说中予以内部化，把"性/伪"这个二元对立的概念与传统的"天/地""阴/阳"这种宇宙论思维结合在了一起。

把"先王"作为视点的徂徕，对始于"性"概念的内部化的儒家言说的整个过程做了考察。可以说，所谓的"先王"，就是他在"儒家者流"言说的展开过程的"外部"设置的一个视点。

4 "礼乐论"·"外部"之言说

徂徕规定为"心学"的后世儒家的立场，构成了由内部化的"性"概念演绎的关于人的"内部"言语。这个言说引出了刚刚引用过的朱子的"循性之自然，无道无之"之命题。但是，由"先王循人之性立道""先王循人之性制作礼乐"来看，这个"制作论"的命题，乃由关于人的"外部"言语构成。按照这个命题，所谓的"性"，是站在与制作者"先王"同一化的立场，由"外部"视线把握的"人的自然"。遭遇"外部"视线的"人的自然"，乃是人的身体的自然，用朱子学的用语来说，就是"气质之性"。

徂徕又举了"德"的两个定义，阐述了这两个定义间的巨大差异。一个是朱子的"德之言者得也，行道得心有也"之定义；另一个则是《礼记》中的"礼乐，身得之，谓之德"。在对两者做了对比之后，徂徕说："何其霄壤也！古书之身，皆谓我也。佛氏身心之说出，而学者嫌其浅耳。礼乐者，道艺也。道艺在外，学而德成于我。故曰'身得'。"㉙身与心这种二元的佛家的言说登场以来，专以"心"解"我"，却忘记了古时皆是以"身"解"我"的。"身得，德形成于我"乃是古来关于德的言说。既曰"身得",则学之对象在外。古来所谓的学,便是学习"礼乐"之意。所谓的"礼乐",古时即是"道艺"。"道艺"在外,须得之于身,习熟之,最终,形成己之德。

到此,事情已经相当明白了。构成徂徕的"礼乐论"的,乃是关于人的"外部"的言说。刚才我已说过,徂徕的"礼乐论",与其视之为与"自然"处于对抗关系中的"作为"的立场,莫若将其作为"制作论"来看待。所谓的"制作",乃是基于"人的自然"的,或者是将之作为不可或缺的契机的,由人自己所做的"外部化"的营为。因此,"制作论"的命题中,始终贯穿着"外部性"。宣扬"先王之道之制作"的徂徕,其言说的构成始终贯穿着"外部性"。所谓的"安天下",在儒家这里,是在内面的德性涵养之上,寄望为政者的外面的东西,在此,本来属于次要的课题,但是,徂徕反而把这个"安天下"的"外部"的课题作为承载着本质性的、第一义的课题的"先王之道"大加宣扬。他说:"先王之道,安天下之道也。"但是,从这个命题中,不仅要看到徂徕的言语和思维的"政治性"的显现,还应看到他的思维中的"外部性"的表露。在18世纪的思想空间中的徂徕言说的"事件性",相较于"政治性",更在于"外部性"的显现。"志于道德者,不足以功名累其心",对于后世儒家的此等言说,我们来看看徂徕是如何展开批判的:

> 后世内圣外王之说,沦于人之心腑,然后,道德与功名判。如孔子之时,亦岂求功名之失哉。然孔子不言之者,功名之不可弃也。[30]

徂徕指出,随着把为政者的内面的德性的涵养赋予第一义的意义之立场的渗透,"道德"与"功名",同时,"内部"与"外部",判然两分,儒家出现了贬视、轻视"功名(外部)"的倾向。

如上所述,徂徕在批判始于子思·孟子的"性"的内部化的后世儒家的"心学"的"内部"言说的同时,在这种言说的相反方向上,提出了关于"先王之道"的他自己的"外部"的言说。

5 徂徕之说,皆本于功利

徂徕的"先王之道"的言说,是对后世儒家的"心学"言说的批判,但在18世纪后半期,它遭遇到了"反徂徕"的激烈非难与攻击。徂徕的"外部"言说是对后世儒家的"心学"之"内部"言说的解构性批判,招致了儒家们的集结,他们试图防卫自己的"内部",谋求"内部"的强有力的再生。尾藤二洲(1749—1813)是高举"反徂徕"大旗的宽政正学派[31]的一员猛将,他攻击徂徕的主张"皆本于功利",我们来看看他是怎么说的:

> 古文辞学起于物徂徕。余初年有学,故能知其意。其学之主干在于功利,假圣人之言,不过虚饰耳。其所谓道由先王制作,非自然之理;安天下之具,非当行之路。其纲要之处,皆本于功利。[32]

二洲声言,徂徕关于"先王之道"的主张全都"本于功利"。"功利"一词,是"反徂徕"的儒家给徂徕扣上的一顶最大的帽子。怀德堂的儒家中井竹山(1730—1804)被公认为"反徂徕"的儒家的核心人物,他也非难徂徕:"徂徕,心溺于功利,恶言心术。"[33]这些针对徂徕的非难之言,把徂徕描绘成了一个"功利"的主张者,说他重视的不是内在的心术，而是外在的事业的达成，他所关注的只是该事业所能产生的效果，等等。这些非议揭示了徂徕的"礼乐论"言说在18世纪后期的思想世界中不得不面对的一个直接的逆反的轨迹。"渠，放纵自恣，以修身为禁忌。所谓的克己省察，致知力行之说，束之于高阁，徒弄翰墨，务于博杂记览，以礼乐之空言，强聒其徒……"竹山的这段非难之言清楚地表明了，徂徕的"外部"言说，在18世纪后期的言语世界中，给竹山他们带来了怎样败坏的印象；同时，这一冲击，在他们的心性中又激起了怎样的一种防卫的冲动。对他们来说，徂徕的"外部"言说招致了自己的儒家"内部"的败坏，因此，必须将其作为"功利"之说予以彻底的排斥。

在此，我们来考察一下尾藤二洲紧接着上述所引之言，如何继续演绎徂徕的"功利"之说：

> 毕竟，所谓道者，乃将圣人治理天下之法传至于今，如今时之法令规章者也。而六经者，可谓如御成败式目者也。观其起源，彼老平生所关心者唯在功利，凡所睹者，皆以此相比附……其专说礼乐，亦彼式目之意也。……明先王之道者，乃指通彼礼乐之说。若无礼乐，亦无先王之道。其意大抵如此。故此，其学唯理民之术耳，自己之身心则置之不问也。故身为非法之事亦不以为耻。

"先王之道者，安天下之道也"，我从徂徕的这个命题中，发现了徂徕式的言语与思维的"外部性"的表征。二洲从这个命题中看到的则是"功利性"的凸现。二洲认为，徂徕的"先王之道"是"治理天下之法"，"如今时之法令规章者"；徂徕所讲的"礼乐"，亦是"御成败式目"之意。因此，他将徂徕关于"先王之道"的言说，全部还原为围绕政治和法制的事功的言说。如上所述，由于儒家之"修身"的课题的防卫及其再强化的需要，"自己的身心置之不问"、完全无视儒家之内面的、只是单纯的"功利"之学这样一种徂徕学之像应运而生了，它也是以宽政正学派为中心的儒家们的共通认识。

徂徕的得意门生太宰春台（1680—1747），作为徂徕的忠实的追随者，进一步做了简化表述："先王之治天下，虽以修身为本，以礼仪治外耳，无治心者。无论内心如何，外面守礼仪无犯者，即为君子。"㉞他的富于挑逗意味的言论在18世纪的言说世界引起了强烈反响。至此，徂徕派的言说已不再仅仅被看作单纯的"功利"的言说，而是被作为反儒家的异端言说必须加以排斥了。

在18世纪后期的言说世界中，作为"功利"之说被排斥的徂徕，却被明治启蒙的思想家们重新唤醒了，但唤醒的是徂徕的哪一部分呢？恰恰就是被尾藤二洲看作如"式目"之论的徂徕的"礼乐论"。在近代国家日本的成立时期，徂徕教晓西周对"法"与"教"做了明确区分；他又启发加藤弘之确立了国法的强有力的制定者之"主权者"概念。这个徂徕，与那个在近世后期的社会中被作为"功利"论者遭到排斥的徂徕，正是同一个人。山路爱山发现了违反己意的徂徕，而那不正是"功利教"的思想家徂徕吗？

不过，在明治启蒙中被唤醒的徂徕，并非"制作论"中的徂徕，而是与"自然"处于对抗关系中的、被规定为"作为"论者的徂徕。"制作论"所依据的"人的自然"，在"绝对的作为主体"论亦即"主权者"论中则被割爱。正如明治时期的霍布斯一样，他关于"自然权"的一切言论都被割爱，仅仅作为"主权论"者被引用和接受。在近代国家日本，徂徕是作为"作为"论者或曰"主权论"者被唤起和引用的。

中井履轩

中井履轩的经书之学，尽在《七经逢原》全三十三册之中。在《论语逢原》和《中庸逢原》的标题之下，载有"水哉馆学"字样。水哉馆是履轩给自己所开的私塾的命名，它是履轩租来的一间狭小的房子，位于大阪长堀川畔。自此以后，履轩的私塾都叫水哉馆。在水哉馆中，履轩曾在朱子的《论语集注》的版本的栏外，写下自己的注释性的语句、文章。这一作业的成果，后来结集成了《论语雕题》。依靠上述方式，《七经雕题》全三十六册成书。后来，履轩又撮其概要，归纳成《七经雕题略》全二十册。但履轩并不满足，在晚年的时候，他又将其改编成《七经逢原》全三十三册。履轩的经书之学的特质，体现在其最初的作业形态之中。比如，履轩的《论语》注释作业，便是在朱子的《论语集注》的栏外，以对朱子注释的批判性考辨为轴展开的。这意味着履轩的作业属于元注释学作业。他是把对朱子的《四书集注》所代表的经书解释行为的批判性考辨作为经书注释作业来进行的。从这里，我们可以一窥近世18世纪怀德堂及其周边所形成的思维的性格，它与富永仲基的大乘佛典批判若合符节。具体而言，它是在这样的视线中形成的思维，即在作为人的思维行为的教说的展开中，分辨出发话者的言语习性以及该时代的言说倾向。

享保十七年（1732），履轩作为大阪学问所怀德堂的第二代学主中井甃庵的儿子，第四代学主竹山的弟弟，降生于怀德堂内。在怀德堂中长大的履轩自立之后，经营私塾水哉馆，不断租房搬家，终其一生都是一个特异的市井学者。履轩与麻田刚立等交厚，他对西洋的天文学、人体解剖以及太阳历都显示出了浓厚的兴趣。他将租来的房子的一室比作"华胥国"，自称华胥国王。此外，他还将所居住的房子称作"天乐楼"。这里是他身处市井，可以确保独立认识的空间。文化十四年（1817），在尼崎的租屋中，履轩作为市井的一介儒者去世，享年八十六岁。

第七章 近世儒者知识人的存在及其思想位相

> 哲学家把禁欲之德——谦虚、清贫、贞洁——据为己有，大约是因为这些东西对特殊的、实际上与禁欲无甚干系的目的有用。哲学家将之看作专属于他们个人的、一种自己的特异性的表现。
>
> ——吉尔·德勒兹《斯宾诺莎》

> 彭玉麟，著名提督，出生于湖南省南部的衡阳，其父是一个没有土地的佃农。这告诉我们，对于出身寒门的人来说，提升其社会地位的唯一出路，就在于学习儒教典籍。
>
> ——何炳棣《明清社会史论》

一 履轩·"游民"身份

在大阪这个近世 18 世纪的商都，出现了一位名叫中井履轩的儒者。在堪称巨匠的伊藤仁斋和荻生徂徕这两位学者去世之后，在 18 世纪中后期的近世日本，在隐栖于市井的"私人"学者身份这样的社会生存形态之下，履轩以批判性的视角对既存的"公的"经书解释言说予以观照，完成了经学上的转换。不仅如此，他还是时代知识的特异的综合理解者和呈现者。我现在试图还原的，是以履轩为代表的近世儒者知识人所展现的存在状态，以及由于他们的存在所开辟出的知识的位相。

享保十七年（1732），履轩出生于大阪的学问所怀德堂。他之所以会出生在怀德堂，是因为他的父亲中井甃庵（1693—1758）时任怀德堂的学主，还是委托管理人。履轩有一位年长他两岁的兄长，名叫中井竹山（1730—1804）。竹山后来做了怀德堂的委托管理人，之后又当上了学主，不管是在学问上，还是在经营上，都是怀德堂全盛时期的掌门人。其父甃庵出身于播州龙野藩胁坂家的藩医之家。甃庵和竹山都与龙野藩一直维持着良好的关系。但是，甃庵生活上的根据地，在其留在龙野藩的老母去世之后，就转到了大阪，怀德堂是他教育上的活动场所，同时也是他一家的日常起居之地。从形式上来看，甃庵、竹山父子并非明确属于近世的统治阶级——武士阶层。应当说，龙野藩胁坂氏家中医师出身的他们，处于武士阶层的边缘。甃庵以及他的继承人竹山，都是怀德堂这个教育设施被委托的指导者和经营者。之所以说是"被委托"，是因为真正从财政上支持怀德堂的，是被称作"五同志"的以大阪的大商家为中心的商人们[1]，甃庵们不过是附着于怀德堂的学者、教育者。这是他们的生存实态。近世时期，那些武士以外的以工商业为生的都市居住者被称为町人，但是，中井甃庵、竹山他们可以被称作町人吗？从意识上来看，他们的确把自己看作町人，试图与武士相区别。但是，我们需要关注的是，市井的医师、教师、学者这样的人物并不包括在町人之中。的确，从统治与被统治的阶层关系来说，其身份属于不稳定的中间层。但是，在日本的近世社会中，他们是知识生产的主力。履轩出生于怀德堂，原因无他，就是因为他的父亲属于中间层，是市井中的学校教师、学者，又恰巧管理着这样一个教育设施。履轩出生于大阪的学问所怀德堂，这仿佛预示了他一出生就属于这个近世的特异的知识阶层。

履轩因为父亲是甃庵的缘故,所以出生在了怀德堂。但是,这是否为他的将来带来了某种保证呢? 事实上,可以说,除了在学问上和知识方面的成长以外,他几乎一无所得。履轩与其兄竹山一起,是在父亲甃庵以及辅佐、推进了怀德堂教育的五井兰洲(1697—1762)的指导下长大的。在这样的教育环境中,兄弟二人的才能早早地便得到了开发和培养。宝历八年(1758),怀德堂的学主,也是他们的父亲甃庵去世。这对于竹山、履轩两兄弟,尤其是对于弟弟履轩来说,不啻是一个重大事件,因为这让他们感觉到自己的生存基础受到了威胁。甃庵的怀德堂学主的位置,由初代学主三宅石庵的儿子春楼继任。因为,学主的位置不世袭、不私物化是怀德堂的重要运营规则。与担任学主的父亲甃庵一起一直住在怀德堂内的竹山、履轩两兄弟,随着父亲的去世,一下子就失去了稳定的生活保障。所幸的是,哥哥竹山在父亲死后,成为怀德堂的委托管理者,与新学主三宅春楼共担怀德堂的运营责任。但是,弟弟履轩自那以后,作为怀德堂委托管理者竹山的"同住的弟弟",不得不过起了寄人篱下的生活。怀德堂是兄弟两人成长和学习的地方,但它并不属于中井家。父亲甃庵的死,让兄弟两人深切地体认到了这一点。山中浩之对怀德堂及其周边曾经做过深入细致的研究,在涉及这个对履轩形成了巨大冲击的处境变化时,他这样描述:"(甃庵死后,)履轩失却了与怀德堂之间的纽带,身份只是学问所的委托管理者竹山的弟弟,他单靠这层关系客居于此。"②

履轩对所面临的突如其来的"(自己)客居身份"的自觉,不仅关乎他在怀德堂的存在状态,也关乎他将来的社会存在状态。履轩离开了自己所寄居的作为怀德堂委托管理者的兄长竹山的立场,亦即受到庇护的立场,便没有了登录户籍的确切身份。市井中的一介儒者、学者,如果没有确切的身份,在社会上则属于"游民"一般的尴尬的存在。关于这一点,容后详述。他自号"履轩幽人",此号典出于《易》的"履"卦:"履道者坦坦,幽人贞吉。"有人将其解说为:"坦坦独行其道,乃一幽静恬淡之人物也,所业贞正,吉。"③ 的确,他自称的"履轩幽人"这个号,表明了他作为一个在社会身份上属于"游民"的学者对待外界所采取的一种姿态。他以隐栖于世间的"履轩幽人"的姿态,对世界投注了属于他自己的独特的认识视线。

二 履轩·"暂住者"

宝历十二年(1762),竹山、履轩两兄弟师事的五井兰洲去世。对于寄住于哥哥这里的履轩来说,继父亲之后,一直支持和教导他的师父兰洲的死,极大地打击了他,他陷入了深深的悲伤之中。当时,履轩三十一岁,依然寄居在怀德堂哥哥竹山这里。但是,处于这种不安定的境遇中的履轩,学问已大进。后来结集出版的《七经雕题》《七经逢原》等集大成之作中所展现的履轩对经书的独特的认识作业,就开始于此一时期。履轩有与怀德堂的哥哥竹山同住的身份,那么,究竟是什么原因,促动他对学问如此痴迷呢?要知道,在日本的近世社会中,学业成就与社会地位之间,并不存在任何制度性的保证。也就是说,在18世纪的日本社会中,对知识的追求完全是由自发的热情和冲动所驱动的。这一点,观诸履轩前一时代的伊藤仁斋对《论语》的古义学解读以及与履轩处于同一时代的国学者本居宣长对《古事记》的注释学研究亦可了解。他们孜孜汲汲的学问追求及其辉煌成果,似乎都由于他们内在的对知识探究的热情所使然。不过,这并不表明,我的动机只在于探究他们追求知识的动因。恰恰相反，我试图表达的是，就这些市井的教师和学者而言，他们的社会存在状态终生不变。对于他们的学问成就以及他们对时代知识的重铸的探讨，需要在与他们的社会存在状态的关联中加以展开。需要特别强调指出的是，在学问、知识成就与社会地位之间不存在保证的日本的近世社会，知识在日本的固有样态，就是由他们，一群市井的教师和学者建构完成的。这一点，我认为很有重新加以探讨的必要。

履轩成为怀德堂的哥哥竹山的家属这一境遇的改变，发生在他三十五岁的时候。明和三年（1766），履轩被公家高辻家聘为宾师，到京都赴任。在京都逗留的一年中，他不仅培植了对和学的知识和兴趣，而且也决意自立。从高辻家辞职回到大阪的履轩，离开怀德堂，租了一间狭小的房子开办了私塾，从此开始了自立的生活。是年，履轩三十六岁。他为私塾取名"水哉馆"。之所以取这样一个名字，是因为私塾正对着长堀川。"水哉"一语，出自《孟子·离娄章句下》的"徐子曰：'仲尼亟称于水，曰：水哉，水哉！'何取于水也？'孟子曰：'原泉混混，不舍昼夜。盈科而后进，放乎四海，有本者如是，是之取尔'"。履轩大约是在凝望不舍昼夜地逝去之流水的孔子之眼上叠加上了自己的眼睛。由"水哉馆"这一塾名，我们分明可以窥见履轩面对人世时的姿态。

但是，另一方面，履轩的自立，也将他的身份的不确定性暴露无遗。一旦离开了怀德堂，履轩也就丧失了"学校委托管理者竹山的家属"这一身份保证。儒者或者学者，并非户籍登录的身份。以一介儒者之名，不可以租住房子。他是采取"胁坂家中"暂住者的形式才得以租下房子的。据刚才提到的山中浩之所做的关于履轩的传记的记述，一直到死为止，履轩都以"胁坂家中"这一虚构的身份租房，"一时逗留"[④]

成了一直持续的状态。这一事实清楚地告诉我们,在近世社会中,市井中的一介儒者和学者,在身份上是多么低微和不稳定。自号"履轩幽人"的称呼自身,也透露了他的生存状态。由此看来,履轩作为"暂住者",采取幽栖于社会的形式生活,是迫不得已的事情。但与此同时,"履轩幽人"向我们传递了履轩的一种生活上的方法意识,即他把幽栖于世间这一自己的存在之场,变换为虽生活于世间,却可以采用外部视线予以观照这样一种自由认识和生活之场。

回顾一下即可发现,在近世,尤其是18世纪的大阪,可以说,这样的"暂住者"比比皆是。这些"暂住者"的社会存在状态就体现为无固定身份。不仅是他们,还有离开出生地的、名副其实的"暂住者"齐聚于大阪,从而给那里带来了多姿多彩的思想世界。后来被聘为广岛藩藩儒的赖春水(1746—1816),亦曾是大阪一个重要的"暂住者"。春水与竹山等人之间当时所结成的学术朋友圈,后来成为正学派,是宽政时期学问上的刷新运动(异学之禁)的主力。此外,年轻的春水满怀激情加入的浪华诗社混沌社的主持者片山北海(1723—1790),亦是重要的"暂住者"。混沌社和怀德堂一样,在大阪,是作为"暂住者"的诗人、文人、学者的重要据点。与履轩一起成为同时代的"暂住者"的代表的,还有麻田刚立(1734—1799)。刚立是丰后杵筑藩的儒医绫部纲斋的第四子,为了达成自己追求学问的心愿,他脱藩来到大阪,改姓麻田,寄身于怀德堂。"一时逗留"是刚立为了成就自己的学问愿望所采取的积极人生立场。就是这个刚立,为履轩开启了通向天文、医学之知识和兴趣的大门。处身于大阪的这些"暂住者"中间,履轩对自己看待社会时所采取的认识姿态格外坚持。"不妄交游,以幽人自居"(《续近世丛语》),上述这句对履轩的评价,形象地道出了他在当时社会中的特异存在状态。

作为"暂住者"的履轩,一生当中,屡屡搬家。⑤四十九岁时,履轩搬入租住的米屋町的房子,这个狭小的房子颇合他的心意,他将之拟作自己的精神王国。履轩以"华胥国"称之。华胥国本是古代的黄帝午休时梦见的太平之国。履轩心向往之,便把自己居住的狭小空间比拟为"华胥国",把作为住客的自己视作"华胥国王"。如此一来,他在世间的居所,便成了他对于世间所采取的精神姿态的具象化的空间。履轩就从这里把自己对世界的、对古今人物事象的观察视线投射出去。在这个观察视线的远方,还有一个"天"⑥。来自刚立的天文学知识与他的视线出现了交织。"天乐楼",是这个观察视线的主人给自己的居住空间所取的另外一个名字。

履轩以《雕题》为名,在经书等的"公定"解释文本⑦的空白处,写下对既存的经书解释的批判和自己对于经书的见解。这种绵密细致的批注长年累积下来,都到了实在无法再做添补的程度。后来,除了《雕题》之外,履轩又考虑采用《逢原》的形式,将自己对经书及其解释所积累下来的见解结集出版。《古诗逢原》最早成书于宽政十一年(1799),即履轩六十八岁的时候。接着,《周易逢原》告成。之后便一发而不可收,《论语逢原》《孟子逢原》《中庸逢原》等相继而出,一共十部三十三册。《七经逢原》(易·书·诗·左传·论语·中庸·孟子)成书于履轩八十二岁的时候。在此之前,履轩七十七岁时,他的高水平研究成果、现在依然很受注目的《史记雕题》⑧问世。如此皇皇巨著,是一个"暂住者"、一个市井的学者用毕生精力完成的,实在是令人瞠目。让人瞠目的不仅在于其成果的宏富,还在于其知识生产的状态。那些面对这个作为"暂住者"的市井学者的那种存在状态及与此相关的庞大的知识生产而没有感到瞠目的人，不可能认识18世纪日本之思想的意义，也没有资格谈论这个问题。

履轩于文化十四年（1817）二月十五日去世，享年八十六岁。作为"暂住者"住在租屋里的履轩之死，据说是以"出门"旅行的名义报给官府的。这是为了避开"暂住者"的所谓"客死"之疑。町年寄（日本江户时代最高级的市政官吏名称——译者注）在给奉行所（官署）的呈报文书中如此记述："胁坂中务少辅之御内中井履轩……其本租住于卑职所管理之房舍，今十五日辰刻，出门旅行。"⑨以"暂住者"的立场与视线观照世界以及古今事象的履轩，最终仍以"暂住者"的身份往生极乐了。对于我们理解近世儒者知识人的存在的位相，这委实是个不可多得的象征性事件。

三 "儒者，乃一艺者也"

胡适等高度评价的清代小说《儒林外史》，⑩描写了因国家对士子的学识、文章能力的要求而导演出的一幕幕悲喜剧。很显然，一旦金榜题名，此人的社会境遇和周围的环境便会立刻不同。在作为国家制度的学识、文章能力的人才选拔考试中，中榜还是落第，直接决定了一个人是从此春风得意还是饱受磨难与挫折。有的人因此飞黄腾达，官运亨通；有的人则默默饮泣，失意终生。可以说，这是一个特别适合于小说的小说化的世界。讽刺小说《儒林外史》描写了在科举制度下上演的诸多人物的悲喜剧，同时，它也是国家的或是较为强烈地与地方社会权益相联结的人物们的悲喜剧。吴敬梓（1701—1754）以讽刺笔法描写的这些悲喜剧，向我们形象地展示了把官吏录用考试作为国家制度维持下来的中国社会的体制。

《儒林外史》所描写的世界，尤其是科举制度所导致的人物的命运的悲喜剧，在德川社会的儒者看来，简直就是天方夜谭。当然，他们并没有读过18世纪与自己处于同一时代的中国作家所写的这部小说。我只是想说明，这部小说告诉我们，在中国与日本两地，儒者、学者所面对的社会环境和制度是迥然不同的。日本进入近代以后，出现了作为国家制度的针对文官或司法官等的检验其所学知识的考核，到了此时，或许才会对《儒林外史》的世界发生比较深刻的理解。因为，只有在知识的获得与社会地位上升之间的关联开始从制度上得到保证的近代国家中，才会见到与《儒林外史》的主人公们的命运相类似的悲喜剧。

在德川社会，儒者、学者的社会地位，不存在任何制度性的保障。武士构成领导阶层，他们是全国的行政、司法，更是军事统一的担当者。德川社会中，基于学识、识见的官吏选拔任用制度，一直没有成为一般通行的制度。虽然在武士阶层的内部，也存在个别的、特殊的或者出于改革体制危机的需要，将具有学识、能力（手腕）的人才擢升到行政职位上的情况，甚而也存在上述人才的任用倾向随着时代而增强的情况，但是，并不存在一套保证学识、能力与社会地位相一致的一般性制度，更遑论那种满足意在超越所属阶层、追求向上流动者的愿望的考试录用制度了。《论语》以来不断强化的儒教学问理念，即"古之学者为己，今之学者为人"中之所谓"为己"的学问理念，在德川社会，真正成了那些以学者为业者的别无选择的内部动因。在武士阶层内部的那些具有学问之志者，尤其是专研儒学者，亦因此而被视作特异的存在，这种偏见的确可以说是其来有自的吧。[11]

熊泽蕃山（1619—1691）既是武士，又具有学者的识见，他是一个对地方行政发挥了重要影响的例外的人物。⑫虽然，蕃山对关于圣人之道的学问的重要性有十分的自觉，但对于脱离士农工商这种近世职分境遇的专业儒者、学者，却心存偏见，更确切地说，他所持的是一种否定的态度。

　　大树、诸侯、卿、大夫、士庶人，此五等人方为道者。儒者，乃一艺者也。世人不以弓马之艺者为武篇者。武士之人皆如可为武篇者，此误盖自汉代至于今矣。若以五等之人伦之外别有道者为异端，则儒者佛者皆为异端也。⑬

　　蕃山说，在人伦秩序的世界中，各自遵守当为之规范，谓之"道者（行道者）"。以学问为专业的儒者，恰与专以弓马为事的"武艺者"相对，不过是专以文章、博学为事的"文艺者"。因此，专业的儒者、学者绝非"道者"。从蕃山的这个发言中可以清楚地看出德川武家社会对儒者、学者的认定，即所谓的儒者，不过是具有特殊技艺、知识的业种之一。"儒者，乃一艺者"而已。

　　对专业的学者、儒者投之以否定的视线的武士们，亦即构成近世支配阶层的武士们，他们并不会因此而成为那个时代居于支配地位的知识、文化的主要体现者，也不是核心承担者。这是因为，德川社会中，武士作为支配阶层的再生产，与支配性的知识的生产与形成不存在任何关联。武士作为支配阶层的自我再生产，基本上没有通过自觉的再生产过程来进行。可以说，对这个局面的造成，武士地位的世袭传承制度难辞其咎。藩校在各大名领地的普及和儒家教养向武士阶级内部的渗透，一直到了我们现在所关注的18世纪后半期这个相当晚近的时期，才成为一种全国规模的可见现象。[14] 只有作为支配阶层的武士们才具备的所谓的武士性格的再生产，大概只在作为"大名"们的"家臣"存在的、他们所限定的家臣团的世界之中，才惯性地存在。

总而言之，作为支配阶层的武士的再生产，在德川社会中，与支配性的知识的再生产没有关系。也就是说，在德川社会中，不存在支配阶级垄断知识与学问的情况。当然，幕府掌权者为了自己的统治考虑，禁止公开某些舶来的知识、书籍，谋求对它们的专有权。但是，这并不意味着支配性知识的形成来自于掌权者的操控。可以说，在德川社会中，人们投身于知识学习和学问追求的可能性在各阶层间基本上是开放的。时代的推移将这种开放的可能性推向了更广的范围。但是，在德川社会中，知识学习、学问成就与社会地位之间不存在任何制度上的关联。而就在德川社会围绕知识的形成的充满矛盾的社会环境中，近世日本固有的儒者知识分子队伍开始出现并壮大起来。"儒者，乃一艺者也"，作为一个受到如此认定的不安定的群体，这些儒者、学者们以对学问的一种自恃的气概，在十七八世纪的德川社会中，形成了独自的思想学问世界。

中井履轩的兄长竹山在给推行了宽政改革的老中松平定信（1758—1829）的上书《草茅危言》中，曾提出在民间不能公言"儒者"身份的不当性。本节中，我们探讨了德川社会中儒者、学者的存在问题，现在我们就引用竹山的话作为结束。那些具有远见卓识的精英分子，可以向居于幕府权力中枢的人物反映上至王室公卿，下至町人百姓，北迄虾夷，南到琉球等经世上的诸问题，但在民间，却不能称言自己的"儒者"身份。由竹山就此问题所作的上书，我们可以深度了解德川社会中充满矛盾的儒者知识人的存在位相。

在民间，儒者之名目不立，实为咄咄怪事。草昧之世，执卷者有堪与僧法师一视之时，升平近两百年，文运迨开于今日，是诚不合时宜者也。然，朝廷缙绅中有称儒家者，夫迄及公仪侯国，有儒者之称，表所立皆其名之立。夫博士乃文学之职，不论高下，皆仕进之人之事也。元来，儒者乃学而未仕之人之名目，以民间学者为主也。然因其本称不立，民间户籍不登之故，儒者之分往往托于医名。又以市中无屋号，多有不理解者之故，或托于工商之名而僦居等，实在令人不胜唏嘘。⑮

四 《集注》与《逢原》之间

以"履轩幽人"为号隐于市井的中井履轩，正是一位身居民间、不能公称"儒者"的"私人"儒者。这个市井中的一介儒者，面对经书以及前人所做的权威解释，不屈不挠，对经书展开了独自的解读作业。那么，这一作业，究竟为他开启了一个怎样的思想世界呢？

其实，明代钦定编纂的《四书大全》《五经大全》《性理大全》等，都是以科举这一国家考试制度为背景的正经八百的"公的"经书解释体系。⑯我在前文当中使用过的"公的""公定"之类的表述，就是这个意思。明代的朱子学，集中地体现了对这个"公的"、作为经书解释的体系化的宋学的重组。明代的朱子学的展开，就其表现来看，要么是围绕这个体系的细部的烦琐的议论，要么是对该体系的修补式的再建。在对这个"公的"经书解释体系进行重组之际，构成了其原型、存在于其核心的自然是朱子的《四书集注》。不能把《四书集注》仅仅看作经书解释史上的一个成果，它是由宋学的集大成者朱子对儒学的重铸，是经书解释的体系化。中国之"公的"经书解释体系，正是以《四书集注》

为准绳，通过全面的重组，最终得以完型的。与此同时，这也意味着对科举制度从内涵上做出规定的"公的"教育体系的建立。

如今，近世日本的市井的一介儒者中井履轩，欲以《四书集注》为前提，通过逐条的批判性的解读，建构起对经书的独有的解释空间。但是，以《四书集注》为前提进行学习和教育，是通行于明代以后的中国、朝鲜也包括日本的"公式"的学习、教育体系。当然，与存在科举那样的国家考试制度的中国、朝鲜相比，在日本，其"官式"意味非常淡漠。充其量可以说，在德川日本也存在着以中国的"公的"经书解释体系为前提的、"公式"的经书学习体系。总之，履轩欲附着在以《四书集注》为前提的"公式"的经书学习体系的框架之上，通过对朱子的经书解释的几乎是逐条的批判，在经书解释中加入自己的观点。需要引起我们注意的是履轩对经书解释所采取的认识姿态。

翻开履轩的《论语逢原》，一读之下，顷刻就会发现，履轩对经书采取了一种特异的姿态。《论语逢原》的卷首部分，即从朱子的"集注序说"入手展开对叙述的探讨。其主体论述部分，亦以"据朱子集注"这五个字开头，意图通过对朱子的《论语集注》的几乎是逐条的批判性审视的方式，解读《论语》的真意。因此，准确地说，履轩所瞄准的与其说是《论语》本文，毋宁说是《论语集注》。因此，他对经书所做的探究，迥然有别于先于他的伊藤仁斋和荻生徂徕对朱子经书解释体系所做的批判。仁斋在论及自己对于经书所采取的方法立场与朱子的经书解释的关联时，如此说道："苟集注、章句既通之后，悉弃去，特就论孟之正文，若熟读佩服，优游自得，则于孔孟之本旨，犹大寐之顿寤，自心目之间了然矣。"⑰ 从仁斋古义学对经书所采取的立场来看，履轩的立场不脱旧套，似乎是一种对经书的迂阔的探索。的确，履轩对于经书所采取的立场,仍无外乎"公式"的经书学习体系。履轩的《论语逢原》看上去就像是对朱子的《论语集注》的注解的亦步亦趋。但是,这种亦步亦趋,是对《论语集注》几乎是逐条的批判性的亦步亦趋。经书之于履轩,则在于对《集注》的批判性审视的远方。

朱子的《集注》,对《论语·学而》篇开头的一句"学而时习之"中的"学"和"习",做了如下的解释:

学之为言效也。人性皆善,而觉有先后,后觉者必效先觉之所为,乃可以明善而复其初也。习,鸟数飞也。学之不已,如鸟数飞也。

履轩的《逢原》紧扣这段话,但却是另有所指:

性善复初,及先觉后觉,此章所必不言也。
学与习,同类而异事也。学是从人受指导,或考之于书传,择吉人之言行,而师法之也。未行不著,习而驺驺乎入于行。以学之不已不为习。[⑱]

履轩这里所做的,是否只是追踪朱子关于"学"与"习"的注解,然后以自己的理解作为对置呢?或者是说,履轩只是在词句层面的解释上做了批判性的审视呢?从一开头履轩所讲的"性善复初,及先觉后觉,此章所必不言也"这句话来看,他的批判性审视,实际上已经抵达了朱子以"学"的概念领会《论语》这一朱子经书解释行为的核心问题。如果说朱子的"学"的理念在于"效先觉之所为,乃可以明善而复其初",那么,他在孔子的"学"之言中所领会的便是这一理念。但是,是不是可以说将这个"学"的理念运用于经书,朱子的经书解释在学问上的统一就能确保其解释在学问上的体系性呢？进而言之，"公的"经书解释的体系性是否就可以由此导出呢？果如此，则《论语逢原》之"学而篇"第一章开头的"性善复初，及先觉后觉，此章所必不言也"这句履轩的话，就超越了朱子的"学"字注释的是非，其批判的射程直抵"公的"经书解释赖以成立的核心问题。

《逢原》是履轩这个德川社会的"私人"儒者知识人依托"公式"的经书学习体系，通过对《集注》的解释言说的逐条批判，亦即通过对经书的解释行为的元维度的批判作业，在"公的"解释体系之外发现经书的作业。

五　如何解读《论语》

子曰：参乎，吾道一以贯之。曾子曰：唯。子出。门人问曰：何谓也？曾子曰：夫子之道，忠恕而已矣。

这是《论语·里仁篇》中孔子与曾子师徒间围绕"道之一贯性"的一段著名问答。后世对这段师徒间的发言展开的解释行为，受到了围绕"道之一贯性"的问答的触发，欲以解释性的言辞填补这一小段发言中的间隙。"夫子之道之贯一者，何也？""曾子把一解释为忠恕，其真意为何？"针对这些问题，解释者在做出自己的解答的同时，也都试图用自己的言语填补上述发言中的间隙。《论语集注》中，朱子针对这些问题，做出了下述构成后世经书解释之正统的解答。首先，《论语》中的这个师徒间的应答场景，于朱子而言，乃告示、传授圣人之"道之真意"的场景。"参乎"，孔子的这一呼唤，是要"呼曾子之名而告之"，意在提醒自己最好的弟子要开始教导了。顺便说一下，将《论语》中的场景理解为"道之真意"的传授场景，亦是要将作为解释者的自己规定为"道之真意"的解释的继承者。那么，朱子是如何描述这个"道之真意"的传授的呢？

圣人之心，浑然一理而泛应曲当，用各不同。曾子于其用处，盖已随事精察而力行之，但未知其体之一尔。夫子知其真积，力久将有所得，是以呼而告之。

"道之深奥"，孔子亲授深具悟性的道之力行者。他刚说出"其体之一"的"道之深奥"，弟子便已在心中悟得其"真意"，仅以"唯"一个字作答。"曾子果能默契其指，即应之速而无疑也。"朱子以曾子的"唯"之一字做出了这样的理解。照此看来，"道之深奥"得到了传授和领悟。但是，了悟了"道之深奥"的曾子，在向别人传达时，不知何故，却道"夫子之道，忠恕而已矣"。由此，表示领悟"道之深奥"的"唯"这个字，与"忠恕而已矣"这个向人传达的平易的解释性发言之间便出现了一个裂隙，朱子的解释行为又必须对此做出回应：

夫子之一理浑然而泛应曲当，譬则天地之至诚无息，而万物各得其所也。自此之外，固无余法，而亦无待于推矣。曾子有见于此而难言之，故借学者尽己、推己之目以着明之，欲人之易晓也。盖至诚无息者，道之体也，万殊之所以一本也；万物各得其所者，道之用也，一本之所以万殊也。以此观之，一以贯之之实可见矣。

曾子不过是以日常之中道的实行通俗地向人传达夫子的"道之真意",若只是停留于对曾子之言之心理的理解层面,便无法消除这个裂隙。在曾子的"忠恕而已"这句话中,须是贯彻着不折不扣的对"道之真意"的了悟。朱子指出:"真实无妄而无息之天道,贯穿于万事万物。同理,圣人之浑然一理的道,亦贯彻对应于所有场合和事象……"朱子以自己形而上学的言辞,建构完成了曾子之言的统一逻辑。至此,以"理一分殊"之形而上学原理统一解释这一任务终于完成。

那么,履轩对《论语》的这个场景又是如何解释的呢?朱子将"唯"这个字解释为:师告知"道之真意",曾子立刻心领神会。履轩则认为,这个字不过是表示"是,我明白了"这种程度的"应诺之声",此外并无深意。履轩指出,如果没有下文的问答,即接下来的"门人问曰:何谓也?曾子曰:夫子之道,忠恕而已矣"这段话,这个场景的发言的记录者便很可能不会记下这个"唯"字。"若无下文之问答,是'唯'必不录也。'唯'本不足记者,不得珍重褒扬。"此为原话。

朱子从"唯"这个字中读出了深厚的意味,而在履轩投向《论语》文本中的言语使用方式及其记述法的视线之下,此字则成了不必要记录的无关紧要的东西。同时,履轩的这一看法,还点破了填补那个发言裂隙的朱子的过剩解释言辞之空疏的真相。他说:"浑然一理,用处体一等皆为空论,不可从之。"朱子从"唯"这个字中读出了"道之真意"的传授与深刻领悟,履轩则将之视作不必要记录的随口应答之语。这等于是说,《论语》的这个场景乃深刻的"道之真意"的传授与领悟的场景之说并不成立。

在孔子的周遭,一直都有坚定的围绕仁道的实践追求,曾子就是其中最出色的仁道的力行者。但是,曾子也对在日常行为的仁的实践工夫之外存在着某种"道之蕴奥"云云心生疑念,并曾宣之于口。孔子听到之后就把他叫过来,告诉他,"日常为仁之工夫,吾道始终一贯"。因此,"宜力行忠恕,休再怀疑"。曾子将自己获得的确信迅即传达给了大家。

忠恕者,仁之绪也,为仁之工夫,故亦可形容人道。曾子,盖用力于仁,而忠恕即其日夕服行,乃于忠恕之为仁之方,受教无遗。而于道之蕴奥,疑别有一段高妙之物事。向语于诸子与夫子之侧,言及于此。夫子闻之,故告之,吾道一条贯穿,复无别法。盖德有生熟,理无二致,则言是也。曾子,忠恕益力,专于为仁之事,而无复反顾疑猜,别求高妙他歧。"唯"者,是听受之定耳,无奇特。及旁人问之,依然据忠恕对置,自是正对,非假借也。

孔子之学团,日日努力于仁道的实践,不知疲倦。"忠恕而已",乃是曾子再次确认的孔子之学团一直贯彻的教诲。履轩不把《论语》中孔子与曾子的问答之场理解为"道之真意"的传授和领悟之场,他所看到的是接受孔子的教诲的人们的姿态。

但是,将《论语》的这个场景解释为"道之真意"的传授之场,正如前面的分析所示,乃是为了抹平该发言的微小间隙,以自己的思辨言辞,解释和敷演"道之真意"。这一解释行为的目的在于,经书解释者欲通过其解释行为,显示唯有自己才是经书文本中潜隐着的"道之真意"的继承者。他们力图在所截取的《论语》的短短场景中,或是片段发言的背后,读出深厚的"道之真意",通过这种读取,主张自己才是"道的真意"的正统继承者。不过,正如朱子所做的关于"道之真意"

的传授与领悟之场的解释言辞所示,这个解释言辞是朱子重构"道之真意"的言辞。朱子以"至诚无息""万物得所""一本万殊""道之体、道之用"等构成朱子思辨体系的概念,重构了"道之真意"。这一对经书的解读行为是对"道之真意"的重构,被当作是对"道之真意"的正统继承行为。经书之学就是这样通过对经书中潜隐着的"道之真意"的解释行为,不断地再生产正统儒学的。基于《四书集注》的"公式"经书学习体系,是模仿朱子从经书中解读"道之真意"的作业,不断重复,从而再生产独自的作为正统的儒学的学习体系。

履轩依托于这个"公式"的经书学习体系,却又将朱子所做的"道之真意"之解读言说贬为"空论"。前面所举"至诚无息"等朱子所用的言辞,皆被履轩视为"不可从"之空疏的言辞。[19] 履轩将朱子对"道之真意"的解读斥为"空论"时,他投向经书的视线与正统的儒学的再生产并无交集。于他而言,知之成立在于通过解释经书所进行的儒学再生产的过程之外。

六 "知"与儒学的再生产

"四书"之体系化与《四书集注》之经书解释的体系化,是朱子对正统儒学的重构。而正统儒学的重构,同时也是对圣(道统)的重新发现和重构。或者也可以这样说,经书中一贯的"道之真意"的正确解读和"真意"贯穿的经书的统一性的发现——即朱子的《四书集注》这一经书解释行为,既借由"四书"完成了经书的体系化建构,又从中再次发现了所当继承的神经的道统。

请容许我再复述一遍。"四书"的经书体系化本身,意味着程子、朱子对"道统"的重新发现和重构。因此,他们根据对"道统"的重新发现和重构的主旨,将《大学》《中庸》定位成了"四书",然后,又根据这个主旨,对内容也做了重构。《大学章句》《中庸章句》是朱子根据"道统"的重新发现和重构这个主旨对经书文本的分节化,而经书文本的解释又自动为分节化的文本的正统性提供了依据。正因如此,在朱子的《中庸章句》的《章句序》中,叙述了子思通过《中庸》所传承的"道学之传",显示了朱子自己重构"道统"之迹。《章句序》这样叙述《中庸》传承的"道统":

中庸何为而作也?子思子忧道学之失其传而作也。盖自上古圣神继天立极,而道统之传有自来矣。其见于经,则"允执厥中"者,尧之所以授舜也;"人心唯危,道心唯微,唯精唯一,允执厥中"者,舜之所以授禹也……

自天地之始一直存在的"中"之"真意",由圣王而圣王,作为"道统"代代传授。"允执厥中"这句《论语》中记载的尧的话,是圣王所传"道之真意"的言语显示。根据朱子的叙述,子思担忧这个神圣的"道统之传"失落,因此,便"推本尧舜以来相传之意,质以平日所闻父师之言,更互演绎,作为此书"。

这个《章句序》如实地向我们展示了究竟是怎样的言语讲述了"道统",重构了"道统"。所谓的"道统之传",按照朱子的说法,乃是自天地之始即已存在的"道之真意"的言语显示,是由圣人到圣人对显示"真意"的言语的继承。"道"之形而上学言语,则指肇因于自天地之始即已存在的"道之真意"的、叙述"道"的言语。在此,朱子的形而上学言语表述了自天地之始即已存在的"中"的理念，解明了《中庸》乃贯彻"中"之理念的经书。然后，借此明确《中庸》中的"道统之传"，主张《中庸》作为经书的正统性。故此，朱子的《中庸·章句序》端的是重构"道统"的言说。

履轩在《中庸逢原》中，循例将朱子的《中庸·章句序》置诸眼前，再拿自己的视线观照《中庸》。面对着《章句序》，履轩迅即从述说"道统之传"的朱子的言说中，读出了"后世人的言语"。即，"陶虞三代，何曾有道统之说也？道统者，盖胚胎于韩子，而成于程朱子，究竟后世人之言语也。徒自窄小耳"。[20] 履轩从讲述"道统"的言语中，看穿了"后世人"加以重构的言语，因此，他绝对不会从《论语》的尧之言"允执厥中"里面，读出深奥的"中"之理念。

"咨！尔舜！天之历数在尔躬，允执其中。四海困穷，天禄永终"，盖《尚书》之文而逸也。今载于《论语》。按是数句，当在尧典。……"允执"者，随事应物，不失之也。专在政治上言。四海安宁，所以不使困穷耳。曾无心法。"执中"者，大抵与"钦哉"意同，唯是诚勉之耳。无深意。不足称授受。

以《中庸》命篇，原无深义。"序"主张是两字，以为一篇之要义，既失子思之旨，又援尧舜"执中"之言傅会，以济道统之说。吾唯睹其灭裂而不合耳。[21]

朱子通过《中庸》重构"道统"的言说，是要从《中庸》这本书及其文本中读取子思传承的"中"之"深意"的解释性言说。而当履轩说出《中庸》这一书名不值得深度解读的"无深意"这句话时，就表明，在他眼里,《中庸》并非所谓的可以释出"中"的"深意"并由此重构"道统"的书。而且,他认为,从《中庸》中读出"中"之理念的贯彻本身,便已是恣意的强说。"朱子,盖强求脉络贯通而不得,乃牵合造是芜说耳。"履轩的这句话说明,他已经发现朱子试图把"中"的理念作为终极的解释行为破绽百出,多有牵强之处。

如果《中庸》不是传承"中"的理念、坚决维护圣(道统)的经书,那么,在履轩看来,它是怎样的一本书呢?履轩认为,《中庸》是以多样形式展开的道之论说的集成,里面既有通俗的议论,也有深奥的论说。履轩说:"《中庸》一篇,盖论道之全备。故,浅深高卑,莫不有者。譬之画山,有巅有趾,亦有腹。及草木泉石虫豸,亦皆有。非以中庸两字为主意也。"当《中庸》被如此发现时,朱子所做的《中庸》文本的分节化(《中庸章句》)便有重新审视的必要了。正是在这样的情况下,履轩对《中庸》文本的新的分节化,即《天乐楼章句·中庸》应声而出了。㉒

"私人"儒者履轩,依托于"公的"经书学习体系,不断推进对经书的知性探究。他通过对支撑这个体系的朱子的《中庸章句》的批判性解构,推出了《天乐楼章句·中庸》这一新的经书文本。仅仅将其视作经书文本分析的一个成果肯定是大谬不然。因为,它告诉我们,围绕经书的学习者的知性行为,已经完全脱离了模仿朱子、重复朱子的经书解释的"道统之学"的再生产过程。而且,对经书的探究,不会形成作为经书解释言说的"儒学"言说。或者相反,经书不再被看成作为首尾一贯的解释体系的、形成"儒学"言说的东西。在此,"学"已经脱离了依托于经书解释的"儒学"言说的再生产过程。就这样,中井履轩作为近世日本市井的一个"私人"儒者,将自己的知识生产之场定位在了

"儒学"思维的再生产过程之外。

七 "华胥国王"履轩

命犹令也,性即理也,天以阴阳五行化生万物,气以成形,而理亦赋焉,犹命令也。于是人物之生,因各得其所赋之理,以为健顺五常之德,所谓性也。

这是朱子在《中庸章句》中,给《中庸》开头的那句"天命,谓之性"所加的解释言辞。这一以天为终极、体大思周的体系化的宇宙论言说,解明了地上的人和物的发生及其存在的根本依据,进而又明确了人先天所具有的道德性。以《四书集注》为前提的"公的"学习体系,是把从根本上规定了经书解释的这个天人关系的宇宙论的框架,作为自己的思维框架,并通过模仿将之化为己有,然后再以这个框架去衡量人伦与世界的事象,习得赖以叙述的言语。这便是以《四书集注》为前提、以经书解释为手段的"儒学"思维的再生产。而站在这一"儒学"思维的再生产过程之外看待经书的履轩,绝对不可能按照"天命,谓之性。率性,谓之道"的逻辑,推导出天人关系的宇宙论言说。"是章,专语人道也。(朱子之)注,阴阳五行,万物形气,气禀之异,人物之生,皆失之。"在此,履轩指出了以构成朱子的宇宙论的相关概念展开的解释言说之非。对履轩来说,天人关系的宇宙论已经不再是规定他的思维与言语的那样一种存在。跳脱到"儒学"思维再生产过程之外,就是要脱离这个天人关系的宇宙论的思维框架,获得在其外部观照天、地和人的视角。

履轩自称"华胥国王",还把自己居住的一室命名为"天乐楼"。就在此室之中,履轩完成了他的《天乐楼章句·中庸》,同时,他还把自己的观察视野从此一室之中伸展到了辽远的天穹。天,不在于思辨之中,而赫然在于观察者的视野之中。在作为"怀德堂遗物"保存的物品当中,有履轩手制的"天图·方图"。[23]"天图"是以太阳为中心的太阳系的宇宙图。它以太阳为中心,旁边是地球和月亮,环绕着的是火胞、木胞、土胞以及区分了二十八宿的星天,它们都由圆形的平面板做成,各个星体都以太阳为中心不停转动。"方图"则是以地球为中心的星天观察图。它以地球为中心,月胞、日胞、星胞呈圆周状分布,在其外侧将它们包裹起来的是苍茫的天穹。星胞都绘有星座。而在苍茫的天穹的外部,是履轩的题字:"华胥国王曰,自是而外,我未往者,故不知。"它清楚地向我们表明了真正具有面向外部的观察视野的"华胥国王"的所在。履轩隐栖于市井,将自己的陋居取名"华胥国",称之为"天乐楼"。他将独自乐天、独自梦见王国的幽栖生活方式,转化为观察与认识天地古今之事象的坚实的立脚点。或者,更准确地说,这个"华胥国""天乐楼",乃是他虽居于世界之内,却以外部视角观察世界的一个虚构之场。作为一个"私人",履轩通过将自己的隐栖之场虚拟为"华胥国"或是"天乐楼",确保了外部视角,从而完成了对既成知识构图的转换。履轩所开创的这一转换,后来又被他的弟子山片蟠桃(1748—1821)所继承,其《梦之代》描绘出了一个以天学为起点的新的知识全景。[24]在此,我想以蟠桃亦曾在其《梦之代》中引用过的"华胥国历"的探讨,结束本章关于18世纪日本的市井儒者履轩的存在和思考位相的论述。

履轩在其所著的《有间星》的第一章,作为"华胥国之历",提出了采用太阳历，以立春为岁首，分大小之月，一年为三百六十五日的"华胥国历书"[25]。从"华胥国"这个世界之内的虚拟的认识空间出发，履轩用"私人"的王国"华胥国"之历书取代了"官制"之历书。作为幽栖于市井的一介儒者，履轩将自己的存在形态转变为独自的知性表达。"华胥国历书"清晰地展现出了"华胥国王"履轩试图建构的认识批判与知识转换的远大射程。

贺茂真渊

对本居宣长来说，贺茂真渊是个矗立在远方的存在。宣长这样讲述他第一次接触到真渊的著作《冠辞考》时的印象："感觉遥远而奇怪，再无笃信之心。"（《玉胜间》）宣长虽没齿不忘真渊的师恩，但他清楚自己与老师之间存在分歧，也不打算消弭这一分歧。围绕着《万叶集》，他们师徒持论迥异。真渊主张"奉万叶集为圭臬"（《万叶集大考》），对他来说，《万叶集》是值得倾注自己全部感情的对象。他的立场，与主张"二典之后，宜学好《万叶集》"（《初山踏》）的宣长那种把《万叶集》作为古学对象的立场，存在着巨大的鸿沟。宝历十三年（1763），真渊六十七岁时，奉田安宗武之命巡察大和山城故地，归途中，参拜了伊势神宫之后，住在松坂的新上屋，遂有了那次有名的与宣长的会面。当年十二月，宣长递上拜师信，入了真渊之门。翌年，亦即明和元年，真渊搬入江户滨町的新居，名之曰"县居"。在九月十三日之夜，真渊在新居中设宴款待一众弟子。他乘兴赋歌数首，这些歌后来成为广为传诵的"名吟"：

秋月中天挂，雁鸣过夜空。
（秋の夜のほがらほがらと天の原てる月かげに雁鳴き渡る）

早稻新醅酒，欢饮月西倾。
（にほどりのかつしかわせのにひしぼり酌みつつ居れば月かたぶきぬ）

真渊在元禄十年（1697）生于远江滨松庄，其父冈部政信为神职人员。他师从晚年的荷田春满学习国学。春满死后，真渊四十一岁时来到江户。田安宗武与和田在满之间围绕和歌的意义发生了论争（《国歌八论》论争），真渊也有介入。真渊五十岁时，以和学仕于宗武。可能也是受了宗武的影响，真渊的万叶主义的立场愈加鲜明了。之后，他开始着手注释《万叶集》。在他去世的前一年，他的《万叶集考》卷一至卷六撰写完成。明和六年（1769），真渊去世，结束了他七十三岁的生涯。

第八章 万叶世界之表象
——文化同一性形成的言说

> 从皇帝皇后,到农夫渔人;自公卿将军,至士卒下人;甚至直至娼妓乞丐。其作者包括各个阶级,他们各依其本然性情,放声吟咏,直抒胸臆……
> ——岛木赤彦《歌道小见》

> 必须要明了的是,这些冲口而出的和歌,乃是国民的自然之音。
> ——斋藤茂吉《万叶秀歌》

一 万叶之秀歌

斋藤茂吉(1882—1953)的《万叶秀歌》(岩波新书),自发行以来,迄今已是第八十七次印刷。[①]柴生田稔在该书于昭和四十三年(1968)改版时所写的"改版序"中指出,这部分为上、下两卷的书,"自昭和十三年十一月二十日第一次发行以来,迄今为止,上卷印刷四十三次,印数五十一万册;下卷印刷四十次,印数超过四十万册"。战后,昭和二十八年(1953)该书改版,到了昭和四十三年又再改版,现在印行的就是这个版本。现在,上下两卷分别发行都已经超过百万册。在近代日本,《万叶集》作为国民歌集的地位,与茂吉的这部《万叶秀歌》一道得以确立。可以毫不夸张地说,近代日本人的"万叶式"的审美意识和伦理心情都是由此书培植起来的。现在,我们就从《万叶秀歌》中,挑选茂吉超越诗歌评释、激情四射的若干话语来感受一下吧。

待月熟田津,乘船将出海。潮涨正其时,不划更何待?
(熟田津に船乗りせむと月待てば潮もかなひぬ今は榜ぎ出でな)
(卷一・八 额田王)

这首被茂吉评价为"古今罕有之秀歌"的和歌,据称是"齐明天皇(齐明天皇七年正月)欲征伐新罗,行幸九州途中,曾经在伊予的熟田津短暂停留"时,随驾的额田王所作的和歌。茂吉在评释中说,"结句八音,多出一字。'今'字表示出了很强烈的语感。结尾那一句,语气很大似在命令,虽说作者是个女性,但这个表达所表现的则是集体的和谐氛围,洋溢着的是君臣齐心的整体的精神"。② 再看另一首:

日暮小仓山,呦呦鹿鸣唤。今夜独不闻,是否已入眠?
(夕されば小倉の山に鳴く鹿は今夜は鳴かず寝宿にけらしも)
(卷八・一五一一 舒明天皇)

茂吉在关于这首和歌的评释中,激赏其为"《万叶集》中最高峰之一"。他说:"御制之和歌,调高而润泽,意丰而不弛,天皇慈爱之心流露,同化包摄万物。'是否已入眠'所表现的正是天皇慈爱的御心,是素朴的、直接的、人性的、肉体的。后世之和歌欠缺这种表达的根本原因在于，歌人之精神中已不具备这一特征。"③

这些和歌作为《万叶》的秀歌在我们的心中打上了烙印，都是受了茂吉评释中激情洋溢的言语的潜移默化的影响。茂吉从"不划更何待"这一结句中感受到的那种"整体性的精神"，慢慢地成了大家对这首和歌的共同感受。同样地，茂吉从"是否已入眠"这一结句中感受到的那种"素朴的、直接的、人性的、肉体的"表达，慢慢地也成了人们的共同表达。随着《万叶秀歌》在人们心中的浸润的不断加深，这些和歌甚至都到了人们耳熟能详的程度。与此同时，"万叶式"的感性也逐渐在人们的心中扎下了根。这种深深植根于国民精神的《万叶秀歌》，兹再举一首，以飨大家。

海阔无涯际，天中云似旗。落日洒余晖，今宵月无匹。
（渡津海の豊旗雲に入日さし今夜の月夜清明けくこそ）

（卷一・一五　天智天皇）

这首和歌，作为中大兄皇子的"三山之歌"的反歌之一，与"香具山同耳梨山相会之际，赶来观看的印南国原"收录在一起。旧注中曾有云："上述这首和歌，如今思之，不似反歌。"但是，茂吉认为，如果将其看作"同一作者在印南野海滨所作之叙景的和歌"，便可以解释得通。因此，他对这首和歌极为推崇。此首和歌的结句，原文为"清明已曾"，旧训"スミアカクコソ"，真渊训作"アキラケクコソ"，茂吉弃旧训而采用真渊之训。他说："如此一来，便可作'アキラケクコソアラメ'这样一种推量来解。"④茂吉又说，"丰旗云"这个词，与"丰云

野神""丰苇原""丰秋津州""丰御酒"等一样,特色在于这个"丰"字,谓之"乃显示古代日语优秀的一个例证"。茂吉在做出上述解释之后,称赞这首和歌大气磅礴,唯有"庄严"一词可堪形容。

按照上述解释品味此首和歌,我们发现,堪称壮丽的大自然,与参入其中的作者的气魄相融合,对读者构成了强烈的冲击。但是,如此庄大雄严的歌词,在后世那里却踪迹全无。即便是在那些崇拜《万叶》、吟咏万叶调和歌的作者当中,也再无人能够企及这首歌的境界。对其原因,我们很有省思一番的必要。后代的歌人们,缺乏全身心地参入自然、投入写生的那样一股精神。因此,在后代的和歌当中,也就全然看不到《万叶集》的那种质朴和纯粹。

茂吉宣称,这首和歌"歌词庄大雄严",后世之人不能望其项背。与上述茂吉的评语一起,人们口诵着"わたつみの豊旗雲に入日さしこよひの月夜あきらけくこそ"这首和歌,深切地感受到了"古代日语的优秀"以及我国古代帝王所具有的庄严雄大的气魄。就这样,《万叶秀歌》与入选其中的秀歌一起,逐渐陶铸出了国民的"万叶式"的感性。

二 和歌革新的言论

茂吉对"わたつみの豊旗雲"这首和歌极力称赞,与他对后世歌人的精神颓废的哀叹互为表里。茂吉认为,《万叶》歌调雄劲刚健,后世歌人难以望其项背。他的观点,在下述这段慨叹后世歌人精神衰退的话里得到了进一步的阐发,"后代的歌人们,缺乏全身心地参入自然、投入写生的那样一股精神。因此,在后代的和歌当中,也就全然看不到《万叶集》的那种质朴和纯粹"。茂吉关于《万叶》古歌的言说,没有仅仅停留于对于《万叶》古歌的训诂注释的言说上。很显然，他所承继的是贺茂真渊的遗绪。贺茂真渊对《万叶》古歌的称赞与对后世和歌的衰微的慨叹和批判构成了鲜明对比。在此，茂吉复活了始于贺茂真渊的和歌革新的言说。因此，通过茂吉慨叹后世和歌衰微的言论，我们可以清楚了解"阿罗罗木"派的歌人茂吉关于和歌的全新理念以及和歌革新的理念。

在茂吉们那里，《万叶》和歌的优秀性，与他们的"全身心地参入自然、投入写生"这一和歌革新的理念一起得到发现，使之获得了重新评价《万叶集》的言说空间。他们称颂《万叶》古歌的言论，同时也是他们阐述和歌之理想的言论。近代的《万叶》再评价与和歌革新的立场相契合的言说，始于正冈子规（1867—1902）的"写生"说。下面我们来看看子规以橘曙览（1812—1868）为依凭，讲述《万叶》的本领"的一段话：

"诚"之一字，曙览之本领，亦《万叶》之本领也。《万叶》之本领，亦和歌之本领也。吾之所谓"如实表现"，不外乎"诚"。后世歌人，虽以咏诚、如实表现相标榜，然观其所作，却不能脱于虚饰。此乃由于对诚、自然等之意义的误解所致也。⑤

正冈子规运用"如实表现"这一和歌革新的理念，重新评价了《万叶集》。他的这一言说模式，为伊藤左千夫⑥（1864—1913）、岛木赤彦（1876—1926）所继承，到了茂吉，更得到了浓墨重彩的宣扬，最终形成了阿罗罗木派的和歌革新的言说。但是，这个言说，虽然裹上了诸如"写生""自我的真实"⑦"观入自然"等新的和歌革新的近代口号的包装,但阿罗罗木派通过重新评价《万叶》古歌,倡导和歌革新的言说,从根柢上说,不啻是近世国学者真渊的万叶主义的言说在近代日本的重生。

茂吉深切体认到,真渊的《万叶》,是他的思想,亦是他的人生。茂吉确认到,在歌人真渊的万叶方式的作歌体验中,《万叶》古歌的评价与和歌革新的主张是一体两面的东西。因此,对于香川景树(1768—1843)等所谓的"《万叶》的可贵之处在于其精神而非外形"之类非难真渊的言说以及仅仅把《万叶》看作训诂对象的言论,他严词驳斥。从茂吉激烈的言辞中,我们不难分辨出他在国学者真渊的万叶主义的言说的再生中的位相。

> 彼等之所谓"精神"者,不过是那个空虚的、类似于佛坛上的缥缈的魂魄一样的东西。他们不能如真渊一般了解内涵与外形不二不离之道理,又如何能够辨认"精神"?游荡于训诂者与全身心投入《万叶》并欲亲身体验之者的差别即在于此。……不作万叶式的和歌而能知《万叶》之味,谎言而已。⑧

三　县居大人之教诲语录

在本居宣长的《玉胜间》中,有一篇题为《县居大人之教诲语录》的文章,是宣长记述自己接受老师真渊教导的文章。近代以来的真渊研究者将之视作"可以一窥真渊学问之目的及其研究的态度和方法"⑨的最佳文献,并以之为依据评说真渊的学问。不过,这篇在《玉胜间》中位于宣长自传性地回顾自己学问经历的、以《吾之学问之路》为题的文章之后。宣长的这个自传性的回顾,止于他与真渊相见的那个著名的"松坂之夜"时期［宝历十三年（1763），宣长三十四岁时］。故此,紧接其后的这篇记述真渊教诲的文章,便给人以宣长回想性地记述"松坂之夜"真渊的当面教诲之印象。的确,从叙述口吻来看,似是对直接受教的记录。也正因为如此,"松坂之夜"被神化为伟大的师徒二人间面授国学的目的与方法的宝贵场景,不但是国学史叙述的重要节点,还构成了国语教科书的一章,成为国民教育的重要题材。⑩

但是,《玉胜间》里的这篇文章写成于宽政五年（1793,宣长时年六十四岁）至六年期间,在这个时期,《古事记传·中卷》最后的"卷三十四"已经完稿。也就是说,《玉胜间》中的这篇文章,是宣长在《古事记》注释作业顺利进展接近完工时,对作业"当初"的回顾。所谓的"当初",是指作业趋于完成时,有意识地以回顾的视线重新审视、予以明确的作业始点。所以,这个"当初",具有讲述宣告自己的功业开始的故事的意味。的确,宣长的《古事记》的注释作业,始于与其师真渊相会这一重要契机。这个"当初",与回顾的视线一起,作为"县居大人之教诲语录",由宣长讲述了出来。但这无非是年过六旬、已经接近于完成自己的古学之学问建构的宣长的一种回顾,并在回顾的视野中重整顺序、赋予其理路的故事叙述而已。

宣长年过三旬之时,亲炙县居大人之教诲,有志于完成《古事记》之注释作业。大人闻之,告之曰:吾昔年亦曾有解读神之御典之志。须知,欲掌握古之真意,必先涤除汉意。然,欲得古之心,须先习得古言。习得古言,即为究明《万叶》。但,吾今年事已高,时日无多,研读《万叶》,究明神意,恐已力所不及。汝正值盛年,前程远大,自今而后，不懈努力，奋发精进，必可得遂所愿。[11]

在上述这段话中，宣长自述，自己的学问课题出于对先师遗志的继承。宣长并不讳言这一点。那么，他受托于先师真渊的遗志究竟是什么呢？这便是其师"解读神之御典"的未竟之志。继承业师之志、即将完成《古事记》的注释作业的宣长，在老师托付给自己的课题大功告成之际，回顾并展示了过程中间迈过的若干重要的阶梯。老师训诫，取得"古之心"或曰"古意"方为学问之目的。宣长提到，老师强调，要达此目的，须先排除"汉意"。在此，宣长坦承，把排除"汉意"作为方法论前提的学问——亦即"国学"，乃老师的创见。只有排除了"汉意"，方始可以达致对"古言"的正确理解。而且，也只有经由对"古言"的正确理解，"古之心"或曰"古意"始可显豁。宣长明示，经由"古言"抵达"古意"的这一"古学"的"国学"方法论路径，实为其师的教诲。其师真渊又言，欲了解"古言"，最为重要的是研究《万叶》。正因如此，其师真渊皓首穷经，经年累月，专注于《万叶》的研究。其师真渊还说，自己时日无多，解读"神之御典"显然已无可能。最后，宣长归结说，继承先师的遗志，"神之御典"的注释作业便历史性地落在了自己的肩上。

宣长通过对自己继承业师遗志的讲述，巧妙地将师父真渊的教诲打造为对《古事记》注释的一种方法论的阶梯的提示。在此，《万叶》的研究之途，乃经由排除"汉意"，从而正确理解"古言"，最终达到阐明"古意"的目的。在这种方法论的阶梯中，《万叶》的研究对于"古言"的解明固然重要，但终究不过是作为《古事记》注释的一种方法论前提的作业。正因如此，紧接着上面那段话，宣长关于老师教诲的

言说,顺理成章地,便以真渊的"由低到高"这样确乎是对阶梯的强调作结:

唯,观诸世间之学习者,若尚未能走,就要去跑,便难免受挫。好高骛远,其错必多。宜谨记此点。必要从低处做起,固本强基,方可稳行高处。吾今尚未入手解读神之御典,便因此故。不宜逾越阶段,急于求成。业师如此谆谆告诫,语重心长。

宣长的《县居大人之教诲语录》之叙述,将其师真渊关于《万叶》之学的言说,巧妙地整合到了《古事记传》中所贯彻的宣长之学的方法论阶梯的提示之中。宣长讲述业师真渊的教诲的言说,事实上,却同时对真渊标榜的万叶主义的《万叶》之学起到了解构的作用。《玉胜间》的这个叙述,表明真渊和宣长围绕着《万叶》在学问的意识和方法上明显存在着分歧。它告诉我们,两者之间并不存在一以贯之的学问传承。

四 对《万叶》的关注

在真渊与宣长之间,围绕《万叶》,持续存在着分歧。宣长成为县居大人门下之后,真渊针对宣长围绕《万叶》提出的诸多性急的提问,每每以书信的形式作答。从这些书信来看,真渊认为,两者之间的分歧反映出的是弟子心中对自己的"不信"。"尔既如此充耳不闻,迄今为止之作答一笔勾销。"⑫ 这是明和三年(1766)真渊七十岁时,面对弟子宣长针对《万叶集》的激烈发问所做出的近乎要断绝师徒关系的叱责之语。在真渊的心中,对于宣长,有一件事情使得他的不信任感与日俱增,那便是宣长每次给他写信都会附赠的和歌。

"陌上花正盛,向夕起长风。花落沾衣袖,古寺听晚钟。"(原诗:夕あらしはつせの花やさそふらん袖に散りくる入相の鐘)对于宣长的这首和歌,真渊所下的评语是,"未可称之为歌"。"花凋春已残,落樱遍小园。春风吹不到,苔藓何黯然。"(原诗:庭のおもは桜ちりしく春風にさそわぬこけの色ぞきえゆく)真渊给这首和歌的评价更简短,仅有一字:"俗"。在宣长呈给真渊的和歌中,还包括下面这一首:"焦思又渴盼,转瞬已三年。倚枕人不觉,晓钟声悠远。"(原诗:思ひやれ三年の後もあかつきのかねのつらさはしらぬ枕を)对此,真渊的评价是:"此乃弃《新古今》之好歌不取,却效仿其末流者也。较之后世之连歌,亦复等而下之也。上述的几首和歌,吾皆以为无可取处。汝既如此偏重这等风格,今后便无须再就《万叶》请教。《万叶》于你,已无一毫用处。"⑬

真渊之所以生气,是因为他与宣长之间,对于《万叶》的关注,存在着决定性的位相差异和分歧。于真渊而言,对《万叶》的关注,并不单单只是出于对满是古语的古文本的认识性的关注。也即是说,他的关注是实践性的,是与他的咏歌行为合二为一的。但是,刚刚着手《古事记》注释作业的宣长则不同,他对《万叶》的关注太过性急。算起来,明和三年是宣长开始写作《古事记传》的第二年(《铃屋翁略年谱》)。⑭真渊在明和三年答复宣长提问的书简中,对宣长心中的"不信",提出了严厉的批评。

《万叶》之撰者,记卷之次第等事。此甚违小子之意。即,未知《万叶》之外古书之事,便欲立异见,甚可怀疑。若无斯志,向后小子,问之无益也。一书,非有二十年之学,便不能知其详。窃以为徒增其乱矣。予小子之回复中,千万古事,小事不免有误,然其意之大意等,皆合于定论之上。尔既如此充耳不闻,迄今为止之作答一笔勾销。汝须谨记,若犹有疑问之事,就请将兄之意尽皆记下来问。即便是《万叶》之内容,倘是自己一向不解者,则虽有问亦有不答者。然,知无信之后,多有不答者。⑮

宝历十三年(1763),宣长第一次见到真渊,蒙真渊教诲,知晓了《万叶》的重要性。他在潜心于《万叶》的研究仅仅数年之后的明和三年,即围绕着《万叶集》的卷之次第,发表了与老师相左的见解,甚至不留情面,直陈老师的错误。"一书,非有二十年之学,便不能知其详。"真渊此话中有一股不可遏止的怒气,这大大地超出了宣长的批评是否妥当的层面。显然,师徒之间,围绕着《万叶》的意味的理解,已经出现了一条鸿沟。加之,宣长的后世风的咏歌,更促使真渊对才华横溢的弟子产生了强烈的不信任感。

那么,对于真渊来说,《万叶》究竟具有何种意味呢?

五 万叶世界的表象(一)

《万叶》的和歌世界,是在对《万叶》探寻的意向中创造出来的。发现者的言说,是指讲述所发现的世界的第一个言说。对真渊来说,"《万叶》的意味"这一问题,是指在真渊那里,《万叶》如何被发现以及这个世界又如何被讲述的问题。进而言之,也可能是指,在真渊那里,《万叶》的世界这一表象是如何在言说上成立的。真渊的著作中,有一本叫《歌意》(《歌意考》)的书。据说，这本书是在他与宣长就《万叶》频繁展开争论的明和初年写成的。在"流布本"⑯的《〈歌意考〉序》中，荒木田久老（1746—1804）称该书"对古代和歌的朴素热情和后世和歌的狭隘牵强做了明确区分"，的确，真渊是在与后世和歌的对比中，讲述古人的生活与和歌的。

呜呼，上古时代，人心率真而又单纯。因为内心率真，故行动单纯，因行动单纯，故语言表现不复杂。心中有所感动，便形诸言语，高声吟唱，称之为歌。歌唱只是为了直接表达内心的感情，而表达感情的语言也是日常用语，久而久之，随着感情的发展起伏，就有了音调节奏。古代人的歌仅仅是为了表达心情而已，所以古人没有歌人、非歌人之区分。⑰⑱

在此，真渊声称，"上古时代，人心率真而又单纯"，而且，"歌唱只是为了直接表达内心的感情"。显然，"直接"一词，构成了特异的心情的表现。词典中，"ひたぶるごころ"（解衣般礴——译者注）汉字表记为"一向心"，作"不二之心，执着之心"解（《大言海》）。在同一本词典中，关于副词"ひたぶるに"，其解释是这样的："ひた"解为"直"，"ぶる"则与"あらぶる""ちはやぶる"的"ぶる"同义，其语义解释为"大加鼓励之意"。由此，"ひたぶるに"，便被解读为"专门、坚定、一向、总是、相当"之意。"解衣般礴"这个词的用例，《源氏物语》等作品中颇为常见。比如，"盗贼处心积虑，竟无悲悯之心也"（"蓬生"之卷），"沉稳持重，全无风流好色之态"（"萤"之卷）等等。由是观之，皆指固执之心性。而且，细察上述用例，这种固执，多偏向

于"盗贼"之类的心性,又或者是风流好色者之心性,绝非是指肯定性的心情。所谓的"直情",乃指对周围环境缺乏关注的一种偏执倾向,总体上看是偏于消极的情绪。

但是,真渊欲将这个"解衣般礴"之心,改造成为构成万叶世界这一表象之核心的、新的、积极的心情概念[19],即和歌是人之心的直接抒发,这个字眼是表达直接性、冲击性的心情的概念。在此,让我们再来看看真渊对这一心情的相关描述。"上古时代,人心率真而又单纯。因为内心率真,故行动单纯,因行动单纯,故语言表现不复杂。心中有所感动,便形诸言语吟唱,称之为歌。"在迸发为歌的心情的直接性中追寻歌的起源,这段话堪称经典。真渊使用"解衣般礴"这个直接心情的概念构筑万叶人的世界,意味着他是把万叶的世界,当作和歌可以直接表达人生的人的世界予以表象的。即,人的生活之场,便是歌的场;生活的语言,便是歌的语言;生活着的人的心,同时也便是歌的心。其所表象的就是这样一个世界。"因为内心率真,故行动单纯,因行动单纯,故语言表现不复杂",在这样一个质朴而直接的古人的世界中,人的生动的日常语言表达本身即是歌。故此,"心中有所感动,便形诸言语吟唱,称之为歌"。

"解衣般礴"一词,是指歌中所表露的生动的直接性和冲击性,是一种诗性的心情概念。真渊将构成万叶调和歌世界之表象的这一"解衣般礴"之心表述为"直心""真心"。比如,"古世之歌,乃人之真心也"(《万叶集大考》),[20]"高直之心"(《新学》)。[21]关于"真心",后文会再做分析,其所指的是,在歌中不掺杂虚构的、直抒胸臆的心情。而"古世之歌,乃人之真心也",是与"后世之歌,乃人工之雕琢也"相对的命题。由此可知,所谓的"真心",是与作为、虚构相对的东西,代表的是一种自然（发自内心）的心情。和歌中对于生活现实的直接的、不加掩饰的表露，正是一种原生态的、非作为的、自然的表露。因此，在真渊的言说中，关于古人的生活与心情的这一表述，其终极的背后是天地的自然性（天机自张）。也即是说，作为人的原生态的直接、自然的表露的"人之声"，被作为具有自然性的"天地之声"予以言说化了。"五十之音乃天地之声，其所孕育之物，乃自然之事也"（《国意》）。[22] 而且，人之自然性，乃一种本然性，但是，随着人世变迁，这种东西丧失了。因此，必须予以恢复。在真渊那里，万叶的和歌世界的表象言语，是原生态的直接的表露，与此同时，也是始终把"天地"作为终极的隐喻，表述自然性、本然性的言语。

噫，既为亘古不变之天地所孕育之众生，虽往古之事，又岂在心意言语之外耶？故，欲以己之心意言语体得古意，虽身处后世，心意语言可不返归上代乎？……唯有掌握天地本然之心之终极之表达途径，方可极尽精微之事（《万叶集大考》）。

凡遇物则言理，何异于死？与天地共行，顺其自然，即为生生不已者也（《国意》）。

如上所述，真渊通过"解衣般礴"一词，构筑了古代质朴而直接的万叶的生动的表象。与此恰成对照的是，宣长用"物哀"的和歌观，建构了人的世界的表象。

世间一切众生都有"情"。有"情"，则触物必有思；有思，而所有众生都有歌。其中，人类为万物灵长，心地聪慧，思虑亦深。而且人的生活远比禽兽复杂，经历的各种事物也多，所思所想也多。所以，歌对于人而言不可或缺。[23]（《石上私淑言》）（王向远译）

真渊用"质朴少事"一语表述古人的世界，宣长则借用"人世扰攘"（《古今集》之"假名序"中语——译者注）描述人的世界。宣长从"人世扰攘"这一人的存在状态出发，论述和歌的成立；真渊则在与古人质朴生活的关联中，探寻和歌的起源。对于二者语言表述的差异，我们应当给予充分的关注。这一差异，所体现的是他们对古代《万叶》世界的追问的差异，或者可以说关系到这一追问是否真的存在，甚或是他们的古代观的差异，即究竟是"复古"的古代，还是"拟古"的古代。[24]从根本上说，它所体现的正是二者的国学言说以及在该言说之上所建构的日本的自我形象的差异。

六 万叶世界的表象（二）

在言说上对万叶世界予以表象，似成了真渊的一种特权。但另一方面，他对衰退的世相也颇多暴露。世道的衰退，在真渊这里，指的就是和歌的衰退。对于这种衰退的世相，真渊是这样加以描述的：

随着文明进步、皇统延续，经过了千百年，"言さへぐ"（汉）这个日落之国的思想观念传到我国，与我国的语言与思想混合在一起，以致混乱不堪，单纯率真的日本人之心也趋向邪恶，日本语也变得杂乱起来。（《歌意》）（王向远译）

按照真渊的说法，世道的衰退，正是由于导入了"言さへぐ"（叽哩呱啦）这个"枕词"所修饰的异国（汉）的文化所带来的恶果。"日落之国的思想观念"混入日本的结果，使得此地原来单纯率真的人心变得"邪恶"了，语言也变得"くさぐさ"（杂乱）。在真渊的叙述当中，我们发现，在对《万叶》世界的特权性的表象言说之中，存在着双重的差异化，即真渊的说法是对从外部混入的汉字文化和"汉意"的排他性的差异化，与此同时，这种差异化的语言，也是对内部的被"汉意"污染了的后世之心性的慨叹和批判。不过，就此处真渊发言的语境来看，当是指世道的衰退而言。换言之，世道之"古"与"今"之间存在的巨大差异，实质是由真实到虚伪、由正到邪、由朴素到虚饰等逐渐趋于堕落的推移。可以说，他所表述的是在这个国家内部的"古"与"今"之间所存在的差异和悬隔。这一内部的差异，即从"古"之世的真实向"今"之世的虚伪这种巨大的堕落性的推移，真渊将之归结为因外部"异质"混入所致，即将内部的差异当作外部的差异来讲。被看作二重的差异化的真渊的言说，是将内部的差异（后世的虚伪）当作外部的差异（异质混入）予以排除的言说。

让我们继续注目于《歌意》，探究这一差异化的言说。针砭世道之衰退的真渊，如此讲述歌道的衰退：

到了最近的末世，和歌之心与词，与平常之心和日常用词，完全分裂了。所谓和歌，就是故意将日常朴素之心加以复杂化，使用一些矫揉造作的语言，放弃了古代的淳朴，使和歌变得言不由衷。和歌仿佛是蒙尘的镜子，又好像是混在垃圾中的花朵，混浊而又污秽，后世人以这样的心情吟咏和歌，哪有纯洁可言。（王向远译）

古代的人们质朴直接，他们借和歌直抒胸臆。后世的堕落，即意味着人的生活之场域中和歌的丧失。同时，这也意味着生活之场与和歌之场的分离和区别。和歌与人的实际生活相游离，正是和歌丧失了真正价值的原因。和歌中丧失了"まこと"（真实），即意味着和歌游离于实际生活，具有了自己的特设之场。"所谓和歌，就是故意将日常朴素之心加以复杂化，使用一些矫揉造作的语言，放弃了古代的淳朴，使和歌变得言不由衷"，真渊认为，这正是后世的和歌的境位。和歌将虚构的境位当作了自己的场域。真渊一针见血地指出，"后世之和歌，尽皆雕琢耳"（《〈万叶集〉大考》）。对于和歌由真实向虚伪的堕落，真渊在《歌意》中将之视为因"日落之国的思想观念"混入这个国家所致，亦即把后世的内部虚伪，归结为外部的"异质"混入引致的结果。

把后世内部的虚伪作为外部的"异质"排除到外界的这一言说，是典型的国学式的言说。它在此界编织了一个神话，即那个"异质"尚未混入的古代世界是"纯一"的、真实的存在，这便是文化的同一性之形成的言说。[25]18世纪时，作为建构日本文化的同一性的形成的言说，国学得以形成。我们且来看看真渊这个排除外部"异质"的言说。真渊的《国意》是与《歌意》并称的著作，在这部书中，真渊在排除"异质"的同时，展开了建构"纯一"这样一个文化同一性的言说作业。[26]真渊指出，儒教的特质，乃是"（唐国的儒者，）强将天地之心缩成人为之制"，不过是在狭小的人智的界限之内的一种"作为"的教说。对于天智天皇以后，也就是儒教作为官方哲学被引入之后的世道的变化，真渊是这样看待的：

此儒之事，自引进吾国之后，在天武天皇御世之时，招致大乱。自此以后，奈良宫廷内部，为宫殿衣冠形制等等，扰扰攘攘。观其外在，愈来愈注重追求富丽堂皇；内心日趋争竞、奸邪。盖儒者，教导人心向贤者也，万民向贤，尊崇君王，使天下皆为臣心。然则，天皇终蒙受流放荒岛之耻，此皆彼唐土之儒教移入我朝之后之事也。

按照真渊的说法，儒教引入日本之后，朝廷纷争不断，最终天皇也被流放荒岛。而臣下们之所以谋逆犯上，儒教就是远因，即儒教在文饰光鲜的外表下，鼓励奸佞邪恶之徒横行于世。同时，将君王置于过度尊贵的位置，则反过来激起了臣下的反叛之心。在真渊看来，作为外部的契机，这给本来是一体的政治统一体打入了一个楔子。也就是说，他是把从外部接受的儒教，看作招致内部的政治、文化、心情层面上的统一体发生分裂的一个契机。与此同时，原来作为整体的心情态度，也从此分裂成了表和里的两面（二心）。何以如此呢？因为，所谓的儒教，乃是"篡乱不断、不见治世"的国度的教说。这个教说，正是将一个完整的心分裂为表里两面的元凶。依凭人智、"擅于小理"的"作为"的教说，徒有听从的外表，在其内面，则在纵容着叛离。真渊认为，这种教说，无疑是制造二心的教说。

（唐国）篡乱不断，不见治世，虽有儒道，不解天下之理。小言不足道也。或虽在理，但不过小理者，别人恐早已知晓。至为紧要者，当在于治世以及人之代代相传。常云，生于天下者，知人知面不知心。须知，表面听从，内心有异。

在真渊的话语当中，异国之教即儒教，是作为导致"纯一"的内部统一体发生龟裂的内部的契机（异质）而加以建构的。在《〈万叶集〉大考》中，真渊是将"言さやぐ（叽哩呱啦）国人所作"之教说，当作给政治统一体带来"文／武"之价值贵贱的龟裂予以言说的："自中世以降，言さやぐ（叽哩呱啦）国人所做种种政事，传入本邦，大臣们亦分为文武两班，以文臣为贵，武臣为卑。自此以后，本邦神道逐渐废弛，人心不古。"真渊将导致内部统一体出现龟裂或曰衰弱的要因，归结为外部"异质"因素并加以排除。在建构这一言说的同时，真渊又创造了此一"异质"混入以前的古代"纯一"的共同体。从内部创造"纯一"的共同体与从外部排除"异质"混入物，正是建构文化同一性之言说的两个相关功能。讲述"异质"混入导致龟裂的《〈万叶集〉大考》，又是如此讲述直接继承神武肇国传统的历代天皇的政治统一的：

神国日本磐余彦天皇（神武天皇的谥号——译者注），四方征战，自此肇国。此后之历代天皇、皇太子们，皆继承此道，所有大臣更是遵行此道，刚健大气，政治清明。自上而下，声气相通，无论京城雅士抑或乡野之人，所作之歌，无不雄浑质朴。歌之题材虽大为不同，但皆发自内心，无有丝毫保留。民之心，因无表里不一之两面，……故，天皇御世之时，河清海晏。

由真渊上述的讲述来看，这样一个"自上而下，声气相通"的政治统一体，不正是《万叶》的世界吗？不论"京城之人"抑或"乡野之人"，一律出自真心地咏唱和歌的《万叶》世界，才是一个君臣间没有龟裂、人心没有表里不一的、达致了共同体的统一的世界。因此，真渊宣称，对于古之人，"欲了解其内心，无如读《万叶》者也"。

七　万叶世界的表象（三）

和歌是生活中的人的心情的自然发露，真渊以"真心"来表述人的这种心情。所谓的"真心"，是真渊赋予《万叶》和歌、《万叶》世界的一种特质。我们来看看他下面的这几段话：

古世之和歌，人之真心也。后世之和歌，人之雕琢也。

歌之题材虽大为不同，但皆发自内心，无有丝毫保留。

上代之和歌，人之真心之极致也。由其表现观之，纤弱也好，阳刚也罢，得意也好，失意也罢，犹如四时之行焉，自然而然，非矫揉造作可致也。

(《〈万叶集〉大考》)

《万叶》之和歌，无论"纤弱也好，阳刚也罢，得意也好，失意也罢"，将人生之诸般感受，一无隐瞒，和盘托出，犹如不断变幻的四季之景致，摇曳多姿，真渊谓之"发自内心之歌"。在此，和歌表达的是"真心"，也是"诚"，其所承载的，或曰其所应当承载的，是心灵的本真价值，由此，新的和歌的立场随之形成。从以真实为本的和歌的立场来看，和歌的衰退，意味着真实的丧失；而和歌的革新，则意味着回归真实的要求。真渊在《新学》一书中所倡导的，就是要在和歌中回归真实，是一种新的学问之道。

古之和歌，作者真心之流露也。因其源于真心，故其感染力无可比拟。作歌之道，虽不断有教，但因其繁复，颇为难记。夫和歌者，闲时即可吟咏，要在诚意真心，不学可致。此诚神皇之道也。㉗

真渊提倡回归真实自我、取法古歌，他将这种复古之学，称作"神皇之道"。真渊围绕和歌的相关言说，已然构成了"文化"之语境，甚而是"皇国"之语境。在此，我所关注的依然是和歌中真实的回归，亦即真渊的言说中所谓的和歌的革新一类的语境。

所谓后世的和歌中的"真心"或曰真实的丧失，指的是和歌游离于活生生的现实，丧失了与现实的直接的关系。和歌衰退的历史，反映出的是和歌与现实之间，已经深深地介入了作为、虚构的意识。和歌的衰退，是语言、文化被作为、虚构的意识所支配的最有力的表征。与现实乖离的和歌的语言表明，和歌已非"心声"，它已经蜕变为在虚构的位相中徒然连缀起来的"单纯的字符"。与现实乖离的语言，只能是作为、虚构的意识的产物。那么，是何物使得这种作为、虚构的意识深植人心的呢？真渊从外部找到了那个作为病灶的何物，即"唐国之教"。真渊指出，所谓的"唐国之教"，本来就是"人心之造作也"。

唐国之教，有违天地，牵强之处所在多有。虽乍一闻之，不乏机智，道理易懂，但却难以遵照施行，盖因其与天地作成之春夏秋冬相违故也。

唐国之学，自始即为人心之造作也，果真是颇具匠心，易于领悟。然我等神国之古道，师法天地，平平如也，观其表达，不能尽致，故，后世之人难以窥其堂奥。(《国意》)

"唐国之教",本就是人为的、反自然的教说。这种作为的教说,自然催生了"作为"的意识。该教说混入"我等神国",不仅在人们的头脑中播下了作为、虚构的意识,而且,也在社会上助长了诸如二心这样的表里不一之心的蔓延。真渊更宣称,观诸"唐国"的历史,"虽故作高深,然金玉其外,败絮其中,终不免大恶横行,世风败坏"(同上)。[28]真渊批判"汉意"的这一言说,上一节中已有提及,他把坏乱的要素作为"异质"设定于外部,与此同时,他又试图在内部制造该要素混入之前的共同体的"纯一性"。此乃建构文化同一性的言说。真渊通过和歌建构的这个文化的同一性的言说,从我们迄今所做的探究的语境来看,是对被与"现实"相乖离的虚构的言语支配的文化的叹息,是关于"文化"危机的言说,也是叹息充斥着二心的社会之污浊的"社会"危机的言说。

真渊的和歌革新主张,基于"文化"危机意识,主张回归"现实"。和歌向"真心"的回归,就是要在和歌中复苏"现实之音、心灵之音",回复其所失去的与"现实"的直接性。正如真渊所言,"(上代之时)心中有所感动,便形诸言语,高声吟唱"(《歌意》),古之人,其和歌是"吟唱"出来的。和歌,并不是将虚构的文字巧妙连缀起来而已。和歌是"吟唱"之物,意味着和歌本身即是人的"现实之音、心灵之音"。因此,以向古歌学习为宗旨的和歌的革新,就是主张在和歌中恢复"吟唱"、在和歌中恢复人的"现实之音、心灵之音"。由此,真渊开始倡导和歌的"调"。

古之和歌,重一个"调"字,咏物故也。观其调者,或高亢激越,或随物婉转。要在各依其性情境遇,直抒胸臆。贯穿其间者,乃高远率真之心灵。且夫，其高远中含风雅，率真中蕴雄浑。何所云也？天地者，万物之父母也，作成春夏秋冬四季，寄身于其中者，共享此乐，发声吟唱。歌之调，即此谓也。(《新学》)

按照真渊的说法，所谓的"调"，是指和歌的音声言语的活的节奏。古歌之重视"调"，是由于和歌乃"吟唱之物"。这种"和歌吟咏之调"，真渊谓之"活之调"。而"活之调"，在把"天地"当作终极隐喻的真渊的话语中，便是"天地自然之调"。

真渊之和歌革新的主张，就是要把从《万叶》和歌中听到的"现实之音、心灵之音"在自身中加以恢复。而且，真渊的目的就是要通过和歌建构日本文化的同一性的言说。因此，他把从《万叶》古歌中听到的"现实之音、心灵之音"，当作是古代日本的共同体（"我等神国"）的心情的反射而更加专注地谛听。我们曾在上一节引用过的《〈万叶集〉大考》中的那段话，在此，我感觉很有再次引用的必要。

神国日本磐余彦天皇，四方征战，自此肇国。此后之历代天皇、皇太子们，皆继承此道，……刚健大气，政治清明。自上而下，声气相通，无论京城雅士抑或乡野村夫，所作之歌，无不雄浑质朴。歌之题材虽大为不同，但皆发自内心，无有丝毫保留。

八 "民族"的歌集

"子规主张回归《万叶》，乃是要一扫《古今集》以后的沉滞的空气，复辟《万叶集》那种生气勃勃的感情和率真。前行遇阻时，只有折返回去,才能找到出路"——岛木赤彦依托子规,倡言"回归《万叶》"。这篇以"《万叶集》的系统"[29]为题的讲话,发表于大正八年(1919)。围绕着面向《万叶》的复古,赤彦进一步指出:"明治维新是一次再出发运动,虽说是王政复古,但绝对不会是照搬过去,亦步亦趋,其所指的当是回归发生期、成长期的那种朝气和活泼之精神。譬如一个人在一生当中感情能够最直接、最奔放表达的时期,一定是其孩提时代。"赤彦"回归《万叶》"的讲话,无疑是真渊的万叶主义在近代的再生的言说。那么,近代的这个"万叶复古"的言说,又是如何把《万叶》世界在近代日本加以表象化的呢?

"《万叶集》是全民族的和歌,全体日本人相互赤诚以对,促膝交心,大家将人之共通感情诉诸和歌,上自天皇,下到渔女乞丐,莫不如此。"这段话讲述的是,以近代人的视角观照万叶时的感动与发现,这便是民族心灵的赤裸的表露。在《万叶集》这部歌集中,上自天皇,下到渔女乞丐,全体一致,毫不掩饰地表达着自己的内心世界。关于《万叶集》,真渊已经表达过如下的发现:"无论京城雅士抑或乡野村夫,所作之歌,无不雄浑质朴。歌之题材虽大为不同,但皆发自内心,无有丝毫保留。"他的这段话,在近代,无疑是得到了遥相呼应。进入近代以后,《万叶集》被看作"民族的、国民的歌集",从而得到了再发现和再评价。

但是,歌人对"民族"的发现,亦即对上自天皇、下到渔女乞丐的民族总体的发现,并不是对这部最古的歌集的全部发现。另外一个发现是从上到下的共通的真挚的心情,即真渊所谓的"真心"。"各个阶层的人,都从正面关注这个时代的现实问题,都以同样紧张的心情吟唱。"近代的歌人,从《万叶》的古歌中,从各个阶层的和歌中,均发现了他们面对现实的紧张的内部姿势。这个关于《万叶》之再发现的言说，与非难《古今集》以降的歌集的堕落的言说恰成反照。由此，我们可以更加确切地了解近代歌人之《万叶》再发现以及"民族"发现的位相。

　　三味线之谣曲，局限于花柳社会以及游艺社会，造成了歌谣的堕落。这正如《万叶集》以后的和歌，局限于贵族社会，造成了《古今集》以下的堕落一样，是饶有兴味的对照。
　　《古今集》以后，所有的敕撰集，都是贵族社会的歌集，他们都鲜有痛切的现实经验……只有少量的一点例外。《古今集》中，收入了极少量的东国野人吟咏的东歌……它们都是紧贴下层民众现实苦难的直接的声音，很显然，这是与《万叶集》一脉相承的。

　　通过上述引文，我们发现，在《万叶集》中发现"民族"的言说，与其说意味着在《万叶集》中发现全民族规模的歌集是编辑上的事实，毋宁说，真正的"民族"的再生，或曰"民族之魂"的再兴，基于必须在当下予以设计的"民族"的发现这样一种立场。《万叶集》中人们面对现实，以真挚的姿势吟唱确乎令人感动，但是，能保持这种姿态面对现实生活的民众，毕竟只是少数而已。㉚向《万叶》的复古，既是和歌的革新，亦是"民族"的再生。而"民族"的再生，必须承继《万叶集》的系统"，在对现实的富于张力的姿势中进行。与明治的变革相并行，赤彦重提了子规提倡短歌革新的立场。他指出："明治以后，迄今为止，少数人专擅的政治一变而为民众的政治，阶级减少。值此万机维新之际，短歌自然也不例外，迎来了改新的机遇。"他的话是一种明确的宣示，即，"民族"重生之际，同时也是和歌革新之时。"民族"再生之时，要求复归《万叶》，再兴"民族之魂"，而《万叶》和歌那种上自天皇、下到庶民的对赤诚之心的披沥正好适应了这种需要。这样，就从过去发现了文化的同一性，与此同时，面向未来的言说也就此形成了。

本居宣长（其一）

宝历二年（1752）三月五日，本居宣长时年二十三岁，他从松坂出发，去京都学习医学，其京都游学时代正式开启。对抵达京都后的生活情况，宣长在其《在京日记》中有详细记述。它除了是对刻苦学习、勤于读书的记录，同时也是对于接受京都都市文化洗礼的最热心的记录。比如，逢有祭祀，或是"御开账"一类的仪式，宣长都会非常热心地前往观看。不仅如此，他还学弹三味线，练习骑马，甚至还沾染上了饮酒、抽烟的癖好。"你在那边现在很喜欢喝大酒……我是听人说的。这让我很吃惊，也因此，很是不放心。"宣长的母亲阿胜，在了解到宣长在京都的情况后大为不安，就写了这封信给他。这些日记和信件，极为翔实地向我们展示了一个知识青年在近世的京都所体验到的都市生活的概貌。同时，这些资料也向我们呈现了作为"记录狂"或者是"整理狂"的宣长的性格。宣长的日记一直记到晚年，共达十三册之多。他的最后一篇日记记于享和元年（1801）九月十四日，也就是他去世的十五天前。日记所记录的对象，包括他平生所做的八千余首和歌、庞大的读书笔记、购入的图书，还有他作为医生接诊的患者、所开的处方和药材等。而且，凡所收到的重要信件，宣长都有保留。比如，在京期间母亲寄来的信件，还有师父贺茂真渊以及师兄谷川士清等的书简都保存得很完善。占据其全集数卷篇幅的这些记录、资料一类的东西，远远超越了重构宣长这样一个学者的生涯的素材这样一种意义，这份珍贵的资料，可以让我们了解以18世纪日本的松坂这样一个小城市为舞台的文化和文化人的再生产的原貌。

宣长于享保十五年（1730）在伊势松坂出生。其父小津定利是棉花商人，在江户开有店铺。父亲定利死后，母亲建议宣长学医。因此，为了学习医学、儒学和汉学，宣长到京都游学。同时，此番的京都游学，使得宣长知晓了契冲的存在，从此打开了他的古典文艺之眼。

第九章
和歌的俗流化与美的自律
——"物哀"论的成立

> 和歌，非"六艺"之类，既无益于天下政务，亦无补于衣食住行。……其所谓"中和男女"，若果如此，岂非教唆男女淫奔乎？
> ——荷田在满《国歌八论》

> 须知，既能感于恶事，便亦可感于好事。人所感者，神固有感。淫奔之媒云云，岂非感动人心之歌之德耶？
> ——本居宣长《国歌八论评》

一 玩歌之接受与美学的勃兴

1 "不若玩赏词花言语"

宽保二年（1742）八月，荷田在满（1706—1751）应以和学见用的田安宗武（1715—1771）的要求，仅用了三天时间，就呈上了基于对和歌现状的认识的自成体系的歌论，此即那篇著名的《国歌八论》。这篇歌论共分八章，由歌源论开篇，次第论述了玩歌论、撰词论、择词论以及正过论、官家论、古学论、准则论等。虽然在满辩称此乃仓促之论，尚待"他日之革正"，但是，平心而论，《国歌八论》是近世所完成的首部基于对和歌的现状认识而加以构思的，包括了和歌的起源论、本质论、效用论、表现论、鉴赏论、方法论的具有完备体系的歌论。但对于在满在这部《国歌八论》中，尤其是在"玩歌论"一章中，所集中表现的对和歌的现状的理解，宗武极不认同，大加批判。进而，贺茂真渊也受了宗武的鼓动加入论战，从而引发了那场著名的"《国歌八论》论争"。① 这是近世文学史上仅见的可以真正称得上是文学论争的一场论争。宣长们后来所卷入的第二期"《国歌八论》论争"②亦是由此引起。

到了《古今集》，和歌的歌风明显为之一变，在满将其归纳为从"直抒胸臆"向"玩赏词花言语"的转变。在试图从和歌的发生中把握其本质的歌源论的和歌本质论看来，"传语后世，发抒心灵"③是和歌的本分和规定。但是，通过吟唱抒发情怀的和歌时代，乃是《古事记》《日本书纪》中所记载的和歌的那个遥远的时代。"由天智至醍醐，历二十二世，未及三百年。然渐变，如古今集，文意兼美之体也"——在满如此追溯这三个世纪的变化轨迹。他指出，造成这一变化的是歌人主题的不同，即"直抒胸臆与把玩词花言语的不同"。对《古事记》《日本书纪》《万叶集》中的古歌与《古今集》的和歌之间的变化的认识，尽管存在是肯定还是批判等流变的区别，但毫无疑问，都是近世歌论中作为共通前提的认识。前文中我曾论及真渊的歌论④，对于这一变化，他的观点是，那是从"直接源于生活的和歌"向"游离于生活的和歌"的推移。所谓"游离于生活的和歌"，就是说这种和歌对于自己的特设之场，也就是美得以成立的特设之场，以对语言表现技法的考究和追求的支配之场相要求。在满宣称，支配特设之场的歌人的主题，在于"玩赏词花言语"。在满并言，自《古今集》开始发生的变化，对当世的和歌也发挥着本质性规定的作用。

《古今集》以降直至今日，都同样喜好华辞美藻，或是看重风姿的幽艳，或是看重意味的深长，或是看重景色的描写，或是看重难题的吟咏，或是看重整首的结构，凡此种种，不一而足。在对和歌用词的优劣巧拙的判断方面，《古今集》以来一以贯之，没有不同。（王向远译）

在满的这段话是对在非日常的特设之场成立的和歌的分节化，颇有见地。赛歌会上的一较短长以及在歌会上竞逐题咏之巧妙的和歌，大约即为此类和歌。而在满的玩歌论的成立，端赖此一关于和歌变化的认识。把"游戏词花言语"作为主题的咏歌，是享受作歌之妙的歌人及其同伴们的自我满足行为，并不具备超越其上的积极的社会性的意味。一言以蔽之，就是一种游戏行为。《国歌八论》第二章的"玩歌论"，对此有着极其明白的表述，兹引用于下：

和歌，非"六艺"之类，既无益于天下政务，亦无补于衣食住行。……这些都不是和歌所具有的功能。唯其风姿幽艳，意味深长，巧妙构思，如景如画，心为之动，于是跃跃欲试，吟咏一首，即可感到心满意足。这就如同绘画者画出美图，博弈者出手制胜，道理是一样的。（王向远译）

当世的咏歌，已经蜕变为纯粹的自我满足式的游戏行为，欲在其中找寻社会意义，无异于缘木求鱼。在满断言："这些都不是和歌所具有的功能。"因此，作为歌人，不如曲尽其意，游戏于"词花言语"的世界。所谓"当今之世，……不若舍歌之本来，随世俯仰，玩赏词花言语"是也。

2 当世歌坛状况

"不若玩赏词花言语",在满写给歌人们的这句话颇有反讽意味。他敏锐地把握住了和歌创作的现状。与此同时,这也显示出,追问和歌的本质及其意义的歌论的生成,恰恰建立在和歌创作的这样一种背景之上。不过,在"《国歌八论》论争"中确认了自己的问题意识的宣长,则加入了第二期论争,他在自身的和歌创作中,体现了和歌创作的这一现状。

宣长自宽延元年(1748)即他十九岁时的那年春天开始创作和歌,直至享和元年(1801)他七十二岁去世为止,终生不辍,未曾间断。《石上稿》中,按照年份编辑、收录了宣长一生所创作的大量和歌。⑤这本集子,共收录宣长创作的和歌八千一百余首。开篇的和歌如下:"新玉之春来,端的开心颜。举目望长空,今朝霞满天。"在这首和歌前面,附有这样一个小序:"自志于此道,初迎新春,特作此歌,以表心情。"最后,则以一首狂歌收篇:"画成题拙歌,斯文竟辱没?"由此可以知道,与其说创作和歌是宣长的生活方式,不如说他整个人都浸淫于其中。那么,宣长究竟历经了怎样的磨炼,又是在何种场合,创作了这多达八千乃至上万首的和歌的呢?⑥

当初,二十岁的宣长学习和歌写作时,曾接受过宇治山田宗安寺的住持法幢的指导。法幢作为歌人的经历虽不见经传,但据说是"继承了堂上之传统的一个地方歌人"⑦。所谓的堂上派,乃是拜堂上公卿为师的近世的传统和歌流派,包括继承该传统的地下派。堂上派基本代表了近世的总体歌风,换言之,即规定了当世和歌的表现样式。年轻的宣长,依照当世的规范做法,开始了和歌创作。一般认为,他习焉不察,终生未越雷池一步。京都游学时期,宣长在国学方面大有进境。他入了森河章尹之门，出席其所举办的歌会，森河章尹乃是被誉为堂上派冷泉家的中兴之祖的冷泉为村的门下。而在同一时期，宣长还出席了有贺长川的歌会，接受其指导，而这位有贺长川，又是继承了松永贞德衣钵的地下二条派的歌人有贺长伯之子。对于自己青年时期的这段作歌经历，宣长后来在《玉胜间》的一篇回顾文章中做了如下描述：

到了十七八岁之后，我有了吟咏和歌的念头，开始时并没有拜师学习，吟咏的作品也不示人，只是自娱自乐而已。对于歌集，也是无论新旧随意浏览，但都属于近世风。⑧（王向远译）

从这篇文章来判断，宣长似乎没把最初指导过他创作和歌的法幢认作师父。但不论如何，宣长是依照"当世和歌的表现样式"开始和歌创作，并由此登堂入室进入和歌的世界的。这篇回顾性的文章，"专一于自身求学之事"，接下来讲的是他自己京都游学时代的学习经历。他接触到了契冲的《百人一首改观抄》《古今余材抄》《势语臆断》等著作，知悉了契冲所开拓的歌学新理论。他宣称，自己已经"洞悉和歌创作的关窍，并可据以辨别作品之优劣"。

那时，我虽然对当时的歌人的状况有所不满，对他们的歌风也没有兴趣，但自己也没有志同道合的朋友，只是出席这里那里的歌会并与人交往，同时不断咏歌。（王向远译）

在接触了契冲新的歌学理论之后，宣长虽然对同时代的歌人的和歌观及其创作少有共鸣，但他并无可交换看法的志同道合的同伴，所以，

"只是和别人一起",到处出席歌会,不断咏歌。"只是和别人一起",宣长的这句话,透露了其所特有的思想态度,但也由此更强烈地显示出,宣长的咏歌趣向,是与当时社会上的一般风潮保持同调的。"只是和别人一起",不只意味着咏歌的样态与世人一样,同时也意味着作歌的场景、方式也与世人并无二致。"出席这里那里的歌会并与人交往,同时不断咏歌",这句话清楚表明了与世间咏歌的风潮保持同调的宣长的姿态。京都游学结束之后,宣长回到松坂,加入了早先成立的岭松院歌会,不久之后,宣长便主导了岭松院歌会,这里遂成为宣长在松坂的咏歌活动的主要舞台。

岭松院歌会,查其源流,乃是因为树敬寺是松坂的本居家的菩提寺,而岭松院又是树敬寺的塔头,因此,在此定期举办歌会。它由松坂的歌人集团于享保十六年(1731)创设,每月的十一、二十五日固定举行(月次会)。宣长死后,活动继续开展至文化五年(1808)。[9] 宣长在他留下的《日记》[10]中,对月次会的出席缺席情况做了详细记载。比如,宝历十二年(1762,宣长三十三岁)六月的日记。"十一日,早朝雨,后晴天。岭松院会也,有新人二人〔河北孝节时明,山口藤介昭方。〕""二十五日,雨,或降或晴或止,如那贺势。岭松院会也,清兵卫先生自京归来。"而十一日所记岭松院歌会的新加入者山口昭方,按辈分讲,乃是稻悬大平(后改名本居大平)的叔叔,就是后来为了宣长的著作的出版常常奔波于铃屋的书林柏屋。借此,我们可以一窥岭松院歌会的成员组成情况。接下来,我们再来看看翌年,也就是宝历十三年(1763)五月的日记。"十一日,晴天。岭松院会也。""二十五日,昙天。岭松院会也。冈部卫士当所(新上屋)一宿,初次见面。"宝历十三年五月二十五日,这一天,被称作"松坂之一夜",是真渊和宣长历史性会面的日子。当日，宣长依例到岭松院出席月次会，《石上稿》中收录了宣长在这次月次会上所咏的和歌。此日的兼题之一是"夏天象"。宣长准备的和歌是："饮酒至夜半，天边起层云。醉眼看峰上，弯月正西沉。"而针对另一个"契空恋"的题目，宣长所作的和歌是："枕手苦等待，东方天已白。终究不得见，空梦夜难耐。"当座的题目是"契夏恋"，宣长所咏的和歌是："佳人约佳期，敬祈神佛前。鹊桥相会日，藤花开烂漫。"包含上述和歌，《石上稿》共收录了十二首当日的和歌。看着这些和歌，其所即将师事的真渊发出了一连串"非和歌也""卑俗"之类的非难之声[11]的缘由，便不难理解了。总之，《日记》和《石上稿》向我们揭示了宣长日常创作和歌的秘辛。

在岭松院歌会之外，自宝历十四年（1764）一月开始，在松坂的遍照寺新开了月度歌会[12]，宣长亦有出席。在同年正月的日记当中，如此记述道："二十一日，晴天。遍照寺和歌会发起成立。"《石上稿》共收录了二十四首当年正月的赞歌。而见于记载的当年三月所咏的和歌则有二十八首，其创作速度确乎惊人。据说，遍照寺歌会一直持续到天明八年（1788）。照此看来，在宣长正值盛年、创作和歌极其活跃的时期，他每个月要出席三次月次歌会。由此可知，咏歌这样一种植根于松坂这块土地的文化社交生活，为宣长的日常生活增添了一抹亮丽的底色。反过来说，宣长的咏歌行为，是月度歌会这样的文化社交生活赖以成立的条件，乃至是社交生活本身，和歌则是这一文化社交行为的直接产物。而这也正是近世18世纪时期歌坛的现况。宣长终其一生创作的八千至一万首和歌，基本上就是如此生产出来的。

3 歌会・文化社交体

由《石上稿》可知，宣长的和歌的产出场所，基本都是歌会。当然，《石上稿》所收录的和歌当中，也有表达送别的、祝贺的、贺年的内容，甚至还有应人所请写在色纸上的和歌。把这些都包含在内，宣长的咏歌，可以说是使得文化社交生活得以成立的东西，或者说它就是文化社交行为本身。而所谓的歌会，乃是该地域，这里是指松坂，有意识地把文化社交生活的成立作为目标的场域。

歌会，最初是在宫廷贵族举办的梅花、藤花的宴席或是贺寿的宴席上的和歌题咏，在平安时代最为流行。它与宫廷贵族社会的年节活动相联结，也与雪、月、花等各个季节的观赏结了缘，故此，曾经盛极一时。歌会本是与平安朝宫廷贵族的生活不可分割的一种高度趣味化的社交生活之场，到了近世的18世纪，它又在各个城市作为都市的上流阶级[13]的文化社交生活之场，重新焕发了生机。近世的歌会是一种复现，它疑似于王朝，是模拟性的再现。在那里，起支配作用的是疑似王朝的趣好和审美意识。歌会的运作方式，是包括兼题、当座的题咏。在此，尝试举出《石上稿》所记宝历十四年遍照寺歌会所举办的当年三月的歌会的歌题，以为例证。

三月五日觉性院赏花会，当座（即席命题）"庭花胜久"。同月十一日岭松院月次会，兼题"樱"，当座"寄原恋""古寺落花""雨中落花"。同月十七日遍照寺月次会，兼题"春曙"，当座"寄草恋""寄木恋"。同月二十五日岭松院月次会，兼题"河边苗代""归无书恋"，当座"寄关恋""春后思花""隔我闻他恋""无名立恋""久恋"。

在此，樱花这样一个季节性的主题被当作主角自不必说，另一个被大加渲染的则是恋爱的主题，其各种趣向得到了多角度的挖掘。这不只反映了当年三月的倾向，而是所有时期所有歌会的共同倾向。"久恋"等题属司空见惯，而"寄原恋""寄草恋"云云，则绝对是需要各显神通的题目。能否在咏歌时巧妙运思，不露痕迹地将歌题咏入歌中，颇能见出一个歌人的功力和才情。我们来看看宣长的表现。针对"寄原恋"这一题目，宣长咏出了数首和歌，其中一首如下："无处寄相思，热泪沾袖衫。若有人相问，露湿过萩原。"而针对"寄草恋"这一题目，宣长所作的和歌是："去岁初见后，芳名烙心中。山盟今安在，唯见草枯荣。"不夸张地说，宣长的和歌创作已达炉火纯青之境。如上所示，在歌会上，就是要这样根据给定的题目即兴发挥，展示作歌的娴熟技巧。正如在满所言，"玩赏词花言语"，咏歌之场就是自我实现的舞台。同时，大家应该已经留意到，近世得以再生的歌会，是模仿王朝贵族的情趣（风雅）的模拟共有体，兼题、当座之类的歌会的出题行为以及所提示的题材本身，即意味着其所设定的是需要通过咏歌予以实现的、虚构的模拟王朝的境界。正如多样化的恋爱题目所示，对于和歌的一个主要诉求，就是要在其中模拟再现王朝贵族社会中男女的情愫。近世18世纪的歌会是都市上层住民的文化社交生活之场，在此，他们所分担和共享的文化好尚和情趣是对王朝贵族的模仿。近世都市里盛行的歌会，是对王朝贵族的社交趣好的模仿和再生的社交体，更是通过咏歌共享疑似王朝情趣的共有体。宣长对歌会的盛行大加赞赏，并表达了期待永续的愿望。以下是宣长的原话：

如此，微不足道之边僻小民亦作歌不辍，虽多有不谐，但不离和歌大旨。三十一个文字之中，可以托物感兴，可以表达悲喜。清明之世，此道兴盛，不亦乐乎。……和歌之道日隆，此正与岭松之寺名契合。躬逢盛会，唯愿此道传之永久。宣长志之。⑭

4 和歌的无用性与美学的兴起

和歌是近世都市住民的文化社交生活的媒体，它的普及，或曰作歌行为在町人世界中的一般化，对和歌的存在意义并没有任何的影响。毋宁说，其存在意义反而遭到了弱化。何也？因为作为近世都市文化社交体的歌会所开展的作歌行为，正如在满所精辟指出的那样，不过是"玩赏词花言语"罢了。和歌只是一种游戏行为，人们可以自得其乐，或是通过模仿、共有王朝情趣而获得一种集体的自我满足，除此而外，再也找不到任何别的存在意义。但是，如果从作为文化社交生活的媒体的角度来寻找和歌的存在意义，那么，这种意义赋予的本身，岂非暗示和歌可以被替代呢？从类别上看，与和歌最为接近的是俳谐，而且同样的，它在整个近世都极为活跃。其他的，诸如茶道、谣曲、净琉璃等等，和歌的替代物也比比皆是。社交媒体的区别，充其量只显现出由于阶层的差异所带来的嗜好的不同。基于对和歌现状的这种认识，在满断言："和歌，非'六艺'之类，既无益于天下政务，亦无补于衣食住行。……故此，和歌不足贵也。"一言以蔽之，和歌乃无用之物。

"和歌不足贵也"，在宣告和歌的无用性这样一种现状中，自然产生出了对和歌的自律性以及赋予其新价值的理论的追求，这便催生出了美学。年轻的宣长在其所著的最初的歌论著作《排芦小船》⑮的开头部分，假托在满的批判者的立场，设问并自作解答。和歌的美学，也就在与"玩物"一词所代表的对和歌无用性的宣告的事态的交锋中，应运而生了。

问：歌者，助天下政道之道也，非徒玩物也。古今和歌集之序中，可见此旨。此义如何？[16]

这个设问，假托的似乎是对在满的"玩歌论"不满的田安宗武的立场，即就和歌在政治世界中的有用性发问。针对在满的"玩歌论"，宗武以徂徕式的言辞，力说圣王治政中之礼乐文化的意义。"舜奏五弦之琴，唱南风之歌，天下归心。和人心，歌之道也。故，圣之御代，重乎礼乐。彼乐之中，歌、舞、弹、吹、鼓，无所不有。是故，上佳之歌，助人也；下劣之歌，损人也。"[17]针对这一主张和歌的有用性的言说，宣长针锋相对，力陈己见：

答曰：非也。歌之本体，非为助政治者也。亦非为修身。唯发心中所思，别无其他。其中，或有可助政之歌也，或有可正己之歌也，或于国家有害，或会致祸于身，唯尽皆发自其人之心之歌，可也。

宣长的上述议论，乍看之下，似与在满的"和歌，非'六艺'之类，既无益于天下政务，亦无补于衣食住行"之论相重合。但是，与在满"和歌不足贵也"所归结的和歌无用于社会的结论不同，宣长之论显示，他旨在于和歌的无用性之上构建有关和歌的本质的文学理论。在对《国歌八论》的批评中，宣长针对在满的"玩歌论"这篇文章，写下了如下的评语："不知歌之本分，抚后世之歌也。"[18]在此，宣长对在满所提出的和歌的社会无用性的观点不但不予置评，反而把这一无用性的观点当作前提，致力于构筑自己的和歌的本分论。和歌的自律性价值的美学，只能从和歌作为无用于社会的这样一种存在中产生。那么，何谓和歌是无用于社会的存在呢？答案就在于和歌只是游戏和自我满足的行为。很久以来，和歌都只沉浸于"玩赏词花言语"，和歌只是参与其中的自己和一起参与者之间的咏歌行为，试图从除此以外的语境中找出意义则纯属徒劳，因为已经断裂过久。宣长置身于和歌的当下之境，耳濡目染的是玩歌，作为玩歌的接受者，他深知，只能从"玩赏词花言语"的咏歌行为中，展开和歌的本分论以及和歌的美学自律价值论的论述。而这正是宣长独特的和歌美学理论的立场，也是他亟需解决的课题。宣长是要回归王朝美学之道，故此，他的立场迥然不同于意在再次确立和歌之社会意义、完成和歌革新的宗武以及真渊的万叶主义立场。[19]

5 当世之歌论

在宣长最初的歌论《排芦小船》中，他对和歌美学理论的初心、逻辑的跳跃和破绽都一并得到了直截了当的展示。宣长的美学理论，从其最初开始营构的那一步起所担负的特殊的关心和课题，都在这种跳跃和破绽中和盘托出。在前面所引的从和歌的社会无用性中导出和歌的本分论的那篇起首的文章之后，宣长继续展开自己的论述。宣长认为，和歌的本体，"唯言心中所思而已"。在这个"唯言心中所思"之中，宣长几乎囊括了所有的方面：

和歌之道，唯循意而咏也。以奸邪之心咏歌，便只得奸邪之歌；以好色之心咏歌，只得好色之歌；以仁义之心咏歌，可得仁义之歌。嗟夫！和歌不可偏于一端。如欲表达实情，直须以实情咏之；如欲虚伪矫饰，则何妨虚伪矫饰；欲图修辞之妙，宜多用美辞丽句。要在依意而行，此之谓实情也。

对于宣长的上述议论，我曾称之为"实情"概念的解体论。[20]的确，对于"要在依意而行，此之谓实情也"之"实情"概念的嘲弄性说辞，恐怕也只有以解体论名之，才比较易于理解。宣长的下述议论可谓妙绝，不妨一观：

譬若看花，虽未觉其美，但为咏歌，乃极言其美。所谓美者，虚言也；但竭力赞其美之心，则为实情也。夫和歌者，皆出于实情也。咏歌时极言其美，实情也。或云，欲美化之也，果真美化，则失其实情也。故若不美，须照实咏之。此又与图美化之愿相违，伪也。然，为恐失实情之故，欲照实表达，又实情也。

所见之花，并无多少趣味，但为了习作和歌，强谓之风雅。风雅之言虽为虚，然竭力咏出趣味确属实情。因此之故，宣长曰，"夫和歌者，皆出于实情也"。看了他的此番议论，不由得有一种求证的冲动，"所谓的实情，又是何物呢"？所谓"实情"，一般而言，是指和歌按照自身的内在逻辑规定和歌之本然之际，依照人的心情想定的和歌成立的根据。近世歌论，以"实情"概念为根据，展开了和歌之本分·本然之论。比如，随着对"实情"的真实性的强调，较之于美，和歌更多地承担了"真实"这样一种人生价值，作为文化危机的言说，真渊们展开了万叶主义的歌论。[21]但是，与真渊所展开的歌论相反，宣长在此展开的令人眼花缭乱的逻辑，乃是按照"实情"所规定的和歌的本然的逻辑，试图将咏歌须当实现的语言的虚构美——真渊谓之虚伪——定位成和歌本来的要求。这倒确乎是与"玩赏词花言语"之当世和歌同调的美学理论的伴生要求。

所谓的"今世"和歌之风,是宣长在《排芦小船》中反复主张的自己的歌学立场。他始终坚持这一和歌立场,终生未曾改变。[22] 不过,很显然,宣长对"今世"之歌风的接受,是一个超越美学层面的思想态度的问题,即这是一个对发展至"今世"的历史推移予以全盘接受的思想态度的问题。前面我已经提到过,宣长在回顾自己青年时代的咏歌经历的文章中,曾用过"只是与世人一起"一语,就已经表明了这个问题。它所代表的正是宣长的历史观,下面就来看看他关于"今世"之和歌的主张:

概括而言,若论歌之本分,直抒胸臆,是为本意。然世易时移,人心多伪,不复质素。于今之时,美辞丽藻,用心雕琢,方为歌之关键也。……然并不可因之而谓歌道衰微,此乃世人之心之衰微也。和歌自神代以来并无盛衰,时代不同,人心不同,随之而变也。于今而言,若言保守歌之本体,直须将心中所思咏之于歌可也。此亦不可言之非歌,实情之歌无疑也。然此为不知时者,非可谓今世之歌人也。以今世之尺度衡之,此类我行我素之歌,作为和歌,难以称善。即言其非为和歌,亦不为过当。……古来质朴之体,依事物本来面目咏之,反失歌之本意也。此等歌人,宜独自抒怀,自得其乐。我则择今代歌之势而论之也。[23]

二 "物哀"论之成立

1 接受者(读者)之物语理解

村冈典嗣高度评价《石上私淑言》,称其乃"堪称我国歌论中的白眉之名著"。[24]该书成书于宝历十三年（1763），宣长时年三十四岁。这本歌论书是以"物哀"概念进行的一次理论重构。宝历十三年，也就是宣长结束京都游学回到松坂六年之后，这与他见过真渊，真正开始《古事记》的注释作业的时间相重叠。大约在同一时期，他还完成了自己的《源氏物语》论——《紫文要领》。在《石上私淑言》的"物哀"条中，有"《紫文要领》中亦有详细论述"之语，可见，《紫文要领》成书在先。不过，宣长的这两本书大约完成于同一时期，亦即在《古事记传》执笔之前。这两本书几乎完成于同一时期这一事实还意味着，《紫文要领》中构成对王朝物语的理解的"物哀"这一概念，同样也是《石上私淑言》中歌论的新的构成概念。宣长的"物哀"概念，首先是在对《源氏物语》的物语世界的理解中形成的。

宣长投向《源氏物语》的视线，来自他作为王朝物语文学的接受者（读者）的身份。在对《源氏物语》中的众多物语的意蕴所做的解读中，宣长立足于源氏的作品中的世界，展开物语究为何物的说明。何为物语？观诸源氏世界中的公主和宫廷女官们如何欣赏和接受古代的物语便可明了。宣长通过对接受者（读者）所体验的物语的讲述，揭示了物语这一体裁的趣旨。"欲知古代物语之趣旨，莫若观读者之心境。源氏物语各卷中多有披露，可据此予以探讨"[25]，宣长就是由读者的"心境"入手，对物语的"趣旨"展开分析的。比如，"蝴蝶"卷中，宣长先引"昔者，借由物语，观人之情状，并世间种种情状……"一文，然后议论道："大凡物语者，皆擅描摹世间种种妙趣，人生百态，读之自可世事洞明，人情练达，此乃物语读者之心得也。"这清楚地表明，宣长经由读者的反应，准确地把握到了物语的趣旨。由此，《源氏物语》中穿插的古代物语的接受者（读者），与作为《源氏物语》的接受者（读者）

的宣长合二为一了。简言之，"《源氏物语》中的人物阅读古代物语时的心境，正与后世之人阅读《源氏物语》时的心境相同"。

近代以来，处于研究立场上的物语文学的研究者，已经从物语文学的接受者（读者）中分离了出来，从而也就丧失了从接受者的立场对物语世界进行探究的可能性。因此，作为物语研究者和将自己叠印于宣长之上的近代的国文学者们，自然也就不可能明了这样一个事实，即宣长对源氏的理解完全基于接受者（读者）的立场。但是，从玩歌的接受者的境位出发另辟蹊径建构起和歌美学的宣长，摇身一变，又成了王朝物语世界的接受者，试图打通与物语世界接轨的通途。宣长致力于通过将作为物语的接受者的自己叠印于物语中的古代物语的接受者，以阐明物语的奥义。事实上，真正明白道出《源氏物语》的意味的，恰恰是《源氏物语》中就物语做过发言的主人公——光源氏本人。这是《紫文要领》所精心埋下的巧妙的光源氏论的一个伏笔。开启《源氏物语》的物语世界的秘钥的，就是主人公光源氏的一番妙论。光源氏的这段有名的物语论，出自"萤卷"，是他与玉鬘的一段对话：

原来故事小说，虽然并非如实记载某一人的事迹，但不论善恶，都是世间真人真事，观之不足，听之不足，但觉此种情节不能笼闭在一人心中，必须传告后世之人，于是执笔写作。因此欲写一善人时，即专选其人之善事，而突出善的一方；在写恶的一方时，则又专选稀世少见的恶事，使两者互相对比。这些都是真情实事，并非世外之谈。[20]（此段汉语译文，引自丰子恺译《源氏物语》，第526页，人民文学出版社，1980年12月版。——译者注）

宣长认为，光源氏的这段物语论，揭开了以《源氏物语》为代表的物语世界的成立根据。在他看来，光源氏针对物语所作的发言，正表达出了作者紫式部"写作《源氏物语》的趣旨"。宣长在他的《紫文要领》中，对光源氏的这段话做了另一番解释。他的解释，是用"物哀"概念对物语世界进行的重构。

人们看到世间从未见过的珍奇事情时，内心都会不由地想："这是多么奇怪的事情呀，这是何等珍奇的事情呀！"见到了这样的事情时，就迫切希望对别人讲。……"多么奇怪""多么可怕""多么难过""多么可笑""多么高兴"等之类的心情，很难做到只放在自己心中秘而不宣，总是希望向别人表达。世上所见到的、所听到的一切，都会对人心有所触动，这是人心本性使然，而诗歌就是为表达这样的感动而产生的。（王向远译）

世间的所见所闻，都会触发我们的种种感想。稀罕的、古怪的、高兴的、悲伤的……凡此种种，越是能打动我们的心弦，我们便越是难以将其深埋心底，心中会涌出不可遏止的不吐不快的冲动。宣长认为，物语即起源于此，诗歌亦然。这个令物语和诗歌生起之心，亦即时刻被世间之事所搅动、生发各种感情之心，就是"知物哀之心"。

每当有所见所闻，心即有所动。看到、听到那些稀罕的事物、奇怪的事物、有趣的事物、可怕的事物、悲痛的事物、可哀的事物，不只是心有所动，还想与别人交流与共享，或者说出来，都是同样的道理。对所见所闻，感慨之，悲叹之，就是心有所动。而心有所动，就是"知物

哀"。《源氏物语》除了"知物哀"之外,别无他求。(王向远译)

如上所示,物语是由具有深知"物哀"之幽趣之心灵的人创作的,他们把"物哀"的种种机微传递给读者,形成了以"物哀"为核心的物语理论。宣长明确指出:"物语者,专事表达物哀,以令读者觉知物哀为务也。"

如前所述,宣长根据光源氏所表述的物语论重新建构起来的以"物哀"为核心的物语理论,贯穿着的是物语世界的接受者(读者)的立场,即正是"物哀"世界的接受者(读者),才真正发现了到处弥漫着"物哀"的物语文本。而作为信息发出者的物语作者,其本身也是"物哀"情趣的最深体会者和接受者。从通过《源氏物语》感悟"物哀"的自己,到作为"物哀"的深切领悟者的《源氏物语》的作者,宣长的物语理解中所一以贯之的,都是"物哀"的接受者和感悟者的立场。因此,阅读物语文本(接受)的行为,就是要一边置身于充盈着"物哀"的文本世界,一边将文本所带来的"知物哀之心",在自己的内心中模仿再生。同理,和歌大抵也是自己对"物哀"的模仿再生行为。宣长以"物哀"为核心的物语理论,始终贯彻着接受者的立场。在这一卓越理论大厦的根基之处,雄踞着将玩歌付诸实践的接受者——宣长。

学习古人之心,将物语中所描写的古人的情态与古代和歌统一起来,便能更好地理解《源氏物语》里中等以上阶层的风俗人情。当自己身临其境咏歌时,所咏之歌无论优劣,都不会有违古人之心。如果长期浸淫于《源氏物语》,朝夕赏玩之,并以其境界咏歌,便会在不知不觉中悟得古人的风雅之情,心也自然与古人有所相通,而尽可能远离俗人

之心，则见风花雪月时，也与俗人所见有异，而能深深感知物哀。（王向远译）

2 "感兴之心"的自律

宣长运用"物哀"的概念，基于接受者的立场，对物语世界进行了解读。与此同时，他又用"物哀"这一理念，对和歌的世界做了理论重构。宣长歌论所担负的课题，在于如何把"无益于天下政务，亦无所资于日用常行"这一社会存在的关于和歌的无用性的认识，作为自己理论阐发的前提，然后再由此出发，论证和歌的自律性存在。《排芦小船》开头的文章，俨然是宣长歌论的起点。"歌之本体，非在于辅助政治，亦非在于修身养性，只是表达心中所思而已"，必须跳脱所有的社会有用性的文脉，从"唯言心中所思"这一和歌的本然出发，单单于此处，言说和歌存在的必然性。问题是，离开所有的有用性的文脉，和歌又以什么为依据来主张其存在的必然性或曰其自律性呢？宣长对在满的《国歌八论》所提出的批评，明确地指出了和歌自立的基盘。"和歌，非'六艺'之类，既无益于天下政务，亦无补于衣食住行。……其所谓'中和男女'，若果如此，岂非教唆男女淫奔乎？"（《国歌八论》）针对在满的如上言论，宣长加上了如下的按语：

须知，坏事可感，好事亦复可感。人既可感，神岂无感乎？淫奔之媒云云，此正感动人心之和歌之德也。㉗

宣长指出，有言和歌为淫奔之媒，专事动摇，蛊惑人心。然而，与其指责和歌不道德，毋宁说，这正是和歌之德。和歌之德，或曰和歌的本然功能,在于和歌乃出自人心之动,并能使听者动心。和歌产生于对物之趣味有着深切的感受和感动的心灵,它反过来又令听者心生感动。和歌的自律性存在,端赖这个感受和感动之心的自律性的作用。㉘ 关于"感兴之心"的自律,宣长前面已经做过解释,"须知,坏事可感,好事亦复可感"。正如宣长所言,"何谓感物? 乃知物之哀也",㉙ "感兴之心"即"知物哀之心"。这意味着,对和歌物语的自律性存在的言说,便是对"感兴之心"亦即"知物哀之心"的自律性作用的言说。

所谓"感物",就是"知物哀"。所谓"感",不是通常所认为的只是对好的事物的感知。"感"字,注释为"动也",有"感伤""感慨"等意,系指对万事万物都有所触发,心有所动。……对万事万物都心有所动,或悲或喜,深有所感,都是"感"字本意,也就是"知物哀"。关于"知物哀",我在《紫文要领》一书中也有详细论述。

世上一切事物中,都有"物哀"在。尽管所感动的事物中,有善恶正邪之别,但心灵对一切事物都会自然地生出感动。人们有时候对自己的心灵感受都无法加以控制,对道德上认定的恶事也会有所感动。儒佛之道则对感触恶事严加警诫,教导人们远离恶事。物语则对一切事物都主张知其物之心、事之心,并以此为善,而不管道德上的善恶评价,在这种感动中,就有了"物哀",并以此为根本宗旨。(王向远译)

如上所示,和歌物语文学的自律性存在,借由"感兴之心"的自律性,获得了坚实的理论支撑。但是,借着"感兴之心"的自律,和歌物语文学得以自律存在,端的是在歌论或曰文学理论的层面上的。诚然,如果歌论可以把和歌的社会存在的无用性之认识作为前提,去主张和歌自身的存在的话,那也只能是依托于这个作为和歌之本源的"感兴之心"的自律。"和歌物语则对一切事物都主张知其物之心、事之心,并以此为善,而不管道德上的善恶评价,在这种感动中,就有了'物哀',并以此为根本宗旨。"这段话,借由"感兴之心"的自律,建构起了理路通达的文学理论。但是,"感兴之心"这种受容心性的自律——可以称之为在表述上自相矛盾的受容心性的自我主张,毕竟只是指自己的感受之心原本的或曰恣意的、放任的自足性而已。"有时候对自己的心灵感受都无法加以控制,对道德上认定的恶事也会有所感动",从宣长的这句话背后,我们分明可以看到《排芦小船》中把"实情"概念予以解构的、充满无秩序的情绪的宣长的那张面孔。单靠"感兴之心"的自律或是感受内心的自足性,不可能在并非理论之咏歌这一实践层面,达成自我的和歌的积极的、自律的创作。如后所述,由"感兴之心"构筑起来的,是"物哀"的接受者的美学。

3 "物哀"歌论的重构

如上所述,"物哀"概念,是从物语的接受者(读者)的立场,作为物语理解的概念建构起来的。在考察发端于"物哀"概念的歌论的重构之前,让我们再一次对基于接受者立场的物语理解做一个概括。"它将世间发生的各种各样的事情都写下来,使读者产生上述的种种感觉,将从前的事与眼前的事相对照,在从前的事情中感知'物哀',又在自己与物语中人物故事的比照中,感知当下的'物哀',从而慰藉心灵,排遣忧郁"(《紫文要领》,王向远译),这既是阅读古物语的宫廷女官们的感受,同时也是宣长本人阅读《源氏物语》的体会。从这种体会中,物语的别一种意趣趋于显豁。经由感悟"物哀"的读者,物语作为充满

"物哀"的世界而出现。而这个读者,又从物语文本的背后,发现了用"物哀"充填了整个物语文本的人,也就是将不可遏止的"物哀"情思寄托于物语的作者。毫无疑问,这个作者本人,又是"物哀"的深切感受者。在宣长这里,物语世界乃由诸如"感受之心即知物哀之心"一类的多个相互叠加的层次构成:除了是作为"物哀"接受者的自己,还有作为"物哀"的深切感受者的作者。所谓的基于"物哀"概念的物语理解,是贯穿着物语接受者的立场的,换言之,即为从物语中感受到"物哀"者的立场的文学理解。

前面我曾经说过,通过"物哀"概念理解物语世界的宣长,又用"物哀"概念重构了和歌世界。我的解释是,宣长的《紫文要领》和《石上私淑言》几乎是在同一时期写成的,因为这个关系,这两本书都贯穿着"物哀"这一概念。宣长在《紫文要领》中的物语理解,显示出了对于接受者的立场的贯彻。那么,在和歌的世界中,他又是如何运用"物哀"概念展开重构的呢?关于和歌创作,宣长认为,它是歌人将不可遏止的"物哀"情绪以和歌的形式加以宣泄的产物。他的原话是这样的:

"知物哀"者,遇到可哀的事情即便极力平心静气,也仍然禁不住感到可哀。正如耳朵灵敏的人,听到雷鸣时会努力克制畏惧之心,但仍然感到可怕,是一样的道理。当被"物哀"所打动的时候,虽然极力控制自己,但心中依然不能自已,这种情况就叫作"不堪物哀"。在情有不堪的时候,自然就会将感情付诸言语,这样吟咏出来的词语,有了一定的节奏长度,就具备了"文",这也就是"歌"。(王向远译)

上述这段话，以感受"物哀"之心，对和歌创作做了合乎逻辑的、出色的理论化阐述。这一理论构建的巧妙之处在于，和歌作为语言表现艺术，"文采"是不可或缺的，对此，宣长也按照不可遏止的"物哀"之心这一逻辑，做出了令人信服的解释。此外，在其所建构的这一理论框架中，在不可遏止的"物哀"心之上，还为和歌的读者或曰听者的感受之心留出了空间。

因而，依托词语的优美文采，长歌咏叹，便可表达无限的情感。而听歌的人，如果听到的只是通常的用词，感动即浅；若词有文采、声有长叹的歌，听者也便深受感动。（王向远译）

可以说，此乃以"玩赏词花言语"为特征的当世风和歌的亲身实践者关于和歌的美学理论的成立宣言。"词有文采"，咏以为歌，发于"知物哀之心"，此乃和歌之本然逻辑，亦为和歌之内在必然。

宣长歌论之完美建构，端赖"物哀"这一概念。在此，我们有必要对那两本书的关系，亦即"物哀"物语论（《紫文要领》）与"物哀"和歌论（《石上私淑言》）的关系再做一番考察。"物哀"物语论中的作者，其本身即为不可遏止的"物哀"之心的主人。物语的接受者，亦即从物语中感受"物哀"者，再去体察物语文本背后的作者，亦即形形色色的"物哀"的发出者的心境。"每当有所见所闻，心即有所动。看到、听到那些稀罕的事物、奇怪的事物、有趣的事物、可怕的事物、悲痛的事物、可哀的事物，不只是心有所动，还想与别人交流与共享"（《紫文要领》）。显然，具有不可遏止的"物哀"之心的人，便是讲述、创作物语的作者。可是，"物哀"物语论中的这个作者，通过平行移动，又一变而为"物哀"和歌论中的作歌主体。如此一来，受到不可遏止的"物哀"之心驱动而咏歌的歌人，不正是物语的作者吗？"物哀"既是理解物语世界的概念，同时又是和歌世界的构成概念，所以，出现这种情况也便顺理成章了。只不过，物语作者乃是站在物语的接受者的立场想定的"物哀"的感受者。而将物语作者移植到歌论的世界中，即为作歌主体（歌人），亦为"物哀"的深切感受者。这表明，在宣长的歌论中，同样贯穿着"物哀"的接受者和感受者的立场。围绕着物语的成立贯穿着物语理解的逻辑，感受"物哀"之心，在歌论当中，成了歌人围绕和歌之成立贯彻始终的歌论的逻辑。

前面我已经指出，构成宣长"物哀"物语论的根柢的，是对玩歌的接受性实践。正如宣长所言，"如果长期浸淫于《源氏物语》，朝夕赏玩之，并以其境界咏歌，便会在不知不觉中悟得古人风雅之情，心也自然与古人有所相通，尽可能远离俗人之心，则见风花雪月时，也与俗人所见有异，而能深深感知物哀"（《紫文要领》），游心于王朝的情趣（みやび）世界，通过咏歌与之同化，在自己所处的当世之境中复活风雅传统，这便是对"物哀"的实践性的接受，故阅读物语和吟咏和歌，并无二致。如此一来，在根柢上具有"物哀"物语论的玩歌的实践性接受者，"物哀"歌论同样也对其起到了根本性的支撑作用。宣长的"物哀"歌论，是歌人对"物哀"的接受和再生与歌会上对"物哀"的共同接受与再生的绝佳的理论支撑，它区别于"俗"，用"雅"完成了对该再生行为的特权化。

4 "人本主义"的文学理论

不论宣长用"物哀"概念建构起来的歌论的理论体系多么精巧，由这一理论作业本身予以理论化的,都不过是王朝情趣(みやび)的接受和再生这样一个玩歌的自足性的行为。同样地,和歌的自律主张所依据的"感受之心"的自律,所指终究只是自己的感受之心的不折不扣的、恣意的、随机的自足性。那么,宣长的"物哀"歌论作为新的文学言说,在18世纪的思想空间中,其本身所当积极提示的,到底该是怎样的一种文学理论呢?

"物语"论是近世18世纪的玩歌的理论化作业,作为近世前近代的言说,其所当积极提示的,必须是"人道主义"的文学理论。作为近世的前近代的言说,"人道主义"是文艺理论预告现代就要来临的意识形态前提,也是必须具备的意识形态立场。中村幸彦在其题为《文学即"道人情"之说》[30]的著名论文中,探求的正是近世文艺思潮中"人道主义"的底流。在注目于伊藤梅宇对西鹤的"通达人情,禀赋也"(《见闻谈丛》)这一评价的同时,中村还考察了使得这一文学评价成为可能的仁斋的古义堂学派的"人道主义"思想。他还引用东涯的"诗之语言虽然繁复,但'道人情'一句,概括无遗也"(《读诗要览》),探讨了仁斋的古义学思想中投向"人情"的积极的视线。他进而指出,"道人情"这一系列言说,"出现于元禄人文主义背景之下,构成了从汉诗文到和歌连歌俳句小说的整个文学的底流,显露了文学思潮这一巨大冰山的一角"。从元禄文艺思潮这一近世文艺高峰的底流中,中村把握到了"人道主义"。接着,他又以指涉"文学本质"的"人情"一词,从元禄以降的发展中探寻文学理论的趋向,揭示人情说不断演变的特质。[31]何为特质,姑且不论,以"人情"为主题词的近世文学论的"人道主义"特质的描述,倒确是深入人心了。

但是,中村评述元禄文艺思潮所用的"人道主义"一词,如其所说。"按照一般的用例，其思想特征是人的自觉、自由精神的高扬和对旧文化的批判等等。正如人本主义这一指称所表明的那样，元禄的思想无疑即是人本主义本身，仁斋的思想也具备了浓厚的人本主义的色彩。"由此我们发现，中村言之凿凿的正是建立在人的自觉之基础上的近代精神，他试图从元禄的文艺中，从仁斋的思想中，寻找符合近代精神的东西，并据此重新做出评价。中村高唱人道主义的论调与该论文的完成时间大有关系，这是他在自己昭和二十五年（1950）的讲演的基础上写成的。中村从近世文艺思潮中发掘的，正是打上了这个时代烙印的"人道主义"。不过，我在这里举出中村这篇著名论文的目的，并不是为了追认对宣长的"物哀"文学理论的"人道主义"的再评价。[32]近世的文学理论凭借"人道主义"方得以向社会提示自己的言说，通过装饰为"人道主义"，文学理论才得到了某种社会承认。我所关注的，正是这样一个近世前近代的文学论言说的存在条件。

对古义堂学者提出的"诗者，道人情也"的再评价的视线，直抵诗歌背后或是其内部，是对主情的人的主体的发现。该视线的成立，正如中村的论文所追溯的那样，是与仁斋等对人的感情之契机的积极的思想评价密切相关的。[33]如果说古义堂的学者的论说，给出了"元禄人道主义的理论根据"，那么，这与诗歌背后的、感情的人的主体的发现相关，依赖于对人的感情的契机的积极评价的学说。诗歌中对感情的人的主体（或曰人情的主体）的发现的视线，规定了近世的前近代文学论的"人道主义"，促成了文学论的"人道主义"之构成。如果没有对诗歌背后的感情的人之主体的发现，近世的前近代文学论便不能成立。人情的主体之论，是歌论作为近世的前近代文学论得以成立所必须具备的理论前提，也是必须装饰、担负的意识形态立场。

真渊歌论传达出了某种内在的急迫心情，宣长歌论则是与之迥异的异质存在。虽说如此，在"和歌咏出之场"，我们分明能感到"知物哀之心""感动之心"等感情主体的作用，这恐怕与近世的前近代文学论彰显自我的诉求有关。宣长歌论是在吸收近世歌论的理论前提下才得以成立的。不过，在近世歌论的咏歌的基底部分，"实情"概念乃是前提，宣长对此虽然也有接受，但在他的歌论中，这一概念格格不入，宣长对此颇感棘手。我们只要看看前面所引的《排芦小船》的开头部分宣长围绕"实情"所做的支离破碎的议论，便可明了这一点。虽然就这个议论来看，"实情"概念已经完全分崩离析，但是，若不以"实情"概念为前提，"和歌之本然"之论便不成立。在宣长歌论中，这个令他大伤脑筋的"实情"概念的位相的最直观的展露，莫过于下面他这段对于"实情"的揶揄性说辞了。

如欲表达实情，直须以实情咏之；如欲虚伪矫饰，则何妨虚伪矫饰；欲图修辞之妙，宜多用美辞丽句。要在依意而行，此之谓实情也。

5 "神之御国"的人情论

宣长的《排芦小船》，对于"实情"的概念语焉不详；但是，另一方面，对于人情的本然之论，则旗帜鲜明。他极力主张，"人之本情，只是朴拙纷然"，"须知，人情之本然，无非无奈朴拙愚直也。和歌既为抒情之物，理当随情宛转，直是无奈朴拙纷然可也"。由此可以看出，宣长此处关于人情的言辞，分明是在为自己的咏歌行为，或广而言之，是在为和歌的存在意义本身寻找支撑，从而，这些言辞便成了欲使和歌正当化的意识形态言辞。和歌已成玩歌，此乃歌坛当时的状况。宣长歌论从这种完全迷失社会存在意义的和歌的现状中突围而出,标举美的自律之论。他从人情论出发,开始宣扬和歌的新的存在意义。此便是"神之御国"的人情论。

宣长的《石上私淑言》奠定了他的"物哀"论。这本书下卷[24]的"歌论"部分,展示的是一个颇为异质的论述,即作为对围绕"和歌"或曰"倭歌"一词的提问的回答,宣长先做了一个铺垫,"闻者或言,此论之于和歌之道实为无益。如此长篇大论,不免惹人厌烦"。之后,围绕着"大和"国名,他引经据典,展开了颇为冗长的叙述。这段议论,正如他自己所言,虽说对了解"事物整体之大本"有其意义,但从歌论的角度看,则颇不相干,甚至可以说是空话连篇。但是,这个从歌论的角度看的泛泛之论,在和歌上,则最终成就了"神国之心"的言说。围绕"和歌"这一设问而派生的关于国名的空泛之论,逐渐演变为所谓的"敷岛之道"这一和歌意识形态的本质问题。

其实,对于所谓的"敷岛之道"的和歌的意识形态本质,宣长并未正面言及。对于装腔作势之论,宣长一概以"汉意"予以拒斥。宣长在"敷岛之道"之和歌中所力图发掘的,是用"无常、软弱的"语言表达的"人之情"。宣长认为,前者徒有"其表",伪饰少诚。他要做的是从后者中寻找普遍的人情的真实。针对"头头是道、装腔作势者,均属伪饰,而人的真实感情却是软弱无靠的,这是什么道理"的设问,宣长表述了他关于"实情"的见解:

一般而论,人无论怎样坚强,探其内心世界,则与女童无异,大都是软弱无靠、孱羸无力的。中国人其实也是如此。因该国不是日本这样的神国,从远古时代始,坏人居多,暴虐无道之事不绝如缕,动辄祸国殃民，世道多有不稳。为了治国安邦，他们绞尽脑汁、想尽了千方百计，试图寻找良策，于是催生出一批批谋略之士，上行下效，以至无论何事，都作一本正经、深谋远虑之状，费尽心机，杜撰玄虚理论，对区区小事，也论其善恶好坏。流风所及，使该国上下人人自命圣贤，而将内心软弱无靠的真情实感，深藏不露，以流露儿女情长之心为耻。更何况赋诗作文，只写堂而皇之的一面，使他人完全不见其内心本有的软弱无助之感。（王向远译）

如引文所示，宣长把"彼国"人士喜好装腔作势的性癖作为"汉意"予以铺陈，与此同时，展开自己的"实情"之论。这个围绕着"实情"，具有"自／他""异／同"之言说框架的辨别性的议论所要建构的是"我国"的心情的同一性。"日本人在后世也变得越来越进步与聪明，为什么只有和歌仍然如远古而万代不变，唯感物兴叹而不染慷慨豪壮之男子气？"宣长对此设问的回答是："我国乃天照大神之御国，伟大而美好，远远优于他国。人心、技艺、言语皆直率优雅。"宣长宣称，和歌中所表现出的心灵与语言的优美，正是对"我国"的优越性的诠释。在此，宣长歌论的言辞已经变成了一种意识形态言辞，其中所透出的乃是"敷岛之大和国"的心情的自我同一性。

及至后世，学习中国之风愈演愈烈，只有和歌仍然保持神代的意与词，丝毫未受外来风气污染，这岂不是可喜可贺的事情吗？……世人一般认为，和歌之道乃我日本大道……但另一方面，在歌道中却未失神代之心，则又殊为可喜。（王向远译）

在 18 世纪的宣长的文学言说中，伴随着对"汉意"的批判，以及建构日本的心情的自我同一性的需要，"人道主义"作为"神国"的人情论得到了展开。在 18 世纪的文化社交世界中，宣长的"物哀"歌论为王朝的"物哀"的接受与和歌中情趣的再生提供了理论支撑，从而，作为近世之前近代社会的言说，彰显了自己的存在价值。

本居宣长（其二）

君问大和魂，念念在心怀。譬如朝阳里，山樱烂漫开。

（和歌原文：しき嶋のやまとごころを人とはば朝日ににほふ山ざくら花）。

这首广为人知的和歌，是本居宣长题于自画像上的自赞歌。宣长将自己一生所作的和歌都收录于《石上稿》中，这一首作为《题自画像之和歌》收录在"宽政二年庚戌咏"条下。针对这首和歌，上田秋成在《胆大小心录》中，曾对宣长做出了辛辣的讽刺："大和魂云云，胡言乱语罢了。无论何国，其国之魂也者，该国之臭气也。更有甚者，还要题之于自家画像之上。说甚'君问大和魂，念念在心怀。譬如朝阳里，山樱烂漫开'，荒唐荒唐！题于自画像之举，真个是妄自尊大，可笑至极！"在秋成与宣长之间爆发的关于"太阳神"的论争中，宣长欲确立日本国家之同一性的言说，清楚地表明了其主张带有多么强烈的"臭气"意味。宣长在明和初年开始撰写《古事记传》，在宽政十年（1798），也就是他六十九岁之时，全部四十四卷终告完成。这是他后半生花费了三十五年的心血完成的大业。《古事记》注释作业的完成，意味着《古事记》作为日本文化的言语的同一性的证明被展示于众人眼前。宣长在完成《古事记传》之后，通过和歌抒发了他的那份喜悦："古事今解得，我心欣欣然。往古人与物，历历在眼前。"翌年，亦即宽政十一年，在庆祝自己七十岁的寿宴之上，宣长将那首"敷岛大和心"的和歌题于自画像上，分送给了自己的门人。

享和元年（1801）九月二十九日，宣长辞世，享年七十二岁。在此前一年，宣长写下了有名的《遗言书》，宣长对于记述、记录的近乎魔性的执着在其中得到了集中展现。他对自己遗骸的纳棺，葬仪、葬礼的安排以及安葬、墓地的布置，甚至死后致祭的方式，乃至祥月时的歌会的组织方式等都做了详细的图示。而宣长的遗骸，正如《遗言书》中所预先计划好的那样，就安葬在松阪市外山室山的山上。墓地中，"遍植山樱，香飘四野"。

第十章 一国始源之叙述

> 忘却，或可称为历史的谬误，方为造就一国国民的一个本质因素。
>
> ——厄内斯特·勒南《何为国民》

> 古昔，曾有日本与三韩本为同种之说，该书在桓武天皇御世之时遭到焚毁。据说天地开辟之后，素盏鸣尊亦曾到达韩地，故谓此地各国亦为神之苗裔也。但此说不亦过于牵强乎？故此，古来并不采纳此说。
>
> ——北畠亲房《神皇正统记》

一 作为死角的"朝鲜问题"

韩国日本文学研究者姜锡元在大阪大学提交了题为《上田秋成研究——围绕朝鲜的秋成国学的世界》①的学位论文，我虽以评审专家的身份参与了论文的审查，却反而因此受到很大的启发。也是因了他的论文的影响，我开始重新思考"朝鲜问题"。本章试图通过论述宣长，直面自己的死角，围绕"朝鲜问题"进行反省式的再确认。这是一次"再思考"，其目的在于消除依然存在于日本人的自我认识中的"朝鲜问题"这个死角。虽然，我自认对于这样的自我认识的问题性有高度的认识，但是，这篇论文再次提醒我注意一个事实，即在自己关于近世国学的认识中，"朝鲜问题"依然是视线中的一个死角。

构成姜氏论文之核心章节的，乃是其对本居宣长与上田秋成（1734—1809）之间的那场国学思想史上著名的论争，亦即"太阳神论争"所做的探讨。姜氏的着眼点并不在于追溯论争的过程，而是重新探讨引起这场论争的契机——藤贞干（1732—1797）的《冲口发》的意义。姜氏一方面重新唤起了《冲口发》对于日本古代史认识中的"朝鲜问题"的认识，另一方面，通过论争过程中宣长与秋成对于"朝鲜问题"不同的回应，考察了两者国学思想的本质差异。姜氏的问题意识，揭示了以下事实：研究者单单只是通过宣长与秋成的论争来展开对国学史的叙述的，而这样的国学理解本身，就是建立在遮蔽、忘却作为论争发端的日本古代史中的"朝鲜问题"的基础之上的。

二 《冲口发》提出的命题

藤贞干②的《冲口发》（1781年成稿），引发了宣长针锋相对的驳论《钳狂人》（1785年成稿）。此后，秋成又对宣长的批评提出驳论（《钳狂人上田秋成同弁》），两者间的论争由此展开。这件事的整个过程，作为国学史上的知识，大家都十分了解；但是，对于构成国学史上那场著名论争发端的《冲口发》，我们难道不是不自觉地只是从宣长的视点予以看待的吗？对于《冲口发》针对日本古代史说了什么，提出了什么，我们并没有深究。大家都自觉地同一化于宣长驳论的视角，认定藤贞干的书通篇不过是针对古代史的非论证性的无稽之谈而加以蔑视。这让我再一次深切地认识到，规定我们关注思想史的视角的，永远都是左右思想史语境的、主流话语的构建者，比如宣长。

由收录着宣长的驳论《钳狂人》的《本居宣长全集》第八卷[③]的编者大久保正的解说，我深切地体认到，这虽是对宣长本人的全集的解说，但确乎可以体现出，宣长对于近代的国学研究者的视角，具有极其强大的规定力。

《钳狂人》这一书名，顾名思义，乃将藤贞干视为狂人，以钳子对其予以钳制之意。书名无疑是十分刺耳的，但相对于贞干的无稽不实的臆说，宣长从实证性文献解释的立场出发的批判，得其正鹄之处却颇多。

"臆说"或是"一家之说（私说）"，乃是宣长常常在论争过程中从自己所谓的"文献实证"的立场出发给论争对手的"无稽"言说打上的烙印。无独有偶，大久保正作为全集的解说者，也与宣长一道，给贞干打上了"无稽不实的臆说"的烙印。

《冲口发》"国史"一章中，有如下一段话："读《日本纪》可知，日本国之事，其源头要追溯至马辰二韩，与弁韩也有密不可分的关系。若忘记了这一点，去读《日本纪》，便会感到十分难解。人们不知道，日本与韩国古来的渊源关系统统都被掩蔽了，从而制造出了任何事情都是自足地内部完成的假象，而将韩的言语认作是和训。诸说纷纭，终不得其意。"[④] 如这段话所说，藤贞干认为，在《日本纪》成立很久之前存在的日本古代社会是深受韩文化、风俗及其言语影响的，甚至可以说是受韩所支配的。而作为《日本纪》这一编撰事业之最主要象征的日本古代国家自立的展开过程，恰恰就是要掩盖日本古代社会深受韩政治、文化影响这一事实，其目的就是要塑造日本"任何事情都是自足地内部完成"的形象。藤贞干的持论，提供了另一种视角，即与已经完结的一国史性质的日本古代国家的成立史的叙述相区别的、迥异的观照古代史的视角。国家的自立性的成立，必然要求建构一国史，从而出现从一国史角度出发的论述。而《冲口发》所要做的，恰恰是对一国史式的国家成立史、国家始源的叙述进行颠覆性的解读。至于这种对一国史式的国家成立史进行颠覆式的解读背后究竟有何意图，我们稍后再议。

藤贞干将怀疑的视线首先投向了一国史式的国家成立史中的神话装置的部分。他将"记纪神话"中神话化了的先史时代部分与属于后汉时代的中国政治圈中的朝鲜半岛，亦即当时的三韩（马韩、辰韩、弁辰）的历史过程进行了全面的比照。这个比照之最具代表性的言论，就是认为"素盏呜尊乃辰韩之主"。贞干进而认为，"辰韩乃秦之亡人也"。由此出发，贞干更进一步举出并探讨了在神话中登场的"伊奘诺""伊奘冉"等神名，以及后世所残存的"臣""县主"等官职名称一类的言语与韩音、韩语的关联性、类似性，以为上述的颠覆性观点提供证明。

本邦之言语，音训皆由异邦移来者也。和训虽有种种之说，但十之八九，乃上古韩音韩语或西土之音转来也。秦人之言语，至韩一变，至本邦又一变。今欲求之，奈何已混入和训，无从分别。

宣长认为日本列岛上存在着固有言语（大和语），他试图从《古事记》中找寻证据。而以上这一言说，显然是与宣长的语言观尖锐对立的古代语言观。这也是为何宣长要以《钳狂人》（钳制狂人）这样出格的咒骂为标题的理由所在——他必须强硬回击《冲口发》的主张。

贞干还认为，服饰、丧葬、祭祀、拜神的拍手等古代习俗，都是在"大宝的制令"也就是国家开始导入中国式文物制度之前的时代的土俗，他认为这些都是"韩俗"的遗习。的确,藤贞干在《冲口发》中所发的议论大都是片断式的论述,难免不够严谨,而他关于"韩风"的土俗的观点,其意图乃在于彰显"天智文武二帝"用"唐之制度文物"取代"韩风"的遗业。⑤但是,必须承认,作为近世18世纪的一个学者,藤贞干为我们提供了一个异质的古代史像,这是有别于一国史式的国家起源史、成立史的叙述框架的。

三 针对"狂人之言"的驳论

按照《古事记》的叙述,"大和国"有固有的始源,而《冲口发》却是从"韩"的视线出发,或是在"韩风"支配的语境中,解读日本古代国家成立之前的过程。宣长将这样的主张视为"狂人之言",并对此大加挞伐:"不知从何处冒出一个不知天高地厚之人,最近抛出《冲口发》一书,口出诋毁我大御国往昔之狂言,竟至连神圣不可侵犯之皇统,都肆无忌惮地乱加议论,果真是狂人之言也。"⑥关于《冲口发》中对古代史的重新解读,宣长斥之为"狂人之言"。这种防卫过当式的批判恰恰表明,在宣长看来,"大御国之往昔"这样的单独一国的起源史、单独一国的成立史乃不证自明的存在。对于反对这种自明的单独一国起源的《冲口发》的观点,宣长自然视其为"狂人之言"。

以"狂人之言"这样的非难之词开始的《钳狂人》的驳论,究其根源,可归结于是否相信作为一国之始源的"大御国之往昔",或者说是否接受作为一国始源由来的"大御国"之尊严。下面我们就来看看,对于藤贞干的"本邦言语……十之八九源于上古的韩音韩语"这一主张,宣长做何驳论。宣长试图通过从《古事记》文本中读取日本的固有语言（大和语）确证"大和语"本来就已存在，故对于藤贞干的主张，自然是不能容忍。⑦因此，他祭出"狂人之言"来葬送其言论，便不足为怪了。从《冲口发》的论者的立场来看，日本上代言语的情况不过尔尔——宣长运用比喻的言辞，语带讽刺地展开他的驳论：

论者是否以为，久远之上代之时，此御国无人居住，恰如无人岛一般，直至有人自韩移来，方始有人居住？又或者，虽本来有人居住，但在与韩汉往来以前，尽皆不言不语，宛如哑人一般？若说本来有人居住，而其人又必须言语，则拥有自己的言语一事，便无可置疑。

宣长的这个驳论中有其未予明示的前提，即，"若此'御国'中本来有人居住，自然他们便会说'御国语'"。该前提处于隐含状态。利用这个隐含的前提，宣长轻而易举地就把《冲口发》中的日本上代的言语基本都是"韩音韩语"这一主张消弭于无形了。宣长称，按照《冲口发》的论者的论点，"御国"本来就是无人岛，从来自韩的渡来者到来之后才有人居住，又或者，"御国"即便本来有人居住，他们都是没有语言的哑者，渡来人到来之后，他们方始获得了语言。诸如此类的反论乍看似乎无懈可击，仔细推敲，便会明白，它们都是建立在上述隐含的前提之上的。将此前提再重申一次，亦即这样一个命题："若'御国'之中本来有人居住，他们自然会说'御国语'。"而这一命题，又可归结为下面这样一个先验性的前提："御国"本来一直存在。

宣长虽然采用文献实证的方式对《冲口发》展开驳论，将其斥为"无稽不证的臆说"，但宣长的批判逻辑所据以成立的先验性前提却十分显明，即对于单独一国始源的"信"，是宣长的逻辑前提。

四 国家起源神话的再叙述

《钳狂人》中宣长据以反驳的批判性言说,反而凸显出单独一国的起源史、单独一国的成立史这样的叙述,实际上是基于对单独一国始源的"信"而成立的极其脆弱的说法。对于古代东亚的,尤其是日韩之间的语言、文化共通性以及类似性的主张,这样一种基于对单独一国始源之"信"所做的反驳,终不免导致出现类似于以下的混淆视听的反驳:"若因与异国类似,便说一切皆是学自异国或自异国传来,则鸟兽草木之属,颇多相类;人之形体,头面手足目口耳鼻,大同小异,岂非皆为学汉而作之物欤。"毋宁说,单独一国的起源史、单独一国的成立史这样的叙述,是依靠对"御国"的"信"而建构起来的一种独断的主张或是充满揶揄的混淆,它是通过把上述主张语言、文化共通性的言说妖魔化为对"御国"的"不信"的言说,亦即称之为"狂人之言"予以打压、排除之下而成立的脆弱的言说。

所幸皇国有斯真言得以相传,世人皆可据此知晓其义,奈何有偏离不信其道之人,却去尊崇外国风俗,当真糊涂之至!

皇国之言,乃是自神代之始即已存在的皇国言语,其殊胜精妙,其他戎狄之言,岂可相提并论!

宣长的主要著作《古事记传》,是对《古事记》的重构之言说。⑧《古事记》成书于8世纪,是关于单独一国始源的神话建构,而《古事记传》则是对之所做的再叙述。它是宣长在近代之前18世纪后半期这样一个时间节点上所做的对于单独一国始源的再叙述,亦即再神话化。

而《古事记》和《日本书纪》利用神话的装置所讲述的单独一国的成立史的过程，大约是"大和国"与朝鲜半岛出现政治分离、疆域独立之后走向自立的国家形成过程。但是，要使单独一国的起源史成立，就须要么阉割"大和国"从朝鲜半岛分离形成自己的疆域的事实以及与朝鲜半岛曾经密不可分的前史，要么使用颠倒、倒错的叙述来掩盖事实。到了18世纪，宣长高调重弹这一颠倒的叙述，将单独一国的始源之说再次加以神话化。

古时，韩之诸国，多臣服于皇国，往来密切，相互……由我国传布至彼处的事物颇多，却反有人当其由彼处传来者，此乃不加深思之纰缪也。

以我等古学之眼光观之，天竺、汉国、三韩以及其他国家，所有外国，悉由少名毘古那神所赐予者也。

五 忘却造就的"国民"

单一国家的起源史和成立史，乃是通过忘却和掩盖支配古代时间、空间的政治的诸关系，或是通过颠倒的叙述而得以成立的脆弱的言说。《冲口发》给宣长造成了巨大的冲击，因此造成了他的《钳狂人》这样防卫过当的言说。而防卫过当的言说本身，恰恰暴露出了单一国家始源言说的脆弱性。

对于"国民"（nation）的塑造问题，厄内斯特·勒南曾发表过如下言论："忘却，或可称为历史的谬误，方为造就一国国民的一个本质因素。""国民的本质，乃是所有的个人共有很多事情，同时全体又忘却很多事情。"⑨勒南的意思是说,在造就"国民"的过程当中,对历史的忘却与掩盖,乃是本质性的伴生的现象。宣长在《钳狂人》中的防卫过当的言说,意图正在于将七八世纪时建构"大和国"的过程中竭力封存在集体记忆深处、抛掷到忘却的深渊里的东西,在18世纪的日本,再次心急火燎地将其封存于记忆深处,使其再也不被唤起。宣长的《钳狂人》正是这样一个压制性的言说。那么,那个千方百计要被忘却和压制的究竟是什么呢?那便是关于"韩"的记忆。

对于近代国民国家日本的我们而言,"朝鲜问题"就是这样的一个死角。

【补注】

在国民的记忆中,把日本"单独一国的"起源史所遮蔽的、被抹除了的"朝鲜"重新唤起,目的在于揭示出"单独一国的"国家的历史建构是何其脆弱,其本身即如神话一般。但是,唤起业已从记忆中消失的"朝鲜",绝不意味着主张再次走上探索"日鲜"间语言、文化上的同祖起源之路。早年,从白鸟库吉的"日语古语与朝鲜语之比较"(1898年发表)开始,到金泽庄三郎的研究业绩,这些日本与朝鲜之间的比较语言学研究,从比较语言学的角度,阐明了古代日本存在的大量朝鲜语的痕迹,推进了日朝的亲缘语言系统论的展开,最终,建构起了"日鲜同祖论"的意识形态(金泽庄三郎《日鲜同祖论》,1929)。以上的学术言说,旨在为日韩合并制造依据,正当化帝国日本对中国台湾、朝鲜的占领。从语言学上,或是从神话学上,探索日韩同源的"日鲜同祖论",构成了正当化帝国日本吞并朝鲜的逻辑基础。金泽如是说:"确然,在神代,韩乡之岛与我大八洲国关系如此紧密,更进一步说,历史学家所言大八洲之中包含韩乡之岛的说法,绝对不容置疑。"(《日鲜同祖论》第二节"神代史的一节")

注释

第一章

① 村井弦斋,文久三年(1863)生于三河。撰写有『小説家』『小猫』『日の出島』等大众小说。『近江聖人』作为"少年文学"丛书中之一册,刊行于明治二十五年(1892)十月。该书在丛书中最为畅销,到明治三十八年(1905)末为止,已重印过二十九版,印刷量达三万七千五百部(『博物館五十年史』)。

② 村井弦斋的『近江聖人』(明治二十五)和内村鉴三的『代表的日本人』(明治二十七)中曾言及藤树,并且根据高濑武次郎的『日本之陽明学』(明治三十一)、井上哲次郎的『日本陽明学派之哲学』(明治三十三)等著作看,如果可以把将藤树定位为(日本)阳明学派初祖的研究视为近代藤树像确立的端点,那么,开始于大正期的加藤盛一等人的藤树个人研究,便可以看作藤树像确立的第二期,并且第二期也是县社藤树神社的创建期(大正十一年)。后来,从昭和三年(1928)『藤樹先生全集』(全三册)的刊行,直到战时,藤树的研究迎来了隆盛期。全集编辑者加藤盛一、高桥俊乘、柴田甚五郎加上西晋一郎等人,成了昭和时代藤树像的主要塑造者。对此,木村光德的『藤樹学の成立に関する研究』(风间书店,1971)一书中有详细的"研究史回顾"一节。

③ 作为丛书"少年文学"第十四编,明治二十五年由博文馆刊行。后被收录于

③ 『明治少年文学集』（明治文学全集 95，筑摩书房）中。请参照该集的"解题"（福田清人）。
④ 和辻哲郎『自叙伝の試み』（中央公论社，1961），收录于中公文库。
⑤ 纲吉将军于天和二年（1682）表彰了骏河农民五郎右卫门的至孝行为。他在诸藩树立了所谓"忠孝札"，并将"励文武忠孝，可正礼义之事"一句载入天和三年的『武家諸法度』第一条中。『本朝孝子伝』，便正是对幕府政策顺应时势的准确回应。以『本朝孝子伝』为楷模文，西鹤则通过『本朝二十不孝』一书提供了『不孝子伝』。佐竹昭广在『絵入本朝二十不孝』（岩波书店，1990）中，对两者的关系有着详细的论述。该书还附录有『本朝孝子伝』的"今世"部。
⑥ 笔者依前引『絵入本朝二十不孝』所收内容所作之和译。（本段文字根据子安之和译体复原为汉文体。——译者）
⑦ 关于藤树返乡的理由，有诸种说法。有叹愿书所谓孝养老母说，有因大洲藩藩内事情而寻找致仕理由说，或因对武家社会绝望遂产生脱藩意愿说，等等。以上推断理由似乎都不为错。只是，在这些推断中并无正解。并且通过这些推断而被说明者，不过是藤树返乡的事态而已。思想史需要正面指出的是，应阐明以孝养母亲为由的返乡行动这一集约式表现，与后来藤树学的展开行为都发生了怎样的特质性关联。
⑧ 高桥俊乘『中江藤樹』（教养文库，弘文堂，1942）。木村光德将本书评为战前藤树研究的高峰（木村・牛尾春天『中江藤樹・熊沢蕃山』，叢書・日本の思想家 4，明德出版社，1978）。
⑨ 只能将"年谱"视为依据事实的实像叙述。"年谱"制作本身，已经是以来自传记事实的偶像为对象而展开的再构成工作。
⑩ 参照原念斋『先哲叢談』（东洋文库，源了园・前田勉译注，平凡社，1994）。
⑪ 熊泽蕃山『「集義和書」卷第一○・義論之三』（日本倫理彙編一・陽明学派の部 上）。
⑫ 收入『藤樹先生全集』第一册。「学舍坐右戒」三条中之一。其全文如下："每日清晨拜诵孝经，可以养平旦之气。而后或受读，或受讲，或温习，或誊写，一时亦不可放慢。晚炊之后，可以游艺。若志倦以及体疲时，乃可稍逍遥自适。"

⑬ 「藤樹先生行状」，收入前引『全集』第五冊。
⑭ 加地伸行『「孝経啓蒙」の諸問題』「「中江藤樹」解説』(日本思想大系29，岩波书店，1974)。另，加地氏认为儒教的本质为宗教性，详见氏著『儒教とは何か』(中公新书，1990)。
⑮ 「藤樹先生行状」由前引『藤樹先生全集』第五冊所收。编辑者在《全集》的"解题"中写道："以谨严之笔叙述先生之性行与学术之大要，特别是立志及终焉之情景。不少年谱遗漏之先生起居动作，亦将因本书而获传承。"
⑯ 关于阴骘思想与明代之善书，可参照石川梅次郎『陰騭録』(中国古典新书，明德出版社，1970)、酒井忠夫「明末清初の社会における大衆的読書人と全書・清言」(收于『道教の総合的研究』，国书刊行会，1977)。其中，酒井在讨论善书时所提及的"大众"概念的确立等相关论文，似尤具启发性。
⑰ 『鑑草』(加藤盛一校注，岩波文库，1939)。
⑱ 关于《太上感应篇》及其明代善书问题，可参照楠山春树「道教と儒教」、奥崎裕司「民众道教」(收于『道教』第二卷「道教の展開」，平河出版社，1938)。
⑲ 参照前引石川氏『陰騭録』之所收内容。
⑳ 加地伸行在详细讨论了有关『孝経啓蒙』的文献诸问题后认为，"全孝图、全孝图说、全孝心法、诵经威仪、孝经、启蒙"这一排列，呈现了『孝経啓蒙』最终稿的基本面貌。同时，他也对"诵经威仪"的作者为江元祚这一说法表示怀疑，认为"从现阶段看，称作者不明似乎更稳妥些"(前引，加地伸行「『孝経啓蒙』の諸問題」)。
㉑ 参照前引『中江藤樹』(日本思想大系)所收『孝経啓蒙』中加地氏的和译。
㉒ 宇井伯寿『仏教汎論』(岩波书店，1962)。
㉓ 加地氏有以下重要的观点："在日本的《孝经》史上，从理论《孝经》向实践《孝经》实行转换者，便是藤树，其标志则是《孝经启蒙》的成书。"(前引『孝経啓蒙』の諸問題」)
㉔ 『翁問答』(加藤盛一角柱，岩波文库，1936)。
㉕ 参照林秀一『孝経』(中国古典新书，明德出版社，1979)之现代语译。

第二章

① 将朱子"道学"再构成于17世纪日本的崎门学,堪谓开辟日本"道学"系谱的学说。而且,崎门学的展开,或者其学统的内在脉络之学,则常常作为"道学"的再生产而不断得到发展,当然,也只能是"道学"的再生产。探索暗斋以来崎门学展开过程的楠本端山及其『日本道学淵源録』,为人们展示了"道学"的再生产系谱;而近代崎门学的继承活动,则通过"道学协会"的形式得以延续。

② 参见山崎暗斋『敬斎箴講義——闇斎先生講説』(收入『山崎闇斎学派』,日本思想大系31,岩波书店,1980)。引用时对部分表记有所改动。

③ 『敬斎箴』一书,如本文所言,是朱子所编用以自警的十条箴言集。该集起于"正其衣冠,尊其瞻视,潜心以居,对越上帝""足容必重,手容必恭,择地而蹈,折旋蚁封",终于"於乎小子,念哉敬哉。墨卿司戒,敢告灵台",共由十条组成。暗斋把『敬斎箴』从《朱子文集》中摘出,附以注释和考异,附录以朱子言及『敬斎箴』的文章,并将始于"人之一身五伦备焉,而主乎身者心也。是故心敬,则一身修,而五伦明矣"之名言的序文附著其上,于明历元年(1655)公刊。

④ 所谓朱子学,应该被看作自称朱子后学的儒者们对形成于各时代和地区的、由朱子集其大成之儒学的再构建之学。这一点,在中国亦不例外。朱子本流之学存在于中国,而作为其特殊面貌的朝鲜朱子学与日本朱子学的把握方式,是否已讹变为亚流的朝鲜或者日本朱子学等观点,恐怕不通过对高度变化的过程的观察,是无法形成的。

⑤ 正如本文在后面将要述及的那样,研究者们根据『暗斎先生年谱』中"学朱子而谬,与朱子共谬也,何遗憾之有?是吾所以信朱子,亦述而不作也"这段暗斋的语录,屡将暗斋及其崎门之学确定为对朱子学说的忠实"祖述"之学。然而,仅凭"祖述"的说法,就给崎门学派定性,便无法把握在17、18世纪的日本,试图以及如何去"祖述"朱子学说的崎门学派之特征和本质。虽然见称为朱子学说的忠实"祖述"者,但崎门之学却是在追踪朱子"真说"过程中才形

成的对朱子的再构建之学。对此，以下研究者的发言已做出明示："（暗斋）所追求的，是朱子的定说真面目究竟为何的问题。在此前提下，他广泛涉猎、比较和分析了宋元明诸儒的各类著作，对所有的夹杂物统统进行了筛选和彻底清理。他试图阐明醇乎至纯的朱子真说，其通过超越辞句校勘的思想价值判断而展开的批判作业，几乎贯彻了朱子学派的全程始终。"（阿部隆一「崎門學派諸家の略伝と学風」，载前揭『山崎闇斎学派』解说）冈田武彦也对暗斋"祖述"朱子学说的说法有过诙谐的表达："（暗斋的朱子学解说）不啻让死去的朱子从墓中生还，并让朱子当面为大家讲习。"（『山崎闇斎』，明德出版社，1985）

⑥ 佐藤直方『敬説筆記』（收入前引『山崎闇斎学派』）。
⑦ 浅见絅斋『絅斎先生敬箴講義』（收入前引『山崎闇斎学派』）。
⑧ 暗斋的神道说教，形成于"秘义"的解释学言说，唯此，才作为"秘传"在师徒间传承递续。作为暗斋的垂加神道"秘传"，"土金之传"虽广为人知，但在极秘之传中，复有"神篱磐境极秘之传"。
⑨ 浅见絅斋『浅見先生学談』（收入近藤啓悟・金本正孝编『浅見絅斎集』，国书刊行会）。
⑩ 关于暗斋学中对"体认"的重视问题，冈田武彦在承认其中摄取了退溪学成分的同时，还进一步指出："（它）特别重视朱子学的日常人伦之道，试图通过平易明白的日常生活中的体验，来体认形而上学的道体和精微的心中之理的实体。只是，在如此日常生活体认自得的深切度上，二人（李退溪、暗斋）之学或许要比朱子学有更进一步的伸展。"（前引『山崎闇斎』）
⑪ 我试图把在"敬"根柢化的形而上学言说处去把握崎门学的特质，而并不想通过"敬"的根柢化对崎门学进行再构建。因此，追问其言说的特质固然必要，但并不意味着去追问其学问的构建经纬。是单纯再生产还是相反，已构成了崎门学思想史研究中的分界点。重要的是，如何才能用外在的视点去对待这一言说。我采取"言语论"视点的意图，就在于此。
⑫ 虽说《性理字义》（北溪字义详讲）一般被作为朱子学（性理学）的入门书而广泛使用，但是，崎门派已经指出了沉溺于该书道理的弊害，并排斥之。暗斋即批判道："盖该书有口耳之弊"（『文会筆録』卷三）。由此看来，《性理字义》反

而从逆向反衬出崎门派学问的特质。

⑬ "无居敬之穷理，俗学也。居敬者，致君子之根基也。"（佐藤直方『敬説筆記』，收入前引『山崎闇斎学派』）

⑭ "有云：敬乃始终之要，圣学之基本也。非由敬行，则仁亦有间断，有私欲。勇既不达，知亦表面不入根本。"（佐藤直方『学談雑録』，前引『山崎闇斎学派』所收）

⑮ 关于崎门派的"讲义"以及"讲义笔记"，阿部隆一做过如下的重要解说："述而不作是暗斋以来该学派的传统，不过，至于如何叙述，则要观其讲义。暗斋刊刻的著作多为朱子主要著作的校点或是表章，以后刊行的诸氏的著编书，则可说是新补充的编纂书，是用作讲义的教科书。讲义在绍述师说之后，方始详论自家蕴蓄的见解，门人根据其口述忠实仔细地笔录，形成闻书。之后再经过检阅、补删订正，以期准确。此便是所谓的讲义・口义・笔记，绚斋学派特称其为师说，作为惯例，由弟子、再传弟子一代一代继承笔写。"本书（前引「崎門学派諸家の略伝と学風」）中，特设"近世口语的表达"一节，专门探讨了崎门的"讲义"中所使用的语言。对此问题，阿部隆一指出："讲义闻书忠实地笔录口述的内容，其性质类于室町时代的假名抄。以达意为旨，不事润色，是朴素平易的假名文。从文体来看，混杂俗语，多用拟态词，介乎文言和口语之间。"（同上）

⑯ 载于『先哲叢談』（大日本文庫）的关于暗斋的逸话。此类逸话大都通过弟子之口相传。

⑰ 『闇斎先生年譜』（『山崎闇斎全集』第三卷所收，ぺりかん出版社）。

⑱ 同上。关于崎门派的"祖述"之学，请参照本章注 ⑤。

⑲ 中村惕斎『小学示蒙句解』（『漢籍国字解全書』第七卷）。

⑳ 阿部，前引论文。

㉑ 《先哲丛谈》中记载的暗斋的这段逸话，在其弟子中间有多个版本流传。绚斋是这样记述的："山崎先生尝言，若唐攻伐日本，即由尧舜文武为大将率大军来攻，击破石火之矢者，大义也。即假以礼仪德化之名来攻，亦不当为臣下，是则春秋之道也。"（《中国辨》，前引『浅见絅斎集』所收）。

268

㉒ 姑且不论昭和时期那些宣扬暗斋及其门派的国体思想的书籍，现代的研究者也在渲染暗斋、䌷斋等的"民族"与"国家"的言论。仅举一例。围绕着䌷斋的『靖献遗言』，某研究者撰写了如下文章。"(在被夷狄蹂躏的不幸中，所要求的)不正是在给定的命运中，展望国家和民族的将来，摸索为万世开太平的行动吗？该行动的上佳表现，无过于贯彻作为人的正义，毅然表示出处进退的姿态。因为只有以儒者的如此行动为先导，人们才会重新审视自身与国家的关系问题，朝着实现理想社会迈出一步。"(『浅見䌷斎・若林强斎』，明德出版社，1990)。虽说只是叙述『靖献遗言』中的人物，但却予人以强烈的时代错误之感，这样一篇文章，却是最近刚刚炮制出来的。暗斋、䌷斋的言说，对后世的"忧虑国家与民族的将来"之类的言说的再生产所产生的莫大影响，只消认真看看此类书即可想见。

㉓ 浅见䌷斋『中国弁』(前引『浅見䌷斎集』所收)。

㉔ 浅见䌷斋『靖献遺言講義』卷七(前引『浅見䌷斎集』所收)。

㉕ 佐藤直方『華夷論断』(『中国論集』，『山崎闇斎学派』所收)。在佐藤直方的《韫藏录》卷十四所收的小野信成编的『中国論集』中，关于该主题的论争，集中收录了佐藤直方一方的观点。

㉖ 前引『中国弁』，着重号为笔者所加。

㉗ 阿部隆一曾经著文对崎门的"大义名分论"做了解说。我也就崎门的自我"主体"意识及其"吾国・母国"意识之成立的相关言说做了考辨。他的相关论述，佐证了我的视点的正确性。"以我父为父，以我国为国，互相并立，不悖大义。自他共立，人伦此世方可成立维持。大义名分论之中，自我及其所属的团体社会民族的主体性之自觉乃是不变的基础。"(阿部，前引论文)

㉘ 『浅見先生学談』(前引『浅見䌷斎集』所收)。

㉙ 前引，佐藤直方『華夷論断』。

第三章

① 『北溪先生字義詳講』，略称『北溪字義』或『性理字義』，在日本有两个版本。一为『北溪先生字義詳講』（宽文八年版），另一为『北溪先生性理字義』（宽文十年版）。以下，本文中使用《性理字义》之称。

② 『語孟字義』于宝永二年（1705）仁斋去世后刊行。最终稿本在其去世前一年，亦即宝永元年成书。本稿依据的是其生前最终稿本"林本"（天理图书馆藏）。

③ 这个"内部"精读，意味着我之解读文本的方式。详请参考本章注 ⑭。

④ 皮埃尔·布尔迪厄："正统语言的生产与再生产"，参见『話すということ』一书（稻贺繁美译，藤原书店，1993）。

⑤ 见于『北溪字義』（以明代的林同刻本为底本。理学丛书，中华书局）。下卷分为"道、理、德、太极……"等十二个项目。

⑥ 同上书。日文训读由作者完成。

⑦ 中井履轩明确表明了这样一种认识，即《论语》中只提到了"忠信"，"诚"是子思在《中庸》中的发明。履轩曾经指出："子思之前，忠信两字，略备中庸之诚字之义。中庸以后，忠信声价大减。""古昔用诚字至轻，无以论道理者。可征之于论语以上，至诗书易经。至子思著中庸，乃甚重，无上精微。"（『中庸逢原』）

⑧ 陈北溪『嚴陵講義』「師友の淵源」（『朱子の後継』（上））"朱子学大系" 10，明德出版社）。

⑨ 朱子『中庸或問』（暗斋点和刻本。近世汉籍丛刊·思想三篇 5，中文出版社）。

⑩ 仁斋对"性理字义"的引用可谓用心良苦，只要与前一节引用的"性理字义"的相关部分做个比较，便可明了这一点。

⑪ 伊藤东涯『語孟字義標註』中东涯的注。仁斋亦言："天道至诚，不容一毫伪妄。"（"天命"三）

⑫ 此处可以看到仁斋的主宰性的天道观的萌芽。仁斋主张，天道中存在着"流行"和"主宰"两个侧面，他认为，孔子"不语"的天道，学者在语言之外体悟的天道，即为主宰性的存在。而当言及"天道之所以为天道"时，亦将之归于主宰面（『語孟字義』上"天道"七）。当"天"从形而上学的言说桎梏中解放出来以后，

如何与之直面相对？关于此点，请参照本书第四章。
⑬ 指在科举这一国家考试制度的大背景下，以朱子的《四书集注》为核心的经书解释体系成为（官方的）经书解释体系以后。
⑭ 布迪厄的如下说法可资参考："所谓的内部解读，乃指封闭于文本本身界域之内的阅读。与此相应，对于读书作为内部读解这一定义，专家们将之作为自明的事实予以接受，因而，便成了为封闭圈子保留的读书"（"审查与成型"『話すということ』）。换言之，此处所说的"内部"读解，乃意味着由与对象文本"亲密"的人们所做的权威读解。依照这个读解定义，比如，从朱子文本中读取性理学说，就必须由对此有充分认识的专家集团（朱子学派）对朱子学说（性理学说）进行解读。
⑮ 『北溪字義』下"道"一。
⑯ 经学是通过对经书文本的"内在"解读进行儒学再生产的。经学的这种传统结构，在近代的中国哲学研究中，虽然借助文献学的文本理解方法实现了近代转型，但是，这一结构却被原封不动地甚或可以说是在强化了经书文本的"内在"束缚的基础上得到了继承。
⑰ 见『辨名』上（收入『荻生徂徕』，日本思想大系 36，岩波书店，1973）。
⑱ 见『辨道』（同上，收入『荻生徂徕』）。
⑲ 徂徕在『辨名』的"天命帝鬼神"中举例说："鬼神者，先王立焉。先王之道，本诸天。奉天道以行之，祀其祖考，合诸天。道之所由出也。"
⑳ 朱子对于"诚"字做"真实无妄"之解释，仁斋对此予以批判。由我们之前所做的分析可以知道，他的主宰性的"天道"观，乃是"真实无伪"（第四节）。在此，通过对以"始源／根源"为志向的朱子的形而上学语言构成的天地观的颠覆性批判，仁斋的"生生不已，天地之道也"这种可称为生一元性理念的天地观也便显露了出来。两者都处于朱子形而上学语言叙述的"天道"的对立方面，是只有活动的、行为的主体方可领会的、以理念的形式展示的"天道"。仁斋说，此"天道"正是孔子所言"不可得而闻也"之天道。由此，与以形而上学言语所体系化的"朱子学"不同，仁斋发展出了自己的非形而上学、非体系性的"古学"思想。

第四章

① 见吉川幸次郎『論語』上（中国古典选3，朝日文库）。
② 关于"人的时代"的问题，我是与福柯的如下话一起思考的。人既不是由人的智慧所提出的最古老的问题，也不是最恒常的问题。只是在比较短的时间以及局限的地理断面内——也就是说，在16世纪以后的欧洲文化——的层面上，人们才抱定了这样的想法：人的发现，是最近才有的事（米歇尔·福柯『言葉と物——人文科学の考古学』，渡边一民、佐佐木明译，新潮社，1974）。在此，我的课题是，我们的"人的时代"，如何与对《论语》文本的解读一同开启？
③ 程子与胡氏所言，皆本自《论语集注》。
④ 这是仁斋生前最终稿本林本『語孟字義』"天命"的第一条。因为开头带有"三"这个数字，所以成了『語孟字義』刊本的第三条。虽然要找出哪本才是仁斋『語孟字義』的终稿是个难题，但是从林本"天命"一章以该条起始这一点，我们可以察知仁斋对于"天命"的字义之解释的原型。
⑤ 以性理学的"字义"为前提，对其予以替换或是重读，这便是仁斋的"字义"解读作业的古义学战略。对此，请参照本书第三章"伊藤仁斋·两部《字义》·儒学的重构与解构——《语孟字义》讲义（上）"（初刊于《思想》1996年3月号）。
⑥ 本书第三章[《语孟字义》讲义（上）]的末尾所引『語孟字義』"天道"章的"生生不已，即天地之道也。故天地之道，有生无死，有聚而无散"，仁斋的这种生生之天地观的提出着实有些唐突。这种唐突，伴随着飞跃的理念的提示，乃是逸出于性理学（朱子学）的同一性思维与语言之外的仁斋古义学不可避免的语言特质。
⑦ 见于林本『語孟字義』（上），"天命"章的第二条。开头带有"一"字，所以被视为刊本的第一条。
⑧ 在本书第三章["《语孟字义》讲义（上）"]中，笔者曾指出，"《语孟字义》的'字义'解释作业，并非针对'语孟'的'字义'解释，而是通过'语孟'，或是根据'孔孟的意思文脉'所做的'字义'解释"。

⑨ 在"字义"的解释中,古义学以经书中孔子的"命名"的场景加以展开,此乃古义学的"事例"主义的"字义"解释作业的一个侧面。请参考本书第三章《语孟字义》讲义(上)。
⑩ 见林本『語孟字義』(上),"天命"章的第四条,因为开头有"二"的字样,所以成了刊本的第二条。
⑪ 伊藤东涯『操觚字訣』的"字例"中云:"命、见、行之类,具功用之字,称为虚字。天地、日月、命令之类,称为实字,此皆有形者也。"
⑫ 见陈淳《性理字义》(上),"命"第二条。在性理学的理气论的宇宙论展开中,对于"命"字的解释情况,在《性理字义》本条的展开中,讲得很明白:"命之一字,有二义。有以理言者,有以气言者。其实,理不外气。盖二气流行,万古生生不息、不止。此空气,必有主宰之者。曰,理是也。在其中,是枢纽。故大化流行,生生未曾止息。所谓以理言者,非离气有。只是就气之上,指出其理,不杂气为言耳。如'天命,谓之性''五十而知天命''穷理,尽性,至命'所言,此命之字,皆是专指理而言。"
⑬ 同上书,"性"第一条。
⑭ 见『語孟字義』(上),"天道"章第六条。仁斋借着经书的"事例"确认了"天的主宰性"。在本条的文脉中,他又唐突地提出了"善者,天之道也"的命题。正如本文所展示的那样,在孔子探寻不以语言表述的"天"究为何物的文章之后,仁斋声称,"夫善者,天之道也。故易曰,'元者,善之长也'。盖天地之间,四方上下,浑浑沦沦,充塞通彻,无内无外,无非此善",唐突地提出了"善者,天之道也"的命题。

第五章

① 见『祭祀来格説講義』(朱子学大系11,明德出版社,1978)。
② 见『答奇明彦非四端七情分理気弁』(《退溪集》韩国儒学资料集成,上)。
③ 在『鬼神集説』序中,直方说:"晦庵朱先生,说鬼神之义至尽。往年文集、语

类之类中，撰出一册，题曰鬼神集说，以资朋友讲习之思议。"该著作反映了崎门派所关注的问题，是以一定的视点重构朱子言说的典型案例。

④ 见『佐藤直方全集』卷一（ペリカン社）。朱子将鬼神解释为"阴之灵，阳之灵"，围绕该解释，直方在同一文章中说道："应注目于朱子所言灵字之处。所谓灵者，乃是活生生的鬼神之魂也。"此类话语，令人想起重释朱子的言说的相位。

⑤ 见前引注①。

⑥ 《答廖子晦》，《晦庵先生朱文公文集》第四十五卷（中文出版社）。

⑦ 参考友枝龙太郎『朱子の思想形成』（春秋社）。

⑧ 见《朱子语类》（第五卷）"性理 二"（中华书局）。

⑨ 见《答连嵩卿》，《朱文公文集》第四十一卷。

⑩ 见前引《答廖子晦》书。

⑪ 见《论李仲虎碑文示金而精》《别纸》，《退溪集》。

⑫ 见前引《答廖子晦》书。

⑬ 见《朱子语类》第六十四卷"中庸 三"（中华书局）。

⑭ 同上书。

⑮ 关于朱子的鬼神论言说的特质，请参考拙文『朱子「鬼神論」の言説的構成』（『思想』1990 年 6 月号）。

⑯ 见「祭祀卜筮詳説」，『狼疐録』一（甘雨亭叢書 三）。

⑰ 见前引拙文『朱子「鬼神論」の言説的構成』。

第六章

① 见『辨名・礼』第一则。引自『辨名』的语句，出自由西田太一郎校注的『辨名』，该文收入『荻生徂徠』（日本思想大系 36，岩波书店，1973）。本书的日文表记，部分文字有改动。

② 引自『辨道』的语句，出自由西田太一郎校注的『辨道』，该文收入前引『荻生

徂徕』。本书的日文表记，部分文字有改动。
③ 徂徕所言之"道"，实为"文"的暗喻。关于此点，请参考拙著『「事件」としての徂徕学』（青土社，1990）第七章。
④ 中村雄二郎区分讨论了两种"制度"：其一是法律制度意义上的狭义的"制度"，其二是包括人类社会的语言、文化习俗、礼仪以及法律制度的广义的"制度"。在此笔者要讨论的"制度论"问题是围绕后者，即广义的"制度"展开的。该制度包含了人类多样的文化产物，三木清在《构想力的逻辑》一书中讨论的也是这个广义上的"制度"。徂徕所谓的"礼乐"亦相当于广义的"制度"。参见中村雄二郎『制度論』（中村雄二郎著作集Ⅱ，岩波书店，1993），三木清『構想力の論理』（三木清全集，第八卷，岩波书店，1967）。
⑤ 见龟井昭阳『読弁道』（收入『徂徕学派』，日本思想大系37，岩波书店，1972）。
⑥ 根据西周的"年谱"（收入『明治啓蒙思想集』，明治文学全集3，筑摩书房，1967），西周十二岁（天保十一年）时，读了《徂徕集》，对朱子学产生怀疑，于是开始关注徂徕学。二十岁（嘉永元年）时，西周写下了一篇倾倒于徂徕学的文章。此处引用的正是此文。
⑦ 见『百一新論』（收入前引『明治啓蒙思想集』）。引用时改写为平假名。
⑧ 见加藤弘之『ホッブズと徂徕』（《东洋哲学》第二编第二号）。
⑨ 见田中浩『ホッブズ研究序説』（御茶水书房，1982）。
⑩ 见前引书及田中浩的《日本学界对于霍布斯的研究》（『リヴァイアサン的解説』，世界大思想13，河出书房新社，1966）。
⑪ 见『英国学士払波士著　主権論』，文部省编辑局译（明治文化全集第三卷"政治篇"，日本评论社，1929年第一版，1967年第三版）。
⑫ 见福田欢一『近代政治原理成立史序説』（岩波书店，1971）。本稿对于霍布斯的理解，许多地方都受到了该书的启发。
⑬ 见加藤弘之「孔子之道と徂徕学」（『加藤弘之講演全集』第二册，收入『加藤弘之文書』第三卷，同朋社出版，1990）。
⑭ 丸山真男对徂徕的理解，是赋予徂徕的圣人以由无开始创造的绝对制作主体的

神格,然后,把徂徕经世论中的支配者,比作以绝对神为范型的绝对君主。基本上可以认为,"制作"论者·徂徕伴随着明治启蒙得以复苏,并得到了继承。关于丸山对于徂徕的理解,请参考拙著『「事件」としての徂徕学』(青土社,1990)的第一章"思想史的虚构"。

⑮ 见上引《霍布斯与徂徕》。

⑯ 见德富苏峰「爱山山路弥吉君」(收入『山路爱山集』,明治文学全集 35,筑摩书房,1965),此文乃是《国民新闻》(大正六年三月二十日)刊载的苏峰所写的追悼文章。

⑰ 苏峰在上述追悼文中如此评价爱山:"君于文章,堪称天才。雄踞文坛,名动天下。所著《新井君美》《荻生徂徕》,论及赖山阳之诸多论文,以及《读史论集》等等,皆为二十七八岁之前所著也。"

⑱ 见「荻生徂徕」(收入『山路爱山史論集』,三铃书房,一九五八)。

⑲ 见「赖襄を論お」(《国民之友》明治二十六年一月,收入前引『山路爱山集』),以"文章即事业"开头。针对该文章,北村透谷曾予以批判(《何谓干涉人生》,《文学界》明治二十六年二月),由此开启了文学史上一场著名的争论。

⑳ 在本书所引文章的开首部分,爱山宣称:"彼曰,先王之道,安天下之道也。先王以四术治天下,所谓诗书礼乐是也,先王以之治民,化之于自然,易其耳目,换其心肠。至于判断其治术之正邪善恶之第一原理,则一毫未说,而将其归结为,唯在安天下云耳。若此,岂非与边沁之最大幸福主义若合符节欤。"徂徕将"道"解释为"道术"和"道义",徂徕言说中的这种"外部性",被理解为达成目的的手段性的"功利性"。爱山的这一理解,与反徂徕的儒家的徂徕批判如出一辙。本文中引用部分的着重号为笔者所加。

㉑ 爱山称赞福泽:"翁真个乃活于真实中之人也。呜呼,是为古今文学上之英杰不可或缺之一特质也。引导时代,改变时势者皆如是,识时务者也。(《福泽谕吉君及其著述》,《明治文学史》,收入前引『山路爱山集』)。但是,爱山称赞福泽的话语同时也透着讽刺的意味。这是因为,爱山对于福泽抱有一种矛盾的看法。比如,爱山曾经这样评价福泽:"福泽君的天职,乃在于将实际的、应用的处世术传授给日本人,在于造就伶俐的商人、敏捷的官吏、宽厚精明的地主。"(《福

泽谕吉君》,《国民新闻》明治二十六年五月七日，收入前引『山路爱山集』)。

㉒ 从《中庸》中的"率性之谓道"来看，朱子以"人物各循其性之自然，则其日用事物之间，莫不各有当行之路，是则所谓道也"(《中庸章句》首章注)，解释"性"的演绎命题。与此相对，徂徕则选择"圣者，顺人性之所宜而建道，使天下后世由是以行。六经所载礼乐刑政之类，皆是也"(《中庸解》)，从而导出了"制作论"的命题。

㉓ 见前引中村『制度論』第一编第二章《制度与社会的基础理论》。

㉔ 见前引三木『構想力の論理』第二章《制度》。

㉕ 见『荀子』第十三卷，"礼论"篇第十九(『荀子』下，金谷治译注，岩波文库，1962)。

㉖ 见本书第四章"伊藤仁斋·'知天命'之义——《语孟字义》讲义(下)"(初刊于《思想》1996年6月号)。

㉗ 徂徕的发言源于『孟子』"告子篇"中孟子与告子之间围绕"性"的争论。金谷治氏将"杞柳"解释为"瘤柳"，将"桮棬"解释为"弯曲"。请参考金谷治的『孟子』(中国古典选第五卷，朝日新闻社)。

㉘ 请参考本章注㉒。

㉙ 见『論語徵』甲，为政第二"为政以德"章。

㉚ 见『論語徵』壬，阳货第十七"鄙夫可与事君也与哉"章。

㉛ 在松平定信主导的宽政改革中，昌平黉的儒者柴野栗山、冈田寒泉、尾藤二洲以及后来成为儒者的古贺精理，担负着"学问的刷新"的课题，起到了推进作用。此外，还有在广岛藩推进正学(朱子学)的赖春水，他们共同组成了宽政正学派。正学派的儒者与大阪怀德堂的儒者中井竹山和中井履轩，以大阪的"反徂徕"的思想传统为基础，结成了拥有共通学问和思想立场的学派。毋宁说，宽政正学派是以大阪"反徂徕"学派的思想传统为基础而形成的学派。

㉜ 见尾藤二洲的『正学指掌』(收入前引『徂徕学派』)，引用时改成了平假名表记。

㉝ 见中井竹山『非徵』卷之一，"攻乎异端"章，以及"吾与回言"章的"非言"(『非徵』，怀德堂文库复刻丛书一，大阪大学怀德堂文库复刻刊行会)。日语训

读系笔者所为。
㉞ 见太宰春台『聖学問答』(收入前引『徂徠学派』),引用时改成了平假名表记。

第七章

① 对怀德堂的设立和运作发挥了关键影响的人物有:中村良斋(三星屋武右卫门)、富永芳春(道明寺屋吉左卫门)、山中宗古(鸿池又四郎)等被称作"五同志"的大阪的大商人。他们不仅在财政上支持怀德堂,而且还积极参与运营和管理。西村天囚的《怀德堂考》(明治四十四年刊,怀德堂纪念会再版,1984)当初是,至今也是最为详尽的怀德堂史。其中有如下记载:学问所内外诸事皆由"五同志"(上述五位)负责处理,财政结算等由"五同志"中的年行司负责。石庵与甃庵的身份实为客座。在天囚的眼中,初代学主三宅石庵和主管中井甃庵,在怀德堂中不过居于"客座"的位置而已。
② 本章从山中浩之围绕中井履轩的考论中得到了诸多启示。尤其是履轩的传记,基本上依据的是『中井竹山・中井履軒』(小堀、山中、加地、井上共著,明德出版社,1980)中的"中井履轩的生涯"(山中浩之)以及"中井履轩"(山中浩之,杂志《怀德》六十号,怀德堂纪念会)。
③ 见『易経』上(岩波文库,1969)一书中高田真治、后藤基巳所做的对"履"卦的解释。
④ 前引山中的「中井履軒の生涯」(收入前引『中井竹山・中井履軒』)一文。
⑤ 履轩虽然经常搬家,但是都没有离开闹市区。他之所谓"幽人"的生存形态,乃是市井隐栖,并非远离尘嚣。
⑥ 关于"天"存在于观察者视线之内这个重大的命题,我们后文再行探讨。
⑦ 『雕題』和『逢原』对于经书所持的特殊认识姿态,学者们似乎并未予以重视。履轩对于经书的认识作业,乃是以《四书集注》为支柱的"公定"的经书注释书作为前提的。比如,『中庸雕題』是履轩在朱子的《中庸章句》的书页上面的空白处的批注,是履轩对朱子的解释行为的批判言论。关于履轩对经书的这种

特殊认识姿态所具有的意义，笔者在本章中已进行了详细的论述。

⑧ 『史記雕題』之于《史记》研究史上的重要意义，请参照加地伸行的《关于中国学》(收入上述『中井竹山・中井履軒』)。另外，履轩的『史記雕題』，由大阪大学怀德堂文库复刻刊行会分成上、中、下三册复刻刊行。

⑨ 见前引山中所作的「中井履轩的生涯」一文。

⑩ 见『儒林外史』(稻田孝译，中国古典文学全集 23，平凡社)。此外，关于科举与近世中国的社会阶层关系，请参考何炳棣著『科挙と近世中国社会——立身出世の階梯』(寺田隆信、千种真一译，平凡社，1993)。

⑪ 近世初期，对于儒学抱有强烈志趣的中江藤树在武士社会被视为怎样的一种异端，在其传记中有着详细记载。正是因为脱离了武士社会，藤树最终才得以遂了研究圣学之志。请参考本书第一章 "'孝'的说教与《孝子传》之间"(初刊于『思想』，1995 年 10 月号)。

⑫ 除却为政者中具有儒教教养的人物，作为儒者、学者参与行政的人物，除了蕃山，就只有参与幕政的新井白石等寥寥数人了。从这一点，也可以看出近世日本社会中儒学、儒者的特异性格。

⑬ 见『集義和書』(日本伦理汇编一，阳明学派之部 上)，着重号为笔者所加。

⑭ 从以藩士为教育对象的藩校的设立状况来看，截至明治初年，在所设立的二百五十一所藩校中，宝历以后(1751—)设立的有二百二十三所，约占总数的百分之九十。可以说，大部分藩校是在从 18 世纪后期开始的约一个世纪的时间内设立的。请参考和岛芳男『昌平校と藩学』(日本历史丛书，至文堂，1966)，石川松太郎『藩校と寺子屋』(历史新书，教育社，1978)。

⑮ 见中井竹山『草茅危言』(日本经济大典 23)。

⑯《四书大全》(准确的说法是《四书集注大全》)与《五经大全》《性理大全》一起，是明朝的胡广等人奉了永乐帝之命撰进的书籍。这三大全书，携着钦定的权威，成为科举考试的书目，确为"公定"体系的教科书。

⑰ 见『童子問・上』。岩波书库的『童子問』(清水茂校注，1970)更便于阅读。

⑱『論語逢原』，依据"怀德堂遗书"丛书所收之版本。

⑲ 正如本文中所引述的那样，履轩声言，"浑然一理，用处体一等皆空论，不可从

之",对于朱子附加的思辨性言辞,履轩明确表示了拒斥。

⑳ 『中庸逢原』(日本名家四书注释全书,第一卷学庸部一)。又,履轩手稿本『中庸逢原』与同为手稿本的『中庸雕题』一起,由大阪大学怀德堂文库复刻刊行会,以『中庸雕题』为题复刻刊行。

㉑ 引用文中的着重号为笔者所加。

㉒ 履轩对《中庸》文本的重新解读,属于以竹山的『中庸錯簡説』为代表的怀德堂学派对《中庸》文本所做分析研究的系谱。对于履轩重新解读《中庸》文本的视点所具有的思想史意义,宫川康子在其《当然之诚的相位——富永仲基与中井履轩》(『思想』一九九三年十月)一文中,是在与富永仲基以来的怀德堂思想史的关联中加以阐明的。除了山中浩之对于履轩的诸多论著之外,宫川康子的该论文对于本文也颇多启发。

㉓ "天图·方图"作为怀德堂遗物,藏于大阪大学图书馆的怀德堂文库。作为大阪大学怀德堂文库复刻刊行会复刻刊行的『華胥国物語』一书的卷首插图,"天图·方图"采用的是原色影印的方式。该书中,还收入了复刻的履轩的『華胥国物語』『有間星』『華胥国新暦』等。

㉔ 在『夢の代』的"自叙"中,蟠桃以极为文学性的言辞,对该书所受到的竹山和履轩的影响做了如下讲述:"吾已年逾五十,若徒然食稻米衣布帛,耽于枕边,岂不惜哉。然世教治人之事,亦非吾辈之任。我之责无旁贷者,乃将于竹山、履轩先生处所受教导载之于书,以教戒子孙,此乃吾之夙愿也。"

㉕ 履轩做了两种"華胥国暦"。一种是『有間星』第一卷收录的"華胥国暦書",是安永九年(1780)的;另一种是享和元年(1801)的"華胥国新暦"。两者都收入了前引的复刻刊行本『華胥国物語』。关于履轩的"华胥国历"的成立,请参照前引《中井履轩的生涯》。

第八章

① 『万葉秀歌』最新版,1998年4月6日第八十七次印刷发行。

② 见『万葉秀歌』（上），1968 年改版，岩波新书。
③ 见『万葉秀歌』（下），1968 年改版，同上述。
④ 将"清明己曾"训读为"アキラケクコソ"的真渊，在『万葉集考』中做了如下记载："今本，追清明之字，训读为すみあかく，乃是昧于万叶之事所致。《日本书纪》中，亦将'清白心'训读为あきらけきこころ。"（『万葉集考』一，『賀茂真淵全集』第一卷，续群书类从完成会，1977）从真渊所言来看，"アキラケクコソ"这个训读，与其说是语言学式的，不如说是符合万叶之格调的。虽然现代注释者对该训读的格调予以高度评价，但由于在语言学上难以说通，所以还是采用了"サヤニテリコソ"这种训读方法（高木市之助、五味智英、大野晋校注『万葉集』一，日本古典文学大系 4，岩波书店，1957）。
⑤ 《曙覽の歌》（『歌よみに与ふる書』，岩波文库，1983）。
⑥ 阿罗罗木派，以继承子规短歌革新理念的伊藤左千夫为中心形成。其门下有岛木赤彦、斋藤茂吉二人。兹引左千夫对于子规之万叶所做的表述："对《万叶集》的和歌，做美术式的研究、趣味式的观察，以明和歌之物的性格，摈除古今集以下千有余年间的浅薄的和歌，复起上代之风调，发扬真正和歌的灵光，舍根岸派之和歌，更欲何求？"（《續新歌論》，收入『伊藤左千夫・長塚節』，明治文学全集 54，筑摩书房，1977）。
⑦ 岛木赤彦说："与彻头彻尾贯彻自我之真实的万叶集的和歌相接触，热爱它，尊敬它，日常保持接受其熏陶和保育，对于作为歌人的我们来说，是至关重要的。"（『万葉集の鑑賞及び其の批評』，讲谈社学术文库，1978）
⑧ 见《賀茂真淵》（『齋藤茂吉全集』第二十三卷，岩波书店，1953）。
⑨ 见大石新『賀茂真淵』（柳原书店，一九四二）。
⑩ 「松坂の一夜」这篇文章刊载在小学国语读本第十一卷上，该文本是根据《玉胜间》的记述而创作的。该国语教科书的文本，将真渊与宣长相识的故事塑造成了整个国民的传说。
⑪ 见《县居大人之教诲》，『玉勝間』卷二（『本居宣長全集』第一卷，筑摩书房，1968）。
⑫ 真渊寄给宣长的书简，其日期为明和三年九月十六日（『本居宣長稿本全集』第

二辑，博文馆，1923）。

⑬ 见「真淵翁添削的宣长詠草」（同上书收录）。

⑭ 关于『古事記伝』的开始执笔时期，有两种说法：一为明和元年（『年譜』）；一为明和四年（岩田隆先生近年的研究结论）。

⑮ 见前引书简。

⑯ 『校本賀茂真淵全集・思想篇』上（山本饶编，弘文堂书房，1942）的编者，将宽政十二年刊行的『歌意考』归类为"流布本・歌意"。

⑰ 『流布本・歌意』（收入上述『校本賀茂真淵全集・思想篇』上）。引用时对标点做了修改，加上了浊音符号。

⑱ 在本书第八章贺茂真渊以及第九章本居宣长的翻译中，部分引文采用了王向远先生的译文，特此说明。详请参考王向远译《日本古代诗学汇译》（昆仑出版社，2014年7月）与《日本物哀》（吉林出版集团有限责任公司，2010年10月）两书。为行文方便，后文中出现相关引文时，仅在引文后面直接加括弧注明"王向远译"字样——译者注。

⑲ 岛木赤彦也引用了『歌意』开头的这篇文章，关于"解衣般礴之心"，他做了这样的说明："唯有倾倒于万叶之道，方始得得。'因行动单纯，故语言表现不复杂'，此乃'解衣般礴之心'的外现，……多言多行近于滥言滥行；要言要行，配以'解衣般礴之心'，则势必愈益缩小其规模（『歌道小見・随見録』岩波文库，1954）。

⑳ 见『万葉集大考』，收入前引『校本賀茂真淵全集・思想篇』（上）。引用时对标点做了修改，加上了浊音符号。

㉑ 见『にひまなび』，收入『校本賀茂真淵全集・思想篇』（下）（山本饶编，弘文堂书房，1942）。

㉒ 见『国意』，收入上述『校本賀茂真淵全集・思想篇』（下），引用时加上了浊音符号。

㉓ 见『石上私淑言』（卷一），收入『本居宣長全集』（第二卷），筑摩书房，1968。着重号为笔者所加。

㉔ "复古"这一仰慕古代的志向始于真渊。国学者对于古代的向往也被称为复古主

义，但是宣长却并没有这种志向。与徂徕学派一样，宣长也嗜好拟古雅文。他之好古，实际上是"拟古"之"雅"。

㉕ 关于"文化的同一性"，请参考 Question of Cultual Identity, ed. Stuart Hall & Paul du Gay. Sage Publications, 1996。

㉖ 太宰春台在《辨道书》中，将古代日本定位为未开化的国家，亦即"东夷"，以与中华圣人之国相对。真渊的《国意》是对此书的批判和反驳。关于《国意》中"自我（日本）像"的形成，请参考桂岛宣弘的《"华夷"思想的解体与国学的"自我"像的生成》(《江户的思想》(四), 鹈鹕社, 1996)。

㉗ 见『にひまなび』，收入前引『校本賀茂真淵全集・思想篇』(下)。引用时加上了标点和浊音符号。

㉘ 在18世纪日本的思想界，尤其是国学界中，中国的否定性形象在言说上之得以成立，一般认为，是受到了中国明清易代的影响。国家权力状况的不稳定、社会的动荡等，是日本的国学者塑造中国的否定性形象的最大理由。

㉙「万葉集の系統」是"大正八年十月庆应义塾图书馆口述笔记"，此观点见于收录此文的『歌道小見』(大正十三年刊)的"序言"。岛木赤彦『歌道小見・随見録』(岩波文库)。

㉚ 赤彦的"民族"的发现，也是对于"民众"的新发现。这个侧面，从对下述民谣的关注中亦可看出。"民族的歌谣与在花柳社会中发达起来的东西不同，那是另外一种发达。它可以分为诸国民谣、马夫歌、船歌、捣麦歌等多种类型，这些民谣当中，有许多都生动地反映了现实生活中的民众的痛切感受。(《〈万叶集〉的系统》)

第九章

① 对荷田在满的『国歌八論』感到不满的田安宗武，发表了『国歌八論余言』，对其做了抨击。宗武把『余言』送给贺茂真渊并征求意见。于是，作为回复，真渊起草了『国歌八論余言拾遺』呈送宗武。后来，他又完善其体裁，出版了

① 『国歌論臆説』一书。另一方面，在满针对宗武的『余言』，又撰写了一篇文章。以『国歌八論再論』为题流传至今的，即为该文。拥有共同立场的宗武与真渊之间，亦曾有过意见交换。这一点，在真渊答复宗武的『臆説剰言』的『再奉答金吾君書』中，表露得很清楚。这些歌论，完整地呈现了彼此意见交锋的全过程，世称《国歌八论》论争。

② 在满的『国歌八論』，也受到了当时汉学者的关注。在满去世十年后的宝历十一年（1761），大菅公主撰成了『国歌八論斥非』一书。宣长对『国歌八論』以及『斥非』做出评价，是明和五年（1768）的事。再者，藤原维济针对宣长的『斥非評』写下『再評』，宣长又对藤原的『再評』做出了自己的评价。笔者称之为"《国歌八论》论争"第二期。

③ 见『国歌八論・歌源论第一』，本书所引在满的『国歌八論』的内容，出自『国歌八論』（土崎善麻呂编，改造文库，1932）。

④ 请参考本书第八章"贺茂真渊・万叶世界之表象"（初刊于『思想』1997年3月号）。

⑤ 『石上稿』全十九卷（收入『本居宣長全集』第十五卷，筑摩书房，1969），几乎网罗了宣长一生的全部和歌作品。

⑥ 在前引『本居宣長全集』第十五卷的"解说"中，大久保正指出，『石上稿』网罗的宣长的和歌共"八千一百余首"，他认为，"如果算上那些被废弃的诗稿，他一生创作的和歌应该多达万首"。

⑦ 出自前引『本居宣長全集』第十五卷的大久保正的"解说"。

⑧ "吾做学问之状"『玉勝間』二（收入『本居宣長全集』第一卷，一九六八）。引用文中的着重号系笔者所加。

⑨ 出自『本居宣長全集』第十八卷大久保正的"解说"。

⑩ 宣长记录自己整个生涯的"日记"（包括出生至少年时代的回忆）十三册（收入『本居宣長全集』第十六卷，1974）。

⑪ 「真淵翁添削の宣長詠草」（收入『本居宣長稿本全集』第二辑，博文馆）。本书第八章"贺茂真渊・万叶世界的表象"中有详细记述。

⑫ 遍照寺为松坂的天台宗系寺院。定期歌会也在其他寺院举行，另外，季节性的

賞花会、赏月歌会，在自宅以及弟子们的宅子里，也时常举办歌会。
⑬　参加歌会的歌人主要是僧侣、神官、医师等具有良好教养的町人。
⑭　宣长为岭松院歌会所写文章「嶺松院会和歌序」（收入前引『本居宣長全集』第十八卷，1973）。
⑮　『あしわけをぶね』的完成年代不详，据村冈典嗣推测，应在宝历八年以前，即京都游学时期的宝历六七年时之作（村冈典嗣编『本居宣長全集』第三册"解题"，岩波书店，1943）。
⑯　见『あしわけをぶね』（收入村冈编『本居宣長全集』第三册）。
⑰　见『国歌八論余言』，收入前引『国歌八論』（土崎善麻吕编，改造文库）。
⑱　见『国歌八論斥非評』（收入『本居宣長全集』第二卷，1968）。
⑲　请参考本书第八章"贺茂真渊·万叶世界的表象"。
⑳　笔者曾在『宣長と篤胤の世界』（中央公论社，1977）中，论述了在"实情"概念的解体过程中成立的宣长初期歌论的独自的课题与视点。
㉑　在本书第八章"贺茂真渊·万叶世界之表象"中，对于真渊的万叶歌论，笔者曾将其作为文化危机的言说进行了论述。
㉒　在宣长晚年为初学者编写的学问入门篇『うひ山ぶみ』一书中，他花费了大量笔墨，坚持主张也应该吟咏"后世风"的和歌。
㉓　见『あしわけをぶね』（收入村冈编『本居宣長全集』第三册）。着重号为笔者所加。
㉔　见村冈编『本居宣長全集』第三册"解题"。
㉕　见『紫文要領』（收入村冈编『本居宣長全集』第三册）。引自『紫文要領』的以下内容中的着重号为笔者所加。
㉖　见『源氏物語』"萤"卷中，源氏对玉鬘所讲的物语论。引自『源氏物語』二（日本古典文学大系 15，岩波书店，1959）。
㉗　见『国歌八論　同斥非評』（收入『本居宣長全集』第二卷）。
㉘　对于宣长的"文学的自律性"的主张，最早以"感受之心"的自律性予以理论概括的是筱月清美（『本居宣長研究』，岩波书店，1944）。
㉙　见『石上私淑言』卷上（收入村冈编『本居宣長全集』第三册）。

㉚ 《文学即"道人情"之说》（收入『中村幸彦著述集』第一卷"近世文艺思潮论"，中央公论社，1982）。该论文由昭和二十五年十月在京都大学国文学会上的同名演讲整理而成。

㉛ 譬如，中村指出："元禄的人情说，与道德为伴，其特征是浓厚的人生主义倾向。"与之相反，"萱园京儒的人情说，则偏于人情，厌恶超出狂荡、美的阈限，雅俗之论开始抬头"。

㉜ 众所周知，宣长歌论中的"实情"，乃是"万物皆无常，万物多柔弱"的人情论。与此形式相呼应，对于宣长的文学论，多是"人性主义"的积极理解，战后的宣长研究尤其如此。

㉝ 对于构成朱子学说的"理／气""性／情""静／动"等二元对立关系的体用论思维，仁斋持批判态度。他说："盖道者、性者、心者，皆生物而非死物。"（『童子問』下）他认为，应从生动性中来看待人的存在。因此，仁斋认为，"情"是生动的心性，其中，更有人性的表露。由此，仁斋建立了自己的人情观，即从天下古今的人们共有的相同"人情"中把握人的常态性。

㉞ 文化十三年（1816）刊行的『石上私淑言』，分为上、下两卷。除此之外，还有第三卷。但是该卷之为人所知，是在昭和二年（1926）将其收入『増補本居宣长全集』卷十以后的事。卷三的主题，正是《神国之性情》这首和歌所代表的日本的心情这一自我同一性问题。

第十章

① 姜锡元提交的学位论文『上田秋成の研究——朝鮮をめぐる秋成国学の世界』（1995年12月提交），由第一章"秋成与朝鲜通信使"，第二章"'日神'论争与朝鲜"，第三章"秋成与世界"组成。笔者此处所涉及的是第二章。

② 藤贞干被划入国学者（《日本古典文学大辞典》），然而，师从后藤芝山、柴野栗山的贞干，其实更应该被看作具有汉学、儒学素养的日本古代文化的考证家。观其著述，除了『衝口発』之外，还有『好古小録』『好古日録』『七種図考』等。

③ 见『本居宣長全集』第八卷，筑摩书房，1972。
④ 见『衝口発』（收入《日本思想斗争史料》第四卷，名著刊行会）。着重号为笔者所加。
⑤ 此处表明了『衝口発』的写作意图，即通过"天智文武二帝"以国家方式导入中国的文物制度，来看待日本的文明开化。这样一种儒家的文明史观，自然要求重审日本古代史。因此藤贞干将国家导入中国制度文物之前的日本视为受"韩风"民俗支配的时代。由此看来，支配『衝口発』的是儒家的中华主义，或是中华主义文明史观，可以说并没有要给予"韩"及其文化在东亚古代史上以自立的位置。此处引用的是『衝口発』文末彰显"天智文武二帝"的一段话："天智帝御宇，终用唐之制度文物，除七百余年之韩风。其典礼制度，皆开后世效法之基。故称奉其为万世日本中兴之王。""桓武帝，再基于李唐之制，饰以汉魏之文，都城、宫城之结构，帝宅之壮丽，镇伏四夷。当此时，天智文武二帝之志，可云全备。""读西土之书，分别华夷，知圣贤之道，皆天智文武二帝之赐也。"
⑥ 位于『鉗狂人』开头的、记述该书名之由来的宣长的文章。
⑦ 宣长在『古事記伝』中的注释作业，是从残存的日本最古老文本，即用汉文、汉字表记的『古事記』文本中，训出日本的固有言语"大和语"（やまとことば）的作业。这一作业本身，是将一国的文化与语言的自明的存在作为前提的。只有将此作为前提，才有可能从《古事記》的文本中，训出"大和语"。请参阅拙著『本居宣長』（岩波新书，1992）、『「宣長問題」とは何か』（青土社，1995）。
⑧ 『古事記伝』的注释作业，乃是通过注释，对『古事記』中的原叙述予以再叙述。神话中的天地、诸神的生成过程，在《古事記传》中被重构，被重新讲述。『古事記伝』的神话重构作业，触发了宣长后学们的国学宇宙像以及世界像的构成。请参考前引『本居宣長』（岩波新书）。
⑨ 见厄内斯特·勒南"何谓国民"（鹈饲哲译）（收入『国民とは何か』，河出书房新社，1997）。

后记

大约是在 1990 年左右，当时作为《思想》杂志总编的合庭惇先生邀请我执笔岩波新书。于是我草拟了两份计划作为回复。其一是关于本居宣长的，其二便是关于重读江户思想史的。后者的构思篇幅较为宏大，岩波新书需分为两册方可。结果前者入选了出版计划，岩波新书《本居宣长》（1992 年 5 月刊）先行付梓。后者几易其稿，过了数月之后，在《思想》杂志上，以《江户思想史讲义》为题开始刊载。因为执笔时间不同，且我本人关于各个主题的成熟思考有先有后，加之，需要回应外界的反馈，这个选题，由最初的关于"暗斋学派"（1994 年 8 月号）的论文开端，到最后的那篇关于"宣长歌论"（1997 年 9 月号）的为止，全部写作并刊载完毕，前后大约花费了三年时间。此项写作和刊载是如此的我行我素，而《思想》的现任主编小岛洁先生，不仅予以包容，而且还惠赐了许多宝贵建议。

在三年的"江户思想史讲义"的执笔过程中，我从大阪大学退休，再次回到了关东地区，在筑波女子大学任教。构成本书的诸篇论文，都是笔者在大阪大学以及退休后在京都的思想史研究会上曾经讲过的讲义。尤其是本书的第四章,乃是本人退休时的纪念讲义,当时租了京都五条的鹤清大厅,听众是弟子们和一班好友。我通过现场讲学,或者增强了自信,或者修正了内容,甚或废弃初稿重新写过,内容方面多有改动。另外,通过在《思想》上刊载,笔者的论文得以收到来自广大范围的读者的回应。一位在日本的研究生院学习的韩国留学生给我写信说,我的论文使其感到"如见晴空,豁然开朗",这让我备感欣慰,觉得所有的付出都是值得的。

"讲义"的诸篇论文之外,新加了两篇围绕江户思想的论文,汇总为《江户思想史讲义》一书出版。当此之际,对于在教室和研究会或者通过杂志对"讲义"给予鼎力支持的诸位,谨以拙著聊表感谢!与前作《近代知识考古学》(1996)一样,《江户思想史讲义》亦由岩波书店的小岛洁先生担任编辑和发行工作,在此特表示衷心的感谢!

子安宣邦

1998 年 5 月 5 日

岩波现代文库版后记

《江户思想史讲义》于2000年9月第四次印刷。本书虽名曰"讲义",但却绝非入门概论。该书能够印刷四次,实在令我喜出望外,备受激励。不仅如此,随后本书即告脱销,一书难求,期待本书再版的读者的声音不时传入耳中。今次,岩波书店发行岩波现代文库版作为回应,笔者与读者都皆大欢喜。

《江户思想史讲义》一书中所载的论文,从1991年至1997年连续发表在《思想》杂志上。之前,我在撰写《作为"事件"的徂徕学》(青土社,1990)一书时,迎来了自己革新思想史方法的契机。之后,通过撰写《思想》杂志上发表的一系列论文,确立了自己的思想史方法。其实,所谓的思想史方法的革新,既是对于思想文本的阅读的革新,也是通过阅读的革新,对思想家们的重新发现。因此,写作这些论文的20世纪90年代,于我而言,也正是重新发现江户思想的年代。当时,我怀着再发现的兴奋与喜悦,写下了这些论文,并在教室或者研究会上予以讲授。读文本,写论文,与其说是沉重的负担,毋宁说,更多的是感受到了再发现给带来的喜悦之情。在此意义上,《江户思想史讲义》这部著作，可以称作我思想史研究的里程碑。如今，本书收入了"岩波现代文库"，它可以借此拥有更多的新的读者。

最后，谨向建议本人将该书收入本文库再版的岩波书店编辑部的斋藤公孝先生以及负责本书的编辑工作的大塚茂树先生，致以衷心的感谢！

子安宣邦

2010年1月3日

成书前各章发表情况：

第一章　中江藤树·"孝"的教说与《孝子传》之间
　　　　《思想》八百五十六号（1995 年 10 月，岩波书店）

第二章　山崎暗斋及其学派·"敬说"与"心法"言语——日本式"内部"形成的言说
　　　　《思想》八百四十二号（1994 年 8 月，岩波书店）

第三章　伊藤仁斋·两部《字义》·儒学的重构与解构——《语孟字义》讲义（上）
　　　　《思想》八百六十一号（1996 年 3 月，岩波书店）

第四章　伊藤仁斋·"知天命"之义——《语孟字义》讲义（下）
　　　　《思想》八百六十四号（1996 年 6 月，岩波书店）

第五章　三宅尚斋·"鬼神"与"理"——"祭祀来格"与朱子学派的言说
　　　　（原题"鬼神"与"理"——围绕三宅尚斋《祭祀来格说》）
　　　　《思想》八百零九号（1991 年 11 月，岩波书店）

第六章　荻生徂徕·先王之道　礼乐耳
　　　　《思想》八百七十号（1996 年 12 月，岩波书店）

第七章　中井履轩·近世儒者知识人的存在及其思想位相
　　　　《思想》八百四十八号（1995 年 2 月，岩波书店）

第八章　贺茂真渊·万叶世界之表象——文化同一性形成的言说
　　　　《思想》八百七十三号（1997 年 3 月，岩波书店）

第九章　本居宣长·和歌的俗流化与美的自律——"物哀"论的成立
　　　　《思想》八百七十九号（1997 年 9 月，岩波书店）

第十章　本居宣长·一国始源之叙述

《江户思想》四号（1996 年 7 月，鹈鹕社）

本书由岩波书店于 1998 年 6 月发行

索引

书名索引

（1）本书主要引用了江户时期至"二战"结束为止的书名，近年的研究书名等原则上予以删除。

（2）《四书集注》之外，《论语集注》《中庸集注》等在本书中亦有参考引用。其他类似例子亦遵循此原则。

暗斋先生年谱 59
白雀录 112
百人一首改观抄 225
百一新论 140
本朝谏争录 21
本朝孝子传 21, 22, 25
本居宣长日记 220, 226, 227, 284
辨道 3, 86, 136, 138, 145, 155
辨名 83, 85, 86, 87, 88, 136, 137, 151
操觚字诀 105

草茅危言 175
冲口发 254, 255, 256, 257, 258, 260
初山踏 192
大和为善录 21
大学 2, 7, 56, 94, 140, 184, 253, 289
大学定本 94
大学或问 56
大学章句 184
大言海 204
代表的日本人（内村鉴三著）263

胆大小心录 252
当世少年气质（岩谷小波著）19
荻生徂徕（山路爱山著）3, 1, 3, 11, 83, 85, 95, 135, 136, 137, 141, 146, 148, 165, 177
读弁道 275
读诗要览 245
读书录（薛敬轩著）28, 69
二宫尊德（幸田露伴著）19
二人向助（尾崎红叶著）19
非物篇 137
非徵 277
歌道小见 193
歌意（考）204, 207, 208, 209, 214, 282
古今余材抄 225
古今集 207, 215, 217, 222, 223, 281
古诗逢原 171
古事记 10, 11, 12, 168, 199, 200, 201, 202, 222, 235, 252, 256, 257, 259, 260
古事记传 10, 11, 199, 201, 202, 235, 252, 259
冠辞考 192
鬼神集说 59, 115, 134
国歌八论 192, 221, 222, 223, 224, 231, 239, 284
国歌八论斥非 284
国歌八论斥非评 285

国歌八论余言拾遗 283
国歌八论再论 284
国歌八论再评 284
国歌论臆说 284
国意 206, 209, 213
好古日录 286
好古小录 286
何为国民（E. 勒南著）253
华胥国物语 280
华胥国新历 280
华夷论断 269
怀德堂考（西村天囚著）278
话语的秩序（M. 福柯著）113
集义和书 17, 27, 28, 29, 30, 31, 33
祭祀来格说 112, 113, 114, 124, 128, 129, 130, 131, 132, 133, 134
祭祀来格说讲义 113
见闻谈丛 245
鉴草 31
讲学鞭策录 59
近江圣人（村井弦斋著）18—21, 26, 27
近世畸人传 25
敬说笔记 267, 268
敬斋箴 43, 44, 45, 46, 47, 50, 52, 53, 55, 56, 60
敬斋箴讲义 43, 44
靖献遗言 269
靖献遗言讲义 269

赖山阳（三宅青轩著）19, 146

狼疐录 112

礼记 158

利维坦（T. 霍布斯著）141, 143

铃屋翁略年谱 202

论语 68, 79, 84, 88, 94, 95, 96, 97, 98, 101, 103, 104, 107, 109, 136, 137, 140, 153, 155, 164, 168, 171, 173, 177, 178, 179, 180, 181, 182, 184, 185

论语雕题 164

论语逢原 164, 171, 177, 178, 179

论语古义 94

论语集注 95, 103, 164, 177, 178, 179

论语征 95, 136, 137, 153

孟子 46, 55, 62, 68, 79, 94, 101, 102, 104, 113, 156, 157, 160, 169, 171

孟子逢原 171

孟子古义 94

梦之代 188

默识录 112

排芦小船 230, 232, 234, 239, 241, 247

排释录 59

七经雕题 164, 168

七经雕题略 164

七经逢原 164, 168, 171

七种图考 286

钳 狂 人 254, 255, 256, 257, 259, 260, 261

浅见先生学谈 267, 269

仁斋行状 136

日本人民史（山路爱山著）150

日本书纪（日本纪）222, 260

日本阳明学派之哲学（井上哲次郎著）263

日本之阳明学（高濑武次郎著）263

日莲上人（幸田露伴）19

日鲜同祖论（金泽庄三郎著）262

儒林外史 172, 173

神皇正统记 253

圣学问答 278

石上稿 224, 227, 228, 252

石上私淑言 207, 234, 235, 242, 243, 248

史记 171

史记雕题 171

势语臆断 225

书经 31

暑中休暇（岩谷小波著）19

斯宾诺莎（G. 德勒泽著）165

四书大全 176

四书集注 69, 164, 176, 177, 183, 187

太上感应篇 28, 31

藤树先生年谱（冈田氏本）22

藤树先生行状 16, 30

天乐楼章句·中庸 186, 188

297

童子问 69, 85, 94

徒然草摘义 21

万叶集 192, 194, 196, 197, 201, 203, 205, 206, 209, 211, 212, 215, 216, 217, 222

万叶集大考 192, 205, 206, 212

万叶集考 192

万叶秀歌（斋藤茂吉著）193, 194, 195, 196

文昌帝君阴骘文 32

文会笔录 42, 58, 59

翁问答 35

五经大全 176

武家诸法度 264

先哲丛谈 25, 42, 62

小金丸（岩谷小波著）19

小学示蒙句解 61

孝经 21, 28, 29, 30, 32, 33, 34, 35, 36, 37, 38, 39

孝经大全 32

孝经启蒙 33, 36, 37, 38

新井白石（山路爱山著）134, 146

新学 167, 205, 212, 215

性理大全 116, 117, 176

性理字义（北溪先生字义详讲，北溪字义）54, 55, 69, 71, 73, 74, 79, 80, 81, 84, 92, 99, 103, 105, 106, 267, 270, 273

续近世丛语 170

学谈杂录 268

荀子 154, 157, 158

岩陵讲义 270

易（易经）168, 278

臆说剩言 284

有间星 188

语孟字义 69, 70, 76, 78, 79, 80, 90, 92, 94, 95, 99, 100, 101, 102, 103, 104, 108

语孟字义标注 270

玉胜间 192, 198, 199, 201, 225

御成败式目 161

源氏物语 204, 235, 236, 237, 238, 241, 244

蕴藏录 115

再奉答金吾君书 284

在京日记 220

正蒙 119

正学指掌 277

中国辨 268

中江藤树（高桥俊乘著）15, 16, 17, 18, 21, 22, 25, 27, 28, 38, 39

中 庸 59, 71, 74, 75, 80, 81, 98, 104, 105, 115, 116, 126, 129, 130, 131, 152, 156, 164, 171, 184, 185, 186, 187, 188

中庸错简说 280

中庸雕题 278, 280
中庸逢原 164, 171, 185
中庸或问 74
中庸解 277
中庸章句 81, 130, 184, 186, 187
周易逢原 171
主权论（英国学士霍布斯著）162
朱子语类 59, 113, 114, 115, 119, 126
紫文要领 235, 236, 237, 240, 241, 242, 243, 244
自省录 113
自叙传之尝试（和辻哲郎著）19, 264
佐藤信渊（森铣三著）8, 9
佐藤信渊家学大要 9
佐藤信渊家学全集 9
佐藤信渊相关基础研究（羽仁五郎著）9

人名索引

（1）同一人物若使用若干名字，则取其具代表性者，别称一并列出。
（2）以该人物作为主题的章节，则整个以黑体字标明。
（3）引文中的人名未列入。

阿部隆一 43, 62
阿部正乔 112
奥崎裕司 265
白鸟库吉 262
北村透谷 276
北畠亲房 253
本居宣长 5, 6, 10, 11, 168, 192, 198, 219, 220, 221, 251, 252, 254, 255, 282, 289, 293, 294, 295
伯牛 102, 103
布尔迪厄 270
柴生田稔 193
柴田甚五郎 263
柴野栗山 277, 286
陈淳（陈北溪）54, 69, 72, 73, 74, 75, 76, 77, 81, 82, 83, 84, 99, 103, 106, 120, 273
程子（程伊川・程明道・二程子）46, 47, 48, 54, 55, 73, 97, 98, 116, 124, 130, 183, 272
池田光政 28
村冈典嗣 234

村井弦斋 18, 19, 20, 21, 26
大菅公圭 284
大久保正 255, 284, 284
大石新 281
岛木赤彦 193, 197, 216
稻悬大平（本居大平）226
德川纲吉 21, 112, 136, 264
德川吉宗 146
德川家继 146
德川家宣 146
德富苏峰 146
德勒泽，G 299
荻生徂徕 3, 1, 3, 11, 17, 83, 85, 95, 135, 136, 137, 141, 146, 148, 165, 276, 293
荻生方庵 136
法幢 224, 225
福柯，M 113, 272, 300
福田欢一 143
福泽谕吉 150, 276
富永芳春 278
富永仲基 164

冈部政信 192
冈田寒泉 277
冈田武彦 267
高瀬武次郎 263
高桥俊乘 24
告子 157
宫川康子 280
古贺精里 277
谷川士清 220
谷时中 42
光源氏 236, 237, 238
龟井昭阳 139
桂岛宣弘 283
何炳棣 165
和岛芳男 279
和辻哲郎 19, 27
荷田春满 192
荷田在满 221
贺茂真渊 191, 192, 197, 220, 222
后藤芝山 286
胡安国 97
胡适 172
荒木田久老 204
霍布斯，T 141, 142, 143, 144, 162, 275, 276
吉川幸次郎 95
加地伸行 29
加藤弘之 137, 141, 142, 144, 162

加藤盛一 31
江元祚 32
姜锡元 253
金谷治 277
金泽庄三郎 262
井上哲次郎 263
井原西鹤 245, 264
九鬼隆一 143
酒井忠夫 265
橘曙览 197
孔子 33, 36, 37, 38, 46, 47, 59, 62, 65, 66, 79, 84, 85, 86, 87, 88, 95, 96, 97, 101, 102, 103, 104, 107, 108, 109, 137, 140, 141, 144, 145, 156, 159, 169, 178, 179, 180, 181, 182
赖春水 170
老子 156
勒南，E 253, 260, 261
冷泉为村 225
李退溪 113, 114, 116, 120, 124, 132
连嵩卿 118, 121, 122
廖子晦 117, 118, 119, 120, 121, 122, 123, 124, 126, 127, 128, 132
木村光德 263, 264
林景范 94
林秀一 265
柳泽吉保 136
泷本诚一 9

301

陆象山 112
麻田刚立 164, 170
孟子 46, 55, 62, 68, 79, 94, 101, 102, 104, 113, 156, 157, 160, 169, 171
内村鉴三 263
楠本端山 266
片山北海 170
平田笃胤 9, 10
契冲 220, 225
浅见䌹斋 48, 60, 64, 112
三木清 138, 153
三宅春楼 167
三宅青轩 19
三宅尚斋 111, 112, 113, 116, 120, 124, 128, 130, 132
三宅石庵 167
森河章尹 225
森铣三 8, 9
山路爱山 146, 162
山片蟠桃 188
山崎暗斋 41, 42, 43, 44, 49, 62, 112, 113, 134
山中浩之 167, 169, 278, 279, 280
山中宗古 278
衫浦重刚 17
上田秋成 252, 253, 254
石川梅次郎 265
石川松太郎 279

松平定信 175
松永贞德 225
苏轼 77
太宰春台 162
藤井懒斋 21, 22, 25
藤原维济 284
藤贞干 254, 255, 256, 257, 258
天智天皇（中大兄皇子）195, 209
田安宗武 192, 221, 231
田口鼎轩 146
田中浩 275
丸山真男 1, 3, 7, 144
王阳明 112
尾崎红叶 19
尾藤二洲 160, 161, 162
吴敬梓 172
五井兰洲 137, 167, 168
西村天囚 278
西晋一郎 263
西周 139, 140, 141, 144, 145, 147, 162
香川景树 198
筱月清美 285
谢上蔡 124, 128
新井白石 134, 146
幸田露伴 19
熊泽蕃山 17, 27, 28, 29, 173
薛敬轩 69
荀子 154, 157, 158

岩谷小波 19
岩田隆 282
杨龟山 47, 118
野中兼山 42
伊藤东涯 94, 105, 245, 270, 273
伊藤介亭 94
伊藤兰嵎 94
伊藤梅宇 245
伊藤仁斋 42, 58, 67, 68, 69, 75, 80, 93, 94, 95, 99, 116, 136, 155, 165, 168, 177
伊藤竹里 94
伊藤左千夫 197
友枝龙太郎 274
有贺长伯 225
有贺长川 225
宇井伯寿 34
羽仁五郎 9
原念斋 264
曾子 33, 35, 46, 94, 179, 180, 181, 182
斋藤茂吉 193
张子（张横渠，张载）115, 116, 117, 124, 130
正冈子规 197
织田完之 9
中村惕斋 61
中村幸彦 245
中村雄二郎 138, 153

中江藤树 15, 16, 17, 18, 21, 22, 25, 27, 28, 38, 39
中井履轩 163, 164, 165, 172, 175, 176, 177, 186
中井甃庵 164, 166
中井竹山 160, 166
周濂溪（周子）116
朱子 24, 29, 42, 43, 45, 46, 47, 48, 50, 52, 53, 54, 55, 56, 57, 58, 59, 60, 66, 68, 69, 71, 72, 73, 74, 75, 76, 77, 78, 79, 80, 81, 83, 84, 85, 88, 89, 91, 92, 95, 96, 98, 100, 103, 108, 113, 114, 115, 116, 117, 118, 119, 120, 121, 122, 123, 124, 125, 126, 127, 128, 129, 130, 131, 132, 133, 134, 139, 140, 150, 152, 155, 157, 158, 164, 176, 177, 178, 179, 180, 181, 182, 183, 184, 185, 186, 187
竹内好 7
子思 46, 156, 157, 160, 183, 184, 185
紫式部 237
佐藤信渊 8, 9
佐藤直方 47, 51, 56, 59, 65, 112, 115, 134
佐竹昭广 264

303

译后记

《江户思想史讲义》的著者子安宣邦先生，1933年出生于日本神奈川县川崎市，毕业于东京大学文学部，大阪大学文学博士，历任横滨国立大学教育部助理教授、大阪大学文学部教授等，现为大阪大学名誉教授。子安宣邦先生的研究领域为日本思想史，担任过日本思想史学会会长（1990—1994），还曾在德国图宾根大学，美国芝加哥大学、加州大学洛杉矶分校等讲授过日本思想史。退休之后，除了定期举行思想史讲座之外，他还热心于举办市民讲座，是著名的社会活动家。

子安宣邦先生不仅在日本学术界，而且在世界学术界也享有盛誉。先生学贯东西，著作等身，是日本思想史学界公认的大家和泰斗之一，其主要著作有：《作为"事件"的徂徕学》（1990）、《近代知识考古学》（1996；后改题为《日本近代思想批判》再刊，2003）、《江户思想史讲义》（1998）、《作为方法的江户——日本思想史与批判视角》（2000）、《"亚细亚"是如何被论述的——近代日本的东方主义》（2003）、《国家与祭祀——国家神道的现在》（2004）、《日本民族主义之解读》（2007）、《何谓"近代的超克"》（2008）、《昭和是什么——反哲学式读书论》

(2008)等等。

子安宣邦先生的上述著作，有些已经刊行了中文版，在中国学界引起了热烈反响。先生基于后现代立场，对于日本思想的知识考古学工作，对于诸多常识和观念的解构和颠覆，对于近代的话语机制的深刻批判，极富冲击力和思维张力，给思想界提供了极大的启发。

译者对于子安宣邦先生，通过其著述等途径先已有所了解。但真正见到其本人，则是2005年7月的事。彼时，我正在神户女学院大学担任客座研究员。一日，正在东京大学任教的林少阳师兄告诉我，子安先生要在京都银阁寺附近的白沙村庄桥本关雪大画室举办讲座。于是，我便邀约了正在同志社大学访学的云南农业大学的丁红卫老师一同前往。讲座从中午12:00持续至晚上7:00，主题是"日韩历史与文化关系"。我们全程参加了下午的讲座以及晚上的恳亲会，并有幸与子安宣邦先生合影留念。当我在此事过去十年后接下《江户思想史讲义》一书的翻译任务的时候，不禁感慨：信是有缘！

需要特别一提的是，在讲演中，子安先生曾经讲到，他的著作和言论招致了右翼分子的强烈不满，他们把子弹寄到他的家里，并附信恐吓：虽然你本人不怕死，可你还有家人！当时，先生虽是一笑置之，我却受到了极大的震撼：坚守良知，并不像想象的那般容易。除了明辨是非，更需要知识分子的担当精神！

关于《江户思想史讲义》的撰写动机，子安先生曾在"原版序"中做了交代："《江户思想史讲义》中的各篇论文，承担着'作为方法的江户'视角下之复合式思想史课题及其分别不断地凸显某一侧面的工作任务。然而，如前所述，既然'作为方法的江户'是对我事后新诠工作的集约，因此，收录于此的诸论文便不可能事先就具备如此的方法论立场。……我收录于此的每篇论文,都分别对意义确立的场域——言说领域的观点及言说分析这一思想史方法进行自觉的择取,并尝试完成'江户思想'的再解读工作。这里,既有与近代再解读相交错的江户再解读,也有对近代概念之构成的追问,或对学问和思想史方法进行追问的江户再解读,以及对始于江户的向量视角构成意义上的江户再解读,等等。如此多样的江户再解读,于是乎集约成了'作为方法的江户'立场。"

此外,在此书即将完成翻译之际,子安宣邦先生又特意撰写了题为《"方法论转换"之意义》的"中文版序",指出,"就我自身而言,从20世纪80年代起,就开始尝试从方法论角度对丸山思想史做出批判和超越。我在这个时期,通过对丸山的批判,在'思想史'这一思想作业中,完成了'方法论的转换'"。

子安先生回顾了丸山真男对自己的巨大影响,细述了自己经由"方法论的转换",从而成功实现了对丸山真男的近代主义立场的超越的来龙去脉,并再次着重指出:"《江户思想史讲义》一书,乃是采用转换后的思想史的方法,对日本近世也就是江户时代的诸思想进行全面重新解读的尝试,是集大成的作业。这一作业的成果,曾以论文的形式于1991年至1997年在《思想》(岩波书店)杂志上发表。这是我将'方法论的转换'运用于江户的诸思想,采用多种思想史的视角与记述予以完成的作品。对我而言,该书乃是投注了巨大精力、绝对不复再做的、具有纪念碑意义的心血之作。"

从子安宣邦先生上述的言论当中,我们不难察知,作为其"方法论的转换"的集大成之作,《江户思想史讲义》在其心目当中占有何等重要的分量。

此书的翻译工作，于我而言，是颇有挑战性的。但我之所以要迎难而上，原因有以下几点：

首先，如前所述，是受到了子安宣邦先生人格魅力的感召。

其次，我把翻译当作了一次绝佳的学习机会。要掌握一门新的学问，翻译无疑是最佳途径。

其三，他山之石，可以攻玉。在现代化的过程中，我们需要博采众长。日本与中国有着历史渊源，又同属汉字文化圈，关于传统与现代的课题，日本学人做了大量的思考，这些思想资源非常值得借鉴。尤其是在当下，构建东亚的"知识共同体"，具有非常重要的意义。多译介一些日本代表学人的经典著作，既有必要，也是我们外语学人义不容辞的责任。

此书的翻译难度极大。一是思想史著作思辨性强，行文难免艰涩；二是日文表达繁复，包孕句多，不似汉语明快；三是书中大量引用了古文文献，甚至还有近世的口语。凡此种种，都对翻译构成了极大的挑战。

不过，翻译过程虽然艰辛，但也充满了乐趣。对于译者而言，这是一次非常奇妙的启迪智慧之旅。

值此出版之际，感谢韩东育先生的大力提携和开创之功！感谢林少阳先生多年以来的厚谊！感谢丁依若君和张哲瑄君在本书翻译中所提供的协助！

限于本人的水平，翻译中难免存在不当甚或是纰缪之处，敬请方家指正。

丁国旗
2016年6月6日于白云山麓